『名探偵ポワロ』完全ガイド

久我真樹

JN053003

星海社

164

SEIKAISHA SHINSHO

はじめに

ドラマ『名探偵ポワロ』（ITV）は、世界的ミステリ作家で「ミステリの女王」とも呼ばれる推理小説作家、アガサ・クリスティー（1890－1976年）の小説をドラマ化した作品です。

クリスティーは2020年にデビュー100年を迎え、その著作は世界中で20億冊が売られたと言われており、かつては「聖書とシェイクスピア作品に次いで読まれている」と評されたほどに偉大な作家でした。

そのクリスティーが生み出したポワロシリーズは、私立探偵エルキュール・ポワロを主人公として、上流階級の遺産相続や不審な毒殺を巡る事件から国家的陰謀、あるいは失踪したコック捜しまで、多くの謎を解決していく筋立てです。

ポワロというシャーロック・ホームズに比肩する知名度の世界的名探偵を生み出すとともに、パートナーで退役陸軍大尉のヘイスティングス、秘書のミス・レモンといった探偵をサポートするいわゆるワトソン役や、レストレード警部のような警察サイドのパートナーたるジャップ主任警部といった魅力的なキャラクターたちを輩出しました。

シリーズでは、『オリエント急行の殺人』『アクロイド殺し』などでミステリ史に燦然と屹立する革命的トリックをいくつも生み出し、また屋敷や列車などの閉鎖的な空間を舞台にした「クローズド・サークル」ものを数多く描き、いわば本格ミステリというジャンルの定番を築き上げたと言っても過言ではないでしょう。ミステリの熱心な読者でない方もそのモチーフを継承する作品に触れたことがあるのではないでしょうか。


そんな原作小説をドラマ化した『名探偵ポワロ』は、1989年から2013年まで、実に24年にわたって英国で放送されました。

ドラマの舞台は1930年代の英国です。ドラマでは、当時の風景を再現する伝統的な貴族や地主の屋敷から、アール・デコやモダニズムといった当時の最新建築や家具、インテリア、ファッション、車、美術品が登場し、作品世界を彩りました。その舞台も、モダンな都市から緑豊かに広がる田園や海辺のリゾート地、古風な町並み、さらにはフランスやエジプト、オリエントまでの各地を舞台にした原作にならい、テキストだけでは伝わりにくい「小説の世界」を視聴者の目の前に提示し、魅了しました。

本ドラマの素晴らしい点は、それまで断片的に映像化されてきたクリスティーのポワロ作品長編33本すべてを映像化し、また短編も原案が重なるものなどを省いた37本、あわせて全70話として映像化したことにあります。

ドラマは英国で最大の海外放映されたテレビ番組のひとつとなり、日本を始め、アメリカ、エストニア、リトアニア、韓国、エジプト、ブラジル、アンゴラ、アイスランド、モーリタス、イラン、シンガポールで1億人が視聴したと言われています。放送国はロシアやインド、オーストラリア、ニュージーランドや南アフリカにも広がりました。国境を、文化圏を越えて世界中で愛されるドラマになっていったのです。

ポワロを演じた俳優デビッド・スーシェは、2000年に訪日した際には、NHKで『名探偵ポワロ』が放送されており、外交官のように扱われ、コスチュームを着ていなくても自分が誰か人々に伝わり、またすべての主要メディアの取材を受けたと語りました。中国でも、パンダを見に来た日本の旅行客がスーシェを見つけて、「エルキュール・ポワロだ」とサインと写真撮影を求めてきたとも回想しています（デビッド・スーシェ『Poirot and Me』、2013年）。

それほど愛されるポワロ役を、スーシェは25年間、演じ続けました。スーシェが主演だったことが、このドラマを名作とした大きな要因です。「最も原作に近いポワロ」と呼ばれたポワロ像を演じるため、スーシェは原作に記されたポワロの身体的特徴から性格、歩き方、服装の個性、さらには話し方まで徹底的に追求しました。

英語を話すベルギー人のポワロは、フランス人と間違われます。そこでスーシェはポワロの英語の発音がベルギー寄りではなくフランス寄りだからではないかと考え、そう聞こえる発声に取り組みました。またポワロのキャラクターを摑むために指針となる93の個性を原作から抽出し、作中の「誰もがポワロに話しかけることを好む」との言葉や「twinkle（輝き）」がポワロを示す言葉としてあったことなどを参考に「輝き」を表現したいと考えました（ピーター・ヘイニング『テレビ版 名探偵ポワロ』、求龍堂、1998年）。

さらに「視聴者がポワロを滑稽な対象として笑うのではなく、ポワロと一緒に笑うこと」を求めたクリスティーの親族にスーシェは応え、製作スタッフとともに原作への敬意と愛情と情熱で「原作に最も近いポワロ」を演じました。ドラマの撮影を終えたロケ地の屋敷も、クリスティーの別荘グリーンウェイ・ハウスというこだわりようでした。

スーシェは、このドラマに人生を懸けて取り組みました。ドラマ完結後に刊行された自伝『Poirot and Me』には、ドラマ製作の背景や各話の裏話やシーズンごとに受けた作品評価などに加えて、ポワロ出演を優先したいものの、ドラマの「次のシーズンが」作られるか不明のままの状態に置かれ、食べていくために俳優として他の仕事を選ぶ葛藤が何回も何回も記されているのです。

もしもスーシェが途中で諦めれば、このドラマは、「ひとりの俳優がポワロを演じ切る」という形にならず、全70話のドラマ化が行われたのかもわからないものでした。

そしてその作品は世界中にファンを生み、日本でも1990年にNHKで放送されて以来、すべて放送されました。日本版の吹き替えには名優が抜擢され、ポワロを25年の間、熊倉一雄氏が演じ切りました。ヘイスティングスを演じた富山敬氏は残念ながら1995年に逝去され、以降を安原義人氏が演じ切りました。

本書では、このドラマの全70話の見所を徹底紹介します。

30年来のファンとして私が強い魅力を感じるところや、英国の屋敷や家事使用人、生活などの研究者の両方の視点を交えてお送りします。私がメイドや執事といった家事使用人の研究者で、作品としてもその領域に重なりが多いことから、お伝えする情報は時に偏りますが、私が「これは最高においしい！」と感じ、「これを是非味わってほしい」と思う要素を厳選して詰め込みましたので、ご賞味いただければ幸いです。

ガイドではドラマ未視聴の方が読まれることを考慮して、真犯人やトリックのストレートなネタバレは行っておりませんが、一部核心に触れる記述もあります。まったく前情報なしで楽しみたいという方は、ドラマをご視聴になってからこの本に戻ってきていただけたら幸いです。

このため、本書は「一話ずつネタバレでの完全解説・完全批評」ではないことはご承知おきください。

また「全話紹介」の際に同一テーマを別の話で触れたり、重なる話数を紹介したりすることもあります。これは、ドラマで表現されていることを覚えていただく機会として、今後に作品を繰り返し見る時、あるいは様々な作品を見た時に「楽しむための新しい視座」として、読者の方に残るものをお届けできればと考えております。

合間に挿入されるコラムでは、ネタバレ全開で「屋敷の出現数」「被害者」「家事使用人の制服」「依頼人の死亡数」などを考察し、広大なドラマの世界を一層に楽しむ手がかりとして、光を当てていきます。ぜひドラマをご覧になった後で、ご興味がある項を辿ってみてください。

最後に、ドラマ『名探偵ポワロ』の映像化について補足をします。知っておいていただきたい、原作から変化している点が大きくふたつあります。

一つ目は脚本のアレンジです。クリスティーの短編原作は映像にすると尺が短すぎるために話を膨らませています。さらにヘイスティングス、ミス・レモン、ジャップ主任警部が原作には登場しない作品でもレギュラーたる「ポワロ・ファミリー」として登場し、そのことによって原作よりポワロの人間味が増し、彼らとの友情が強く描かれています。

長編原作については、放送時間の制約や映像化が難しい内容などもあり、原作のキャラクターやエピソードを削ったり、役割を統合したり、大胆にリメイクしたり、新しい設定を付け加えることで原作と別の魅力を持たせるアレンジを行っています。

二つ目は、作品の舞台背景の時代の起点を1930年代半ばにしている点です。原作のポワロ作品はデビュー作『スタイルズ荘の怪事件』(1920年)から、実質的なポワロ登場最終発表作品『象は忘れない』(1972年)まで、実に半世紀に及ぶ長い期間に発表されました。基本的に作品ごとの時代背景は発表年代を反映しているため、ドラマの時代まで発表年代に準じると、キャラクターの年齢や衣装や時代考証が複雑になります。それを回避し、世界観を統一するために、原則的に時代は1930年代半ばを中心とした時代になっています。

舞台となる英国は、第一次世界大戦（1914－1918）と1920年代の好況期を経て1930年代の世界恐慌による不況期にあり、また時期的には貴族や地主が屋敷での生活を維持するのも家事使用人を大勢雇うのも困難な時期でした。

さらに国際情勢は緊迫し、ドイツでアドルフ・ヒトラー、イタリアでベニート・ムッソリーニといった独裁者が台頭し、第二次世界大戦（1939－1945）開戦まで数年と迫った時代が選ばれているために、そうした情勢がドラマ内にも反映されています。

「原作に最も忠実な映像化」と評価されたドラマでありつつ、原作と異なる「ドラマだけの魅力」も大きくあるのです。もちろん、映像化に際して視覚情報が加わり、魅力的な俳優や英国の建物や屋敷、田園風景などを見られることも特徴で、ドラマ視聴後に原作を読むと、細かな設定が書き込まれていることにも気づけますので、是非、原作とドラマを相互補完的にお楽しみください。

本書は以下の作品をベースとしています。
・ドラマ『名探偵ポワロ』ＤＶＤ（株式会社ハピネット）

対象
・言及するドラマ『名探偵ポワロ』の作品話数はＤＶＤでの収録順となります。
・内容はＤＶＤの完全版（ＮＨＫ放送時にカットされた映像を含む）を対象とします。
・ドラマは英語音声・日本語字幕をベースとします。
・原作を表記する場合、早川書房「クリスティー文庫」刊行作品を指します。

目次

メインキャラクター紹介

⊙エルキュール・ポワロ（デビッド・スーシェ／熊倉一雄）

英国在住のベルギー人探偵。ロンドンのホワイトヘイブン・マンション56B号室（途中、引っ越しあり）に事務所兼自宅を構える。上流階級や国家的事件など数多くの扱いが難しい事件を手がけており、英国のみならず、ヨーロッパでも知名度がある。

ベルギーの警察で長く働き、第一次世界大戦で母国ベルギーがドイツの侵略を受けたために英国へ疎開する。その疎開先スタイルズ・セント・メアリーでヘイスティングスと再会し、ふたりで『スタイルズ荘の怪事件』を手がけた後、英国で探偵稼業を始める。

自分の頭脳に自信を持ち、よく自画自賛するが、それに見合う能力を発揮する。卓越した論理性と人間心理を理解した推理力、細かいところに気がつく観察力を備え、他の人には見えない事件の真相を見つけ出し、容疑者を含む関係者全員を集めた場で推理を披露し、犯人を追い詰める「推理劇」とも言えるような手法を解決に用いる。

キーフレーズは「灰色の脳細胞」(grey cells)。脳の一部を指し、「もっと頭を使いなさい」という意味合いでよく使う。

トレードマークはゆで卵型の頭と、整えられた口髭。おしゃれで、どのような環境でもスーツ姿とエナメルの靴で現れる。都市が好きで田園は嫌い。几帳面で調和を好むため、衣装の乱れにも人一倍敏感であり、自分の事務所や他人の家でも置き物を揃えたりする。ハーブティー（ティザン）を好む。甘いものも好きでグルメ。

フランス人によく間違われ、「フランス人ではありません、ベルギー人です」と正す。「モ・ナミ（友）」「オールボワール（さようなら）」ほかフランス語が会話に交ざるのは、ポワロの祖国ベルギーの母語のひとつがフランス語であるため。

⦿アーサー・ヘイスティングス（ヒュー・フレイザー／富山敬・安原義人）

ポワロの探偵助手。ポワロよりも若い典型的な英国人で、ホームズにおけるワトソンと同じ「物語の語り手」役となることもある。原作では名門校イートン校出身。正義感が強く、女性に優しく、善良なジェントルマン。退役した陸軍大尉（キャプテン）のため「キャプテン・ヘイスティングス」と呼ばれる。結婚後にアルゼンチンで仕事を始めた設定があるため、それ以降は時々英国に戻ってくる。

第一次世界大戦に従軍して負傷して帰国後、『スタイルズ荘の怪事件』でポワロと再会する。ベルギーに狩猟で出かけた際にポワロによって救われてから、探偵とポワロに憧れており、その後、ポワロのパートナーとして事件解決を手伝う。犯人が望むような推論を抱くが、その視点からポワロがヒントを得ることも多い。

ポワロ最大の親友で、原作で何度もポワロはヘイスティングスについて語る。

「それに、ある友人がいたんです――長年、わたしのそばを離れたことがなかった友人です。ときどき、ぞっとするほど馬鹿な真似をしたが、とても大切な友人だったのです。その愚かささえ、今じゃ懐かしいほどですよ。天真爛漫さ、正直な風貌、わたしのすぐれた才能によって、彼を喜ばせ、驚かせる楽しみ――言葉では言えないほど、何もかもが懐かしくてたまりません」（『アクロイド殺し』p.37）

「イギリスでは、なんといってもわたしの最初の友人だ――そうだとも、そしていまでも最愛の友だ」（『マギンティ夫人は死んだ』p.9）

ポワロ最後の事件『カーテン』で彼に立ち会ったのも、ヘイスティングスだった。

ドラマでは車が大好きで、愛車はダークグリーンのラゴンダ（英国の自動車メーカー）。カーアクションと、アクションをしないポワロの代わりに犯人を押さえる役目も担う。女性を信じやすく、綺麗な女性を見ると顔に出るため、ポワロによくからかわれる。

⦿ジャップ主任警部（フィリップ・ジャクソン／坂口芳貞）

ロンドン警視庁、通称「スコットランド・ヤード」（庁舎が面した通りの名に由来）で事件捜査に当たる主任警部。ポワロとは１９０４年の国際的偽造事件「アバクロンビー事件」で共同調査をしてから何度も関わり、またドラマ内ではベルギー警察への貢献から表彰されるに至るなど、優秀な刑事としての力量も評価されている。

登場時はポワロが事件解決をすることがほとんどだが、現地警察からの捜査情報の共有や現場の調査、聞き込みを行う際の支援、犯人逮捕など、ポワロの円滑な推理に必要なバックアップを厭わない。原作に不在の話でもレギュラー出演し、深い友情で結ばれている。『スタイルズ荘の怪事件』から登場する最古参のキャラクター。

⊙フェリシティ・レモン（ポーリーン・モラン／翠準子）

ポワロの探偵事務所の秘書。非常に有能でミスもなく、独自のファイルシステムで犯罪情報を管理し、ポワロを支える。時に探偵助手として、ポワロの緻密な推理に必要な情報収集（関係者への聴取や接触、個性関係の調査など）を行い、事件解決に寄与する。原作では機械のような女性とされるが、ドラマではレギュラー化し、チャーミングな女性として描かれている。

「つまり、実務的な観点から見れば、彼女は女ではなく、機械だった——完璧な秘書だった。彼女はあらゆることを知っていて、あらゆることに対処できた。ポアロの生活をきりまわり、それを機械のように作動させた。正しい順序と秩序と方法で、という言葉はずっと昔からのエルキュール・ポアロのモットーだった。完璧な召使のジョージと、完璧な秘書のミス・レモンの二人のおかげで、彼の生活は最高の順序と方法が保たれていた」（『ヒッコリー・ロードの殺人』pp.5-6）

◉ジョージ（デビッド・イェランド／堀部隆一・坂本大地）

ポワロの身の回りの世話をする男性使用人「ヴァレット」。几帳面なポワロに忠実に長く仕え、かつて貴族に仕えた経験から社交界の情報にも通じている。探偵助手としても非常に優秀で、原作ではポワロがレストランで出会った人物の名前と住所を突き止めたり、ドラマでも料理の腕を披露したりした。

ドラマにおいてジョージの登場は後半となり、前半のレギュラーはミス・レモンが務めることが多い。製作者ブライアン・イーストマンが、主人とヴァレットが主役のドラマ『ジーブスとウースター』（英国作家P・G・ウッドハウスの小説が原作）を手がけており、同じ「主従もの」を作るのを避けるため、クリスティー財団にかけあいミス・レモンの役を発展させたことによる（『テレビ版　名探偵ポワロ』p.82）。

第1話 コックを捜せ

THE ADVENTURE OF THE CLAPHAM COOK

該当原作作品

「料理人の失踪」(『教会で死んだ男』所収)

主要登場人物

ミセス・トッド
依頼主。ロンドン郊外クラパムで下宿経営。

イライザ・ダン
腕の良いコック。

アニー
若いハウス・パーラーメイド。

シンプソン
ベルグラヴィア銀行職員。トッド家に下宿。

ディヴィス
シンプソンの同僚。

ガイド

⊙**見どころ**——冒頭、探偵事務所にいるポワロは、相棒ヘイスティングスが読み上げる事件に興味を示さず、重大事とばかりに服の話をしており、ポワロの細かさとおしゃれさが示されます。そこに秘書のミス・レモンが依頼人を招き入れます。

この三人組に、途中から銀行での9万ポンド盗難事件を調査するジャップ主任警部が加わります。原作の多くは短編で、本作品もそのまま映像化するとすぐ終わってしまうため、物語に大きく手を入れ、原作に登場しない話でもヘイスティングス、ミス・レモン、ジャップが物語に関与しています。このため、原作以上にポワロと彼らのやりとりが増えており、彼らの個性や信頼や友情を楽しめるのがドラマの特徴です。

⊙**鉄道での移動**——ポワロとヘイスティングスは鉄道に乗り、失踪したコックのイライザが相続した湖水地方のコテージへ向かいます。豊かな自然に囲まれた田園風景を楽しむ英国紳士ヘイスティングスと異なり、神経質そうにするポワロが対比して描かれます。常にかっちりした服装のポワロは都市向きの人間でした。

鉄道での移動は英国の景色を様々に楽しませてくれるので、ドラマの大きな魅力です。

あらすじ

国家的事件や上流階級の犯罪を扱う私立探偵エルキュール・ポワロ。彼の探偵事務所に現れた依頼主ミセス・トッドは「失踪したコックの捜索」を依頼する。「家事使用人を見つける」という依頼の小ささにプライドを傷つけられたものの、ミセス・トッドから非難され、彼女の「腕のいいコックというのは貴婦人の真珠と同じ」（『教会で死んだ男』）との言葉に感銘を受けたポワロは、依頼を受けることに。

ロンドン郊外にある彼女の家でポワロは、失踪したコック・イライザの同僚アニーと、帰宅したミセス・トッドの夫、そして銀行で働く下宿人シンプソンに話を聞く。同じ頃、ベルグラヴィア銀行で9万ポンドの盗難事件があり、犯人と思われる職員ディヴィスが失踪していた。

偶然にも、シンプソンはベルグラヴィア銀行の職員で容疑者の同僚だった。一見、別々に見える「コック失踪」と「盗難事件」の思わぬ結びつきとは。

⊙階級を越えるポワロ――ポワロの魅力を際立たせるのが、誰に対しても礼儀正しいこととチャーミングさです。メイドのために椅子を引いて同じ目線で親身に話したり、後でメイドに助けを求めに行った際も素敵な笑顔を見せたりします。挑発的なポーターとの会話で、同行するヘイスティングスが怒っても、ポワロは丁寧な態度を変えません。

ポワロを演じた俳優デビッド・スーシェは「この番組をジャーナリストに説明するために作り出したフレーズ――手がかりを求めて、ポワロはまさにUpstairs, Downstairs（階上に行ったり、階下に行ったり）です――が一役買ったと思います」（『テレビ版　名探偵ポワロ』）と述べました。

スーシェが言及する『Upstairs, Downstairs』は、1970年代に世界中で大ヒットしたドラマ名で、上流階級のベラミー家の家族とその家事使用人たちを描きました。「階上」は主人たちの生活圏や主人たちそのものを、「階下」は屋敷の地下にある使用人が働く職場や使用人たちを指しました。

⊙1ギニーの報酬――ミセス・トッドはポワロへの依頼を途中で打ち切り、手間賃として1ギニーの小切手を送ってポワロを激怒させました。ギニーは英国の通貨単位で1ポンド1シリングの価値を持ち、医師や弁護士などの専門家へ報酬を支払う際に使われました。1ポンド＝20シリングで、1シリング（5％）分は手数料相当でした。報酬額が少ないとはいえ、ギニーで支払った点では、最低限ポワロに敬意を表した形でした。

第2話 ミューズ街の殺人

MURDER IN THE MEWS

該当原作作品

「厩舎街の殺人」（『死人の鏡』所収）

主要登場人物

バーバラ・アレン
未亡人。ジェーンと同居。

ジェーン・プレンダーリース
写真家。バーバラの同居人。

チャールズ・レイヴァートン・ウェスト
下院議員。バーバラの婚約者。

ユースタス少佐
バーバラの友人。インド帰り。

ミセス・ピアス
アレン夫人宅の通いの家政婦。

ガイド

⊙見どころ──「ミューズ」は「厩舎」を意味します。都市に住む裕福な人々の住まいとなる表通りにある家々の裏に、馬車や馬、自動車を置いておく「厩舎」がありました。これら裏手のエリアを「ミューズ」と呼びました。ドラマ内ではメイドや運転手が停めた車で仕事をしています。ヘイスティングスもここにガレージを構え、愛車を停めていました。

こうした厩舎を改装した住宅に、アレン夫人たちは住んでいました。厩舎街の住まいは表通りほど立派ではなく、家賃も相対的に安いものです。原作でふたりの住まいは「せまい階段の下にあるドアを入ると、広い居間があった──馬小屋を改造したものに違いない。ざらざらのしっくい処理が施してあり、銅版画と木版画がかかっている」（『死人の鏡』）と描写されており、「厩舎」だったと明示されています。

ふたりが「裕福すぎない」設定は、随所に出ています。厩舎街に住み、同居して家賃を折半していること、住み込みのメイドが不在で通いのミセス・ピアスに掃除をしてもらっていること（住み込みより安価）などです。とはいえ、バーバラ夫人は中流階級以上が行うゴルフを趣味にしたり、脅迫者に数百ポンド支払ったりと、中流階級として通じる生活を

あらすじ

11月5日の祭事ガイ・フォークス・デー（国王爆殺未遂事件の記念日。首謀者の人形を引きずり回して焼き捨てたり、花火を鳴らしたり、かがり火を燃やしたりする）の夜。ポワロとヘイスティングスとジャップが祭りを眺めながら歩いていると、ヘイスティングスが「銃を撃っても花火で聞こえない」「殺人に適した夜だ」と話題にする。

翌朝、ジャップから電話で「銃による不審死があった」と連絡を受けるポワロたち。現場は、まさに「殺人」の話をしていたミューズ街（厩舎街）だった。

遺体はバーバラ・アレン。頭を銃で撃たれた状態で発見された。同居するミス・プレンダーリースは事件の時間には不在。一見自殺に見えたものの、様々な疑念から殺人事件として調査が始まる。

バーバラの交友関係は狭く、ポワロたちは婚約者レイヴァートン・ウェスト議員と、夫人と交友のあったユースタス少佐へ聞き込みに。そして、ユースタス少佐は目撃証言と現場に残った証拠から、夫人への脅迫疑惑で警察の取り調べを受けることになる。

できる立場にあったことがうかがえます。

⊙**馬車からタクシーの時代へ**——1930年代を舞台とするこのドラマでは、主要な移動手段は車です。ポワロが移動する際は、ヘイスティングスの車か、ジャップに同乗しての警察車両か、タクシーとなります。

本作ではポワロとジャップが、ウェスト議員が泳いでいたプールがあるクラブを出ると、すぐに玄関にいたドアマンがタクシーを呼び、ふたりで乗り込みます。ドラマ内では「タクシー」とのポワロの呼び声を、何度も聞くことになります。

多くの場合、ポワロはタクシーを使います。その様子は、ポワロより前の19世紀末を舞台とするドラマ『シャーロック・ホームズの冒険』で、ホームズがハンサムキャブ（一頭立ての辻馬車）をよく使った姿に通じるでしょう。

なお、第1話の依頼主のミセス・トッドの家に行く移動手段もタクシーでしたが、料金の支払いはヘイスティングスが行っていたようでした。この辺にも依頼主の経済観念が出ているようで、ヘイスティングスは別の話でも他人の支払いをさせられます。

⊙**コスプレキャバクラ?**——ユースタス少佐が経営する飲食店はベトナムのアオザイを着て笠をかぶった女性店員や、舞台上で水着に近い格好の女性が歌を披露するなど、現代日本の「コスプレキャバクラ」の源流のような店舗でした。身なりのいい客からなっており、流行っていました。

第3話――ジョニー・ウェイバリー誘拐事件――

THE ADVENTURE OF JOHNNIE WAVERLY

該当原作作品

「ジョニー・ウェイバリーの冒険」(『愛の探偵たち』所収)

主要登場人物

マーカス・ウェイバリー
依頼主。400年続く伝統ある旧家の地主。

エイダ・ウェイバリー
マーカスの妻。財産を管理する。

ジョニー・ウェイバリー
夫妻の子供。誘拐される。

ジェシー・ウィザース
ナースメイド。

トレッドウェル
ウェイバリー家に30年仕える執事。

ガイド

⊙**見どころ**―ドラマで初めてカントリーハウスが舞台となります。家事使用人は執事トレッドウェルを筆頭に、ジョニーのナースメイド、ハウスメイド2名、コック、キッチンメイド、お抱え運転手が登場しました。

屋敷訪問時の定番となるディナーでもてなしを受け、ポワロは用意された寝室に泊まります。当時の屋敷はゲストをもてなす場所であり、屋敷作品の定番と言える展開です。ディナーの際には、ポワロとヘイスティングスは正装のタキシード姿となります。訪問時のスーツや就寝時の寝巻きまで含めて、TPOに応じて着替えました。

⊙**屋敷の経済力**―屋敷には華やかな雰囲気がありますが、舞台となるウェイバリー家の経済的困窮がドラマ内で語られています。「かつての見渡す限りの領地を売りに出した」「屋敷の工事が資金不足で停止」「ディナーも朝食も簡素」という描写です。

人事の面でも、執事の部下となるべき男性使用人の「フットマン」(従僕)が雇用されていません。その雇用は贅沢なものですが、執事トレッドウェルはかつてその職から執事へ昇進しており、「今は従僕を雇用できない」経済事情が語られています。

あらすじ

ポワロは事務所にやってきた地方の大地主マーカス・ウェイバリーから相談を受ける。息子ジョニーの誘拐予告状が届き、支払いがなければ誘拐するとの脅迫を受けているという。「誘拐事件がこのイギリスで？」（起こるはずがない）という反応をヘイスティングスは見せるものの、ポワロは事件を引き受ける。

ポワロはウェイバリー家の「領地に囲まれた屋敷」（カントリーハウス）を訪問することに。最寄りの駅で鉄道を降りるとお抱え運転手の車で出迎えを受けたポワロは、先に自分の車でやってきたヘイスティングスと合流し、ふたりの屋敷滞在が始まる。

翌日、事件の相談を受けていたジャップ率いる警官たちがやってきて、予告された時間での誘拐に備えるも、警戒の甲斐無く事件は発生。ジョニーは連れ去られてしまい、内部犯行を疑ったマーカスは使用人を集め、疑わしいナースメイドのジェシーを解雇する。

さらに、執事と対となる女性使用人の管理者ハウスキーパーも不在です。解雇されたメイドのジェシーの賃金を支払うハウスキーパーの役目は、夫人の秘書ミス・コリンズ（家事使用人ではない）が担いました。夫人が秘書を必要とすることも、屋敷の財政管理を含めて夫人が屋敷の実権を握っていることを暗示します。

なお、１９３０年代は領地を持つ地主たちにとって難しい時代でした。19世紀末から地主への課税が徐々に強化され、相続税の累進課税化、不労所得への課税率引き上げ、土地売買時の利益への課税があり、また過去の時代よりも穀物価格や地価も下がったためです。かつ、人件費は増加し、雇用できる家事使用人の数は以前より絞られる傾向にありました。

⊙**広い領地と隠し扉**——ヘイスティングスの車の故障でポワロは、口直しの朝食を食べた村のパブから徒歩で屋敷に行かざるを得ませんでした。村から車道や牧草地を通り抜けて歩き続けたポワロが足を痛めるほどに、屋敷の周辺は広大で何もなく、最も近い村まで相当な距離がありました。

今回の屋敷では本棚に隠し扉があり、外へ通じる抜け道が出てきます。作中の説明ではカトリック教徒を逃がすのに使った通路の名残でした。これは16世紀に英国国教会へ切り替えを進めるエリザベス一世の時代にあった、カトリックの聖職者弾圧を示すものでしょう。カトリックの裕福な地主や貴族は聖職者を屋敷に匿い、捜索を受けた際には隠し通路から逃がしました。屋敷の歴史が古い、ということがよくわかる設定です。

第4話

24羽の黒つぐみ

FOUR AND TWENTY BLACKBIRDS

該当原作作品

「二十四羽の黒つぐみ」（『クリスマス・プディングの冒険』所収）

主要登場人物

ヘンリー・ガスコイン
レストランでポワロが目撃した画家。

アンソニー・ガスコイン
ヘンリーの双子の兄弟。

ジョージ・ロリマー
アンソニーの甥。劇場支配人。

ダルシー・レイン
ヘンリーの絵のモデル。

メイキンソン
ヘンリーの絵を扱う画商。

ガイド

⊙**見どころ**——本作ではポワロが自発的に調査を始めています。報酬のない・依頼主がない事件への関与は、ポワロ作品では珍しいことではありません。原作でボニントンは歯科医ではなく、かつ、ヘンリーの正体は不明のままです。たまたまポワロはボニントンと「地下鉄」で出会い、レストランで見た正体不明の老人が死んだことを告げられます。そしてポワロは興味を持ち、優秀なヴァレット（従者）のジョージに命じて身元を突き止めさせました。ドラマで従者ジョージは、後半になるまで出てきません。

ところで、ドラマでポワロはほとんど「地下鉄」を利用しません。これはドラマの演出上では訪問先を出てすぐタクシーに乗る方が映えたからか、当時の地下鉄を再現しての撮影が困難だったからと考えられます。

⊙**外国人としてのポワロ**——ヘンリーの住まいを訪問した際、その家の鍵を預かる第一発見者となった女性マレンから、ポワロは露骨に避けられます。彼女は外国人のポワロを怪しいと思い、同行するヘイスティングスに対して主に話しました。作中、ポワロは「怪しい外国人」として、冷たい態度で接せられます。典型的英国紳士のヘイスティングスは、ポワ

あらすじ

歯科医の友人ボニントンと「ギャラント・レストラン」で英国料理を楽しみつつ、そこにいた常連の老人に、ポワロは興味を覚える。ウェイトレスのモリーが、その老人は普段と異なる曜日に来て、かつ普段は食べないメニュー（トマトスープ、ステーキ・アンド・キドニー・パイ、そして黒いちごのクランブル）を頼んでいると語ったためだった。

後日、ポワロはボニントンの治療を受けた際、その常連客のヘンリー・ガスコインが見かけた日に階段から転落死したと聞かされる。ポワロはヘイスティングスとヘンリーの自宅を訪問し、そのアトリエでモデルのダルシーの証言を得て、画商メイキンソンやヘンリーの甥、そして双子の兄弟で仲違いをしていたアンソニーの存在を知り、調査を広げる。ところが、身内のアンソニーもまた、衰弱死していた。

アンソニーの財産を相続したのは、甥のジョージ・ロリマーだった。

ロの信頼性を高めるパートナーと言えました。

⊙**グルメなポワロ**—ドラマのユニークなポワロの描写として、自ら料理を作るグルメなポワロの姿があります。事務所兼自宅にヘイスティングスを招き、燭台を立てたテーブルに母から教わった「リエージュ風のウサギの煮込み」を給仕するのです。また、ジョークを言ったヘイスティングスをたしなめ、かつ食べ方にも細かく指示を出し、感想を求めます。

⊙**24羽の黒つぐみ**—タイトルは、クリスティーが度々題材にする童謡『マザーグース』の「6ペンスの歌」に由来します。これは、ヘンリーが食べた「黒いちご」と「黒つぐみ」をかけたものにもなっています。

⊙**使用人について**—アンソニーの死を看取ったミセス・ヒルはハウスキーパーですが、ひとりで話し相手から身の回りの世話、料理、洗濯まで家事を行う「メイドオブオールワーク」と同じ立場でした。長く仕えた使用人に、雇用主は何か遺すものですが、遺言をのこさなかったアンソニーや、何もお礼をしない相続者の甥ジョージ・ロリマーはかなりのケチと言えるでしょう。

⊙**真犯人を追い詰める舞台劇**—真犯人の前で真実を明らかにし、真犯人を警察の手に委ねるポワロの手法は、今回は劇場で警察スタッフ（科学捜査班）を巻き込んで行われました。こうした「劇」との相性がいいことは、ドラマの特徴といえます。

第5話

4階の部屋

THE THIRD FLOOR FLAT

該当原作作品

「四階のフラット」（『愛の探偵たち』所収）

主要登場人物

パトリシア・マシューズ
ポワロと同じマンションの住人。46B号室。

ドノバン・ベイリー
パトリシアに好意を持つ。

ジミー・フォークナー
パトリシアに好意を持つ、控えめな青年。

ミルドレッド
パトリシアの友人。

アーネスティン・グラント
ポワロの住むマンション36B号室に引っ越してきた女性。

ガイド

◉**見どころ**——ポワロはパトリシアにオムレツを振る舞ってもらい、その時に「かつて私にも愛する美しい女性がいたのですがね、マドモワゼル、あなたにそっくりの女性でした——ところが悲しいかな！　彼女は料理ができなかった」（『愛の探偵たち』）と、珍しく過去を披露します。ここでガス台や流しも出てきます。

　几帳面さを示すように、ポワロはドノバンが気を失った際に気付けとしてブランデーを飲ませた際のグラスを、わざわざ自分で洗い、布巾で拭き、元の場所へ戻しました。借主が亡くなった家にもかかわらず、です。

◉**マンションとメイド**——ポワロが住むマンションの構造が、様々な角度で明らかになります。各フロアごとに間取りは細部が異なるようですが、パトリシアやグラント夫人の部屋のキッチンや運搬用リフト、メイド部屋などが登場します。

　ドラマではポワロの従者ジョージは登場せず、住み込みの使用人もいません。しかし、同じマンションのミセス・グラントは住み込みのメイドを雇用し、かつメイド部屋を用意しました。原作でこの部屋は「建設業者が犬小屋としてデザインしたのを、人間用に直し

あらすじ

ポワロの事務所兼自宅の「ホワイトヘイブン・マンション」の3階（日本では4階に相当）にミセス・グラントが引っ越してくる。彼女は上の階のパトリシアの部屋に手紙を置くものの、無視された。

その日のうちに、ミセス・グラントは訪問者を迎えた後に殺される。

第一発見者は、ポワロの階下に住むパトリシアの友人ドノバンとジミーだった。ふたりとパトリシア、その友人ミルドレッドの4人は、ポワロも鑑賞していた劇を見終えた後、マンションに戻ってくる。部屋の鍵をパトリシアが失くしたため、ドノバンとジミーは運搬用リフトからパトリシアの部屋に入り込むが、間違えて一つ下の3階に侵入してしまい、かつミセス・グラントの死体を発見することになる。

警察が来る前に、同じマンションの住人の異変を知ったポワロは捜査を開始するが、目撃者はいなかった。

たような部屋だった。床の大部分はベッドに占領されており」（『愛の探偵たち』）と描写されました。日当たりなどが悪い部屋が、メイドにあてがわれたのです。

⊙**作中劇**―殺人事件を題材にした劇で、ポワロは犯人を執事だと予想します。しかし別の人物が犯人でした。納得がいかないポワロはヘイスティングスに文句を言い、さらにパトリシアがオムレツを振舞ってくれた際にも、自身の主張を熱弁するほどでした。この辺の大人気なさがチャーミングです。

⊙**ヘイスティングスと車**―車といえばヘイスティングスと思われるぐらいに、これまでの話で彼とその車が登場しました。今回は最後に犯人の逃亡に彼の車が使われた上に事故で破損する悲劇に遭遇します。この悲劇は、もう一度起こります。しかも新車で。

⊙**ティザン**―ポワロは時々フランス語を織り交ぜます。そのうちの一つが「ティザン」（ハーブティー、薬湯）です。彼は英国人が愛する紅茶よりティザンを愛し、11時のお茶の時間にミス・レモンにお願いして淹れてもらっています。ポワロを演じるに際して、主演のデビッド・スーシェは93項目のポワロの在り方を作り、そのうちの2番目が「ティザンを飲む――めったに紅茶は飲まない。紅茶のことをポワロは〝イギリスの毒〟と呼ぶ」と記しました（『Poirot and Me』）。

ティザンはポワロの個性でした。

第6話　砂に書かれた三角形

TRIANGLE AT RHODES

該当原作作品

「砂にかかれた三角形」（『死人の鏡』所収）

主要登場人物

バレンタイン・チャントリー
恋多き魅惑的な女性。

トニー・チャントリー
バレンタインの夫。中佐。ホテルに滞在。

マージョリー・ゴールド
ホテルに滞在。

ダグラス・ゴールド
ホテルに滞在。マージョリーの夫。

パメラ・ライル
ホテルに滞在。

バーンズ
少佐。ホテルに滞在。

ガイド

⦿**見どころ**――ドラマ初の海外ロケです。舞台のロードス島はトルコに占領された時期が長く続き、街にはアラブの雰囲気が溢れています。ドラマの頃である1930年代はイタリア領となり、黒シャツ党（ムッソリーニが組織したファシスト党）のメンバーが街を闊歩しました。この様子は街を歩く際や、出国時の手続きでポワロをスパイと誤認して勾留する風景などに反映されています。この拘束で出国できなかったポワロは、助けを求めて追いかけてきたパメラに応じて、事件の調査に協力します。

⦿**ホテル描写**――このドラマシリーズでは、数多くのホテルと、そこで働く従業員たちが登場します。ストーリーにまったく関与しない、意識しないと気づかないこうした人々を、細部まで徹底的に配役している点に製作陣のこだわりが見えます。

ドラマ全体のホテル描写には、おおよその流れがあります。宿泊客は車で運転手の出迎えを受け、ホテルに到着するとポーターやベルボーイに荷物を運んでもらい、ドアマンが開けたドアを通り抜け、フロントで受付を済ませます。

ホテル従業員の制服は、多くの場合、各ホテルのブランドカラーで統一されています。

あらすじ

ポワロ宛の郵便を届けに来た郵便配達人へ、ポワロが住むホワイトヘヴン・マンションのドアマンは、ヘイスティングスは狩猟へ、ミス・レモンは姉のところへ、そしてポワロは海外へ出かけていると伝える。

そのポワロは、エーゲ海南部にあるロードス島にいた。旅行客のパメラ・ライルに声をかけられ、事情通の彼女からホテルの滞在者について様々な情報を得る。

事件は、同じホテルに滞在するトニーとバレンタインのチャントリー夫妻と、ダグラスとマージョリーのゴールド夫妻の関係がもつれた末に起こる。5度の結婚をしたとされる美しいバレンタイン（原作ではシャネルのモデル経験あり）は、何度もダグラスにアプローチし、彼は熱を上げる。その末に、バレンタインが毒殺される事態を招いた。

バレンタインが飲んで死んだピンクジンは、本来、夫のトニーが飲むはずだった。トニーは自分を殺す動機を持つダグラスを疑い、警察も彼を容疑者として拘束する。

今回の舞台パレスホテルは「緑」を基調としました（フロントは黒のスーツ）。

ホテルにはラウンジバーとレストランがあり、そこでは白いジャケットを着たバーテンダーやウェイターが給仕をしました。

⊙**現地の食を楽しむ**――ポワロと登場人物たちは、観光の途中で地元のレストランに立ち寄りました。口論が起こって感情的になった同席者を尻目に、ポワロは注文を取りに来たウェイターへメニューの詳細を確認しながら注文を行い、場を鎮めました。

⊙**妥協なきポワロ**――荷造りの手伝いをするホテルのメイドが、ポワロのトランクにシャツやネクタイをしまおうとする際、ポワロは「丁寧に扱ってくれ」とやり方を指導します。相対的に他人には柔らかい物腰で接するポワロも服装に関しては妥協しないようで、このドラマのポワロらしいシーンです。

なお、このホテルメイドのメイド服も「緑」でした。

第7話 海上の悲劇

PROBLEM AT SEA

該当原作作品

「船上の怪事件」（『黄色いアイリス』所収）

主要登場人物

ジョン・クラパトン
船の乗客。大佐。

アデリーン・クラパトン
船の乗客。ジョンの妻。病院経営者。

エリー・ヘンダーソン
船の乗客。ジョンの知人。

ダーモット・フォーブス
船の乗客。将軍。ミセス・クラパトンの古い知人。

ガイド

⊙**見どころ**――ヘイスティングスが活躍する回です。乗客たちを楽しませようとヘイスティングスはクレー射撃大会を企画し、女性たちに射撃の指導をします。船のデッキでエリー・ヘンダーソンと話していたポワロは、やってきたヘイスティングスに彼女を紹介するも、ヘイスティングスは大会参加を促し、彼女は挨拶をして自室へ戻ります。

この状況にポワロは「おぉ、ヘイスティングス、ヘイスティングス」と、紹介を無駄にした友人の振る舞いを嘆きますが、それさえも通じず、ポワロは呆れてさらに三度、ヘイスティングスの名を繰り返しました。

皆が観光に出かけた後もヘイスティングスは船に残り、船員と大会運営について協議を重ねました。与えられた役割を果たそうとする善良な生真面目さと、それしか考えられずに周りをあまり見ていない姿が描かれています。

その一方で、ヘイスティングスは船員のひとりが怪しい挙動をして船を降りた際にはいち早く気づいて尾行し、彼が盗んだティアラを換金しようとする現場を押さえ、捕まえる活躍を見せました。また、真犯人が逃げようとした時も最初に止めました。

あらすじ

エジプトのアレキサンドリアへ向かう客船に乗っていたポワロとヘイスティングス。長い旅の時間を過ごす乗客たちが少しずつ会話をしたり、交流をしたりする中で最も目立つのは、クラパトン夫妻だった。

夫のジョンは仕えるように妻アデリーンに接し、そのアデリーンは女王然たる振る舞いでジョンの言葉尻を捉えては人前で恥をかかせる。その傲岸不遜な態度は他の乗客たちにも向けられ、客船で注目を浴びる存在となっていた。

そんな中、港へ立ち寄って乗客たちが観光をする間に、船の客室に残ったアデリーンが、鍵のかかった部屋で死んでいるのが見つかる。船は停船中で、誰もが入り込める状況にあった。部屋からはティアラと紙幣が盗まれ、さらに現場には夫のジョンも知らない首飾りが落ちていて、外部の物売り商人の犯行も疑われた。

原作ではヘイスティングスが不在で、この一連のエピソードはありません。

⊙ショーとしての推理と犯人——意外なことに、この第7話目で初めてドラマ内で、容疑者や関係者を集めて事件を締めくくる「ポワロの推理劇」が披露されます。これまでの推理は、あくまでもひとりの犯人を追い詰めるものでした。

「推理」の参加者は船内のホールに集められて席に座り、さながら舞台劇を見るように、ホールの中心に立つポワロの話を聞きます。ポワロは演出を加えて、人形を使いながら犯人が用いたトリックを再現し、犯人を解き明かしました。

その後のドラマで見られるポワロの「推理劇」には、容疑者それぞれに殺人の動機があるという秘密を明かして個々に追い詰める描写がありますが、今回の事件は容疑者も少なく、推理劇は犯人ひとりだけに向けられたもので済みました。

⊙事件の結末——ドラマと原作では犯人も「推理劇」の流れも同じです。しかし、その結末が違いました。原作の犯人は心臓が弱く、持病の薬を飲んでいました。それに勘付いていたポワロはショッキングな演出をして、犯人が心臓麻痺で死ぬ可能性を考慮しつつもトリックを明かし、最終的に犯人がショック死する結末を作りました。

ドラマと原作で共通するのは、「殺人（殺人者）を許さない」というポワロの強い信念です。このスタンスは作中で度々示され、第65話「オリエント急行の殺人」と最終話「カーテン」で試練を迎えることとなります。

第8話

なぞの盗難事件

THE INCREDIBLE THEFT

該当原作作品

「謎の盗難事件」(『死人の鏡』所収)

主要登場人物

レディ・マーガレット・メイフィールド
事件の依頼主。

トミー・メイフィールド
軍事企業を経営し、新型戦闘機の開発を主導。レディ・メイフィールドの夫。

サー・ジョージ・キャリントン
国防大臣。

カーライル
トミー・メイフィールドの秘書。

ミセス・ジョアンナ・ヴァンダリン
ドイツのスパイ疑惑がある女性。

ガイド

⊙**見どころ**―依頼を受ける前のポワロの事務所でのやりとりで、ポワロたちの個性が際立って描かれます。ポワロは丹念に革靴を磨き、ソファに寝転がったヘイスティングスは建築を学ぶ女性に好意を抱くも話題に困っており、訪問しても彼女が留守でその母とお茶を飲んでばかりだと愚痴りました。ミス・レモンは匿名の依頼電話を繋げない・匿名では事件をまとめた名簿に組み込めないとポワロに伝えます。

ここにポワロの几帳面さ、ヘイスティングスの人の良さ、そしてミス・レモンの正確性を追求する姿勢が表れています。

⊙**貴族の儀礼称号について**―「レディ」は身分を示す儀礼称号で、一般的には貴族の夫人に付くものです。ただレディ・マーガレット・メイフィールドは「夫は貴族ではない」「父が伯爵だから」とポワロに説明します。これは公爵・侯爵・伯爵の娘は「レディ」を名乗れることを意味しました。

本ドラマシリーズで出てくる男性貴族の多くは「ロード」、準男爵とナイトは「サー」で呼ばれます。翻訳すると「卿」でひとまとめになることが多いです。なお、原作のメイフ

あらすじ

レディ・メイフィールドは匿名を使ってポワロに連絡を取り、「国の緊急事態」だと助力を願う。夫が屋敷に招くゲストのミセス・ヴァンダリンは、ドイツのシンパとされる危険な女性で、新型戦車の開発に関わる侯爵に接近して極秘情報を盗み出し、その結果、侯爵を自殺に追いやったと噂される人物だった。レディ・メイフィールドは同様の事件が起こることを恐れていた。

　ポワロはレディ・メイフィールドの依頼を引き受け、ミセス・ヴァンダリンやそのほかのゲストたちに交ざって、メイフィールド邸に滞在する。しかし、ディナーを終えた後に盗難事件が発生。新型戦闘機の機密書類が盗まれた。すぐに警察が呼ばれ、ジャップが陣頭指揮をとり、最も疑わしいミセス・ヴァンダリンを調べるも、書類は見つからないままだった。

ィールドはサーの立場から栄達して、ロードを名乗れる貴族に叙せられています。

⊙**ドイツ**——ドラマの時代（1930年代）はヒトラーが台頭し、1935年には第一次世界大戦後に締結した講和条約のヴェルサイユ条約を破棄し、軍備強化を始める年となります。そうした情勢下であるため、ドラマの中で英国の脅威としてドイツは何度も描かれます。

⊙**家事使用人の立ち位置**——事件が起こったメイフィールドが所有する屋敷では、明るいうちはガーデン・パーティーを、それから夜にディナー、そしてその後に応接間でカードゲームや個別の会話などを行いました。屋敷には執事とメイドの姿がありました。

　ジャップは部下に家事使用人の職場も捜索するよう命じましたが、多くの場合、家事使用人は事件の証言者であって、犯人ではありませんでした。

⊙**ヘイスティングスの受難**——不幸にも屋敷に招かれなかったヘイスティングスは、ポワロに協力するために、近くの宿「スリー・クラウンズ」に宿泊しました。さらにジャップと相部屋に。地方が舞台となる際、ポワロたちはパブに併設された古風な旅館（イン）によく泊まりました。

　そして、このドラマでもヘイスティングスは自分の車でやってきますが、またも車のトラブルに遭遇。容疑者を追いかける必要から、今回は警察車両を借りて、ポワロと一緒に追跡しました。このような追跡劇は、何度も登場します。

第9話 クラブのキング

THE KING OF CLUBS

該当原作作品

「クラブのキング」（『教会で死んだ男』所収）

主要登場人物

ヘンリー・リードバーン
映画会社のボス。

バレリー・サンクレア
俳優。リードバーンが撮影中の映画で主演。

バニー
ヘイスティングスの友人。プロデューサー。

ラルフ・ウォルトン
俳優。かつてスターだった。

ポール
モラニア国王子。バレリーと婚約。

ガイド

⦿**見どころ**——映画会社に君臨するリードバーンはモダンなデザインの屋敷に住んでいました。この屋敷の撮影地は「High & Over」という名の1931年に完成した邸宅で、Y字をした独特の形と、真っ白な垂直の壁に埋め込まれたガラス窓などの外観から、周囲の人々から「飛行機の家」とも呼ばれました。プールもあります。リードバーンの屋敷はモダニズムでありつつ、アール・デコの意匠も反映されています。

日本でこの屋敷に近い建物は、旧朝香宮邸（東京都庭園美術館）です。旧朝香宮邸は同時期の1933年に竣工したアール・デコ建築の世界的傑作とされています。

このような斬新なデザインの屋敷に住んだ意味はさておき、新しい家ほど電気、ガス、水道、空調などが便利になり、生活空間として快適なものだったでしょう。石炭を使う暖炉があるような古い屋敷は、石炭の煤で周囲が汚れたり、煙突の掃除も必要だったりするため、メンテナンスコストがかかりました。

⦿**通勤する富裕層**——リードバーンの屋敷は、彼の映画スタジオまで車で通える距離にあったと考えられます。建物自体も近隣の住宅地と近く、バレリーは屋敷の窓からウィローズ荘

あらすじ

ポワロは、ヘイスティングスの誘いを受け、ヘイスティングスの友人バニーが働く映画の撮影スタジオへ向かう。そこでポワロは、旧知のモラニア国の王子ポールと再会。ポールは、映画の主演俳優バレリー・サンクレアの婚約者だった。

撮影所のすべてを仕切るヘンリー・リードバーンはバレリーに言い寄り、夜に自分の屋敷へと招くが、リードバーンは死んでいた。バレリーはリードバーンの死体がある部屋から明かりが見えた、近所のウィローズ荘へ逃げ込む。

王子ポールは、婚約者にスキャンダルが起こると家族から結婚に反対されるため、ポワロに解決を求める。ポワロは警察の捜査とは別に、事件の真相を調査する。

を確認できました。もしも広大で古風な屋敷であれば、周囲には何もなかったことでしょう。

⊙**ブリッジ**――夕食後のゲームは珍しいことではなく、『名探偵ポワロ』では第7話「海上の悲劇」、第8話「なぞの盗難事件」、第55話「ひらいたトランプ」などで、この「ブリッジ」をして遊びました。52枚のカードを使って4名の参加者がペアに分かれて勝負するため、誰とペアを組むかも重要でした。

19世紀末のホームズの時代は「ホイスト」が行われており、そこから派生した「ブリッジ」がポワロの時代には主流になっていました。

⊙**犯人を見逃すポワロ**――ポワロは、リードバーンを殴りつけて意図せずに殺すことになった犯人を見逃しました。ポワロは殺人犯には常に厳しい態度で接しましたが、今回はポール王子の依頼でかつ事件の捜査ではなくバレリーの名声を守ることが目的でしたので、真相を伏せたまま、事件を迷宮入りにさせました。

事件の真相をすべて知りながら、警察に対して真相を隠すことは、この後も起こります。真犯人に自殺する機会を与えて死刑を免れるようにするなど、ポワロは時に事件の真相を世間に明かすより、自身の価値観を優先しました。彼は私立探偵でした。

第10話 夢

THE DREAM

該当原作作品

「夢」（『クリスマス・プディングの冒険』所収）

主要登場人物

ベネディクト・ファーリー
パイ工場の経営者。

ルイーズ・ファーリー
ベネディクトの後妻。

ジョアンナ・ファーリー
ベネディクトと先妻の娘。

ヒューゴー・コーンワージー
ベネディクトの秘書。

ハーバート・チャドリー
ジョアンナの恋人。

ガイド

⊙**見どころ**―冒頭で50周年を迎えるベネディクト・ファーリーの新工場オープン記念式典が開催されます。作中、「1935年度の売り上げは最高を記録した」と述べており、1935年という世界恐慌を経た時代にあって、この工場は従業員の雇用確保に貢献したことでしょう。一方で、グルメなポワロは、「ファーリーのパイは最悪だ。数は世界一だが」「厳しく管理しても味は良くならない」と否定的でした。

⊙**屋敷兼オフィス**―原作でファーリー邸はノースウェイ館という古風な時代遅れの建物となっており、「邸宅」として独立していました。ドラマでは工場の敷地内にあるオフィスビルの上層に彼の私邸と執務室があったように見えます。従業員が使うオフィス用の入り口と、ポワロを出迎えた執事がいるプライベート用の入り口とに分かれていて、上層階で繋がっていたようです。

ドラマで使われた屋敷兼オフィスの撮影地はフーバー・ビルディングという1933年に竣工したアメリカの掃除機メーカー、フーバー社の英国本社ビルでした。モダンなその雰囲気はアール・デコのデザインで、ドラマの時代に建てられたものでした。

あらすじ

ポワロは、パイ工場を経営するベネディクト・ファーリーから依頼の手紙を受け取った。夜9時半という遅い指定時間に、工場に隣接する彼の自宅を訪問するポワロ。ベネディクトは、自殺する夢を毎晩見ており、誰かが自分に自殺を強いており、そうしたことができるのかとポワロに尋ねる。材料が少ないためにポワロが回答を控えると、ベネディクトはポワロへの相談を終わらせ、彼を帰らせた。

翌日、ポワロはジャップからの電話で、ベネディクトが自殺したことを伝えられる。発見現場の遺体の様子は、ポワロが直接聞いた「自殺の夢」と重なり、自殺と考えるのが妥当だった。しかし、ジャップは、ポワロがベネディクトから受け取った手紙の存在を重視して他殺の可能性を疑い、ポワロを呼び出したのだった。

ベネディクトの後妻ルイーズ、先妻との間の娘ジョアンナはベネディクトの巨額の遺産を相続できるため、それぞれ殺人への動機を持っていた。

⊙**ミス・レモンの不満とポワロの優しさ**――ポワロの秘書ミス・レモンは、非常に優秀で我慢強い人であり、そうであればこそ几帳面なポワロの下で働けています。その彼女の数少ない不満として出たのが「タイプライターの鍵盤がよく詰まるので、新しいものが欲しい」でした。意外にも倹約家のポワロは前の住人が置いていったタイプライターをそのまま使わせ、ミス・レモンの要望をことごとく無視していました。

ドラマの最後でポワロは、ミス・レモンへのプレゼントとして大きな包みを持ってきました。当然、タイプライターと思いきや、中から出てきたのは置き時計でした。これはミス・レモンが窓から身を乗り出して外の教会の時計で時間を確認したためでした。ポワロはポワロなりにミス・レモンが窓から落ちないように気を使った結果で、ミス・レモンも文句は言えずに、タイプライターをそのまま使い続けました。

この「ずれ」がドラマの魅力の一つです。

⊙**推理劇と仕込み**――ポワロは関係者全員とジャップを集めて、殺害現場で犯人のトリックを立証するため、ヘイスティングスに協力を仰いで銃を撃たせました。「犯行を再現して犯人を追い詰める」だけではなく、今回は参加者（読者やドラマの視聴者）に殺人の追体験をさせて真相を明かします。エンタメ性の高い演出です。

COLUMN 1

家事使用人の制服

世界屈指のメイド&執事作品『名探偵ポワロ』

『名探偵ポワロ』には大勢のメイドや執事が登場します。最も登場頻度が高かった制服は「メイド服」。メイドとウェイトレスをあわせた「メイド服」は、なんと全70話中54話で登場しました。『名探偵ポワロ』は世界屈指の〝メイドもの〟なのです。

また「英国執事」といえば、屋敷を描く際に欠かせない存在です。その一方で、執事の下で働く男性使用人（フットマン）は、裕福ではない屋敷が舞台であることが多いため、作品内では執事より希少になりました。

さらに、考察対象として、ドラマ内で多く登場し、家事使用人同様のサービスを行う制服を着た「ホテルスタッフ」を追加します。

英国メイド服とは？

作品の舞台となる1930年代のメイド服は、日本では「クラシックなメイド服」として知られるヴィクトリア朝のメイド服と3点で大きく異なります。

❶肩紐があるエプロンから、肩紐がなく小さな胸当てのエプロンへ変わる。

❷脚を隠すロングスカートから、丈が短く脚が見えるドレス（色も自由）になる。
❸頭の飾りはかぶったり載せたりする「キャップ」形式から、「コロネット・キャップ」という黒いリボンで装飾された白地のヘッドドレスを頭に巻きつけたものとなる。

この3要素は『名探偵ポワロ』の時代のメイド服を代表するものです。メイド服はその時代の女性服のトレンドを反映したものになっています。

なお、作中でメイド服に統一感があまりなくデザインがバラバラなのは、基本的にメイド服はメイドが自分で用意しなければならないためでした。統一感を出したい・こだわる雇用主は準備して提供しましたが、多くの場合は自前調達だったのです。

❶エプロン編

『名探偵ポワロ』で「肩紐がない、小さな胸当てのエプロン」が最も登場します。肩紐がないのに、胸当ての部分はメイド服の前面にくっついています。どのように留めているのか、実物を見たことがないために推測となりますが、①何かで留める（縫い付け、ピン、ボタン穴）、②見えにくい肩紐がある、の2点が考えられます。調査中に1920年代のメイドを撮影した動画“Ideal Home Exhibition（1920–1929）”（https://www.youtube.com/watch?v=k43aSZ4bFlQ）を見たところ、風でエプロンがなびいた際、上部が固定されていて、風が抜けています。

代表的メイド服

元々のエプロンには、洗いやすい布地でメインの服を覆い、汚れを防ぐ意味があります。縫い付けはメンテナンス性が悪く、ボタン穴やフックはメイド服の側に仕掛けが必要で難しく、結論としてピンで固定しているように思います。

この「胸当て」の形態が非常にバリエーションに富んでいます。縦長の長方形の基本形から、台形、五角形、波模様、襟と繋がるように見える鋭角的な台形、胸元まであるものまで様々です。さらにレースを用いたり、フリルの縁取りがあったり、模様が入っていたりと、エプロンの細部も屋敷によって異なります。喫茶店のウェイトレスも、このデザインに準拠しています。

「基本形」以外にも、「太い肩紐エプロン」もそこそこ出てきます。しかし、紐というよりも「袖のない上着」「貫頭衣」に似て、作業着に見えるため、デザインとしての美しさを私個人としてはあまり感じません。

とはいえ、この「太い肩紐エプロン」は色のバリエーションが多く、前述のエプロンが白をベースとしているならば、こちらは柄や模様、色が自由に使われており、「メイドエプロン」というより、「普通のエプロン」に近しいです。着用者もあまり「メイド」のイメージを想起させず、年配の恰幅の良い女性が着ていたり、家政婦やコック、そしてナースなどの服として見られるものでした。固定しやすく、汚れを防ぐ面積も広いため、実用性が高いのでしょう。

このほかに、「胸当てが無い腰だけを覆うエプロン」（以降、腰エプロン）もあります。女性使用人の中ではあまり汚れ仕事をしない職種の侍女などがつける

肩紐があるエプロン

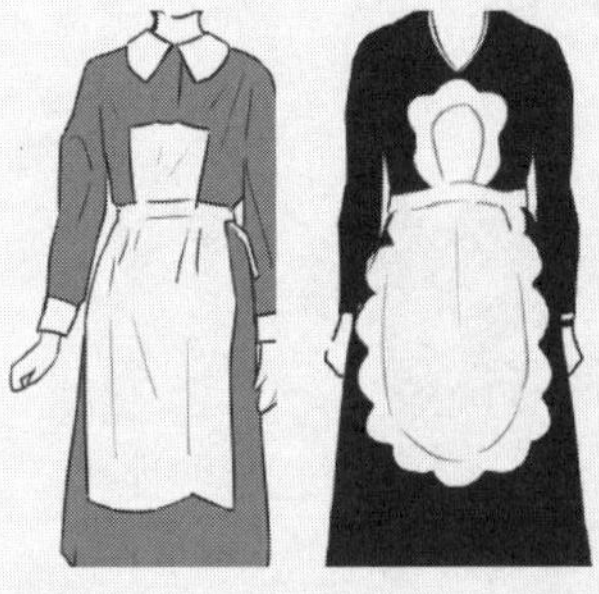
肩紐がないエプロン

ものでした。作品内では男性のバーテンダーやウェイターが着用している機会の方が多かったです。

❷ドレス編

元々、ヴィクトリア朝のメイド服には、掃除や裏仕事に適した洗いやすい素材で作られたドレス「午前服」と、給仕や表に出る仕事で使う黒の「午後服」がありました。前者は作業着で、後者は主人やゲストの目に触れる機会に着るものでした。

この使い分けは1930年代が舞台の本作品でも登場し、第23話「プリマス行き急行列車」と第33話「愛国殺人」でメイドが午前服、午後服を使い分けました。また第35話「負け犬」ではなんと4種類のメイド服を同一のメイドが着替えました。

ヴィクトリア朝からの最も大きなドレスの変化は「色」です。「クラシックなメイド服といえば黒」のイメージが強くあります。多くのメイド服（午後服）は実際に黒でありつつ、例外的にカラフルな色彩のメイド服を着ていたのは、ホテルメイドやウェイトレスです。

デザインこそ、「メイド服」と同じながらもホテルメイドやウェイトレスが着る場合は、「彼女たちの職場のブランドカラー」が反映されました。特にホテルの場合、ホテルメイドやホテル付きのカフェのウェイトレス、そして後述する

肩紐があるエプロン2

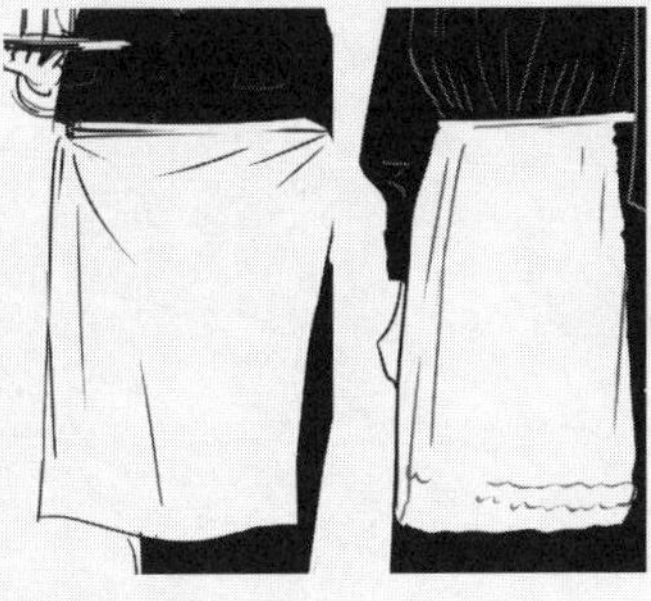

腰エプロン

男性のホテルスタッフを含めて、スタッフの制服の色が統一されています。
最もおしゃれなメイド服は、第11話「エンドハウスの怪事件」でポワロたちが滞在した「マジェスティック・ホテル」の制服です。このメイド服とホテル客室のドアは、色と模様が一致しました。

次に、着目すべきは「襟」と「カフス（袖口）」です。ドラマに登場したメイド服はドレスの「襟」の種類まで多様でした。襟が無い服から、白い丸襟、鋭角的デザインでエプロンのデザインと調和して肩紐のように繋がりそうなもの、レース、波模様、ボタンで閉じる場合や、広がっていて首元で襟が閉じない服もありました。

カフスも同様です。レース付き、ピンと綺麗に伸びたものから、カフスがない服まで組み合わせは多様です。袖が長袖か半袖かによっても、変化があります。

私はこれまで、メイド服の構成要素を「エプロン」「ドレス」「キャップ」と考えていましたが、この作品で「襟」「カフス」が同じ白い素材の「エプロン」を引き立てるデザインを見て、非常に重要な要素だと理解しました。

ドレスの中で最後に挙げる変化は、スカート丈です。メイド服は基本的にその時代のトレンドを反映しており、第一次世界大戦後にはだんだんと動きやすくなり、スカート丈も短くなっていきます。１９３０年代ともなると、「足首を見せるのは恥ずべきこと」としたヴィクトリア朝的な価値観は失われていました。

スカートが短くなった際に見えるようになった脚には、タイツや科学技術の進化から

マジェスティック・ホテルのメイド

襟のバージョン

生まれたストッキングも登場します。第31話「ABC殺人事件」で行商していたカストが販売していました。こうした短いスカートに準じて、作中でハイヒールを履いたメイドも珍しくありませんでした。

ドラマでポワロが屋敷に宿泊した時には基本的にゲスト応対は執事が出てきており、ディナーで給仕を受ける際か、殺人事件が起こった場合の事情聴取ぐらいが屋敷のメイドとポワロの遭遇機会でした。なお、執事がいない屋敷ではメイドが応対に出ていましたので、ポワロとも出会っています。

❸キャップ・ヘッドドレス編

『名探偵ポワロ』を彩る最後のメイド服の要素は、「頭につけるキャップ・ヘッドドレス」です。元々は「モブキャップ」と呼ばれる、頭を丸々覆うような古めかしいキャップをかぶっていました。これらの系譜を受け継ぐキャップも、作品には登場します。ただのキャップではなく、レースになっていたり、模様が入っていたり、ここにも細部の工夫が見られます。

これに、フリルがついたヘッドドレスやカチューシャのような形態の被り物が登場していきます。そして1920年代に顕著になったのが、「コロネット・キャップ」と呼ばれる、ヘッドドレスです。コロネット（coronet）は「宝冠」や「小さな冠状のヘッドドレス」を意味する言葉です。基本的にはティアラのように前面をカバーしました。

この「コロネット・キャップ」もバリエーションの宝庫で、大体の場合は黒いリボンで装飾されています。ところが、このリボンひとつをとっても、リボンがあまり見えない場合や、はっきり見える場合、太さの違いなどの差異が見られます。

素材と装飾にもバリエーションがあり、レースになっていたり、フリルが付いていたり、独自の模様が入っていたりします。英国で最も有名な「コロネット・キャップ」は、外食産業で名を馳せたLyons社のウェイトレスのヘッドドレスとなるでしょう。前面にロゴが入り、その下をリボンが通ったものです。その象徴的なメイド服を着た女性店員の愛称は「Nippy」（機敏に動く）となりました（Lyonsは第51話「杉の柩」参照）。１９２５年1月1日の新聞各紙に、モデルとなった女性の制服姿の写真が掲載されるなど、幅広く国民に認識される制服姿でした。

他の帽子の種類では、私が参考にした"ARMY & NAVY STORES LIMITED GENERAL PRICE LIST 1935–1936"（「陸海軍購買組合」、または「陸海軍ストア」の商品カタログ）に掲載されたメイド服とセットになっている"Sister Dora Cap"という、修道女Doraにちなんだとされる帽子があります。これは半円形に帽子のつばが広がり、その縁にフリルやレース、縁取りの飾りがつくものです。補足として同書掲載のメイド服を見る限り、「肩紐付きエプロン」は肩紐が太い形となっており、いわゆるクラシックな肩紐はメジャーではなくなっていったようです。

余談ですが、この陸海軍ストアのカタログの発行元は店舗を持ち、クリスティーの自伝や作中で登場しました（叔父がこのストアの事務員）。ストアでは食品や食器、日用品、化粧品、園芸用品、家具、ゲーム、旅行用品から、ファッションアイテム（陸海軍の制服やメイド服を含む）、銃器まで何でも販売していました。通販（電話注文・手紙注文）での配達や海外配送も受け付けていたので、まさにこの時代の「アマゾン」でした。

Sister Dora Cap

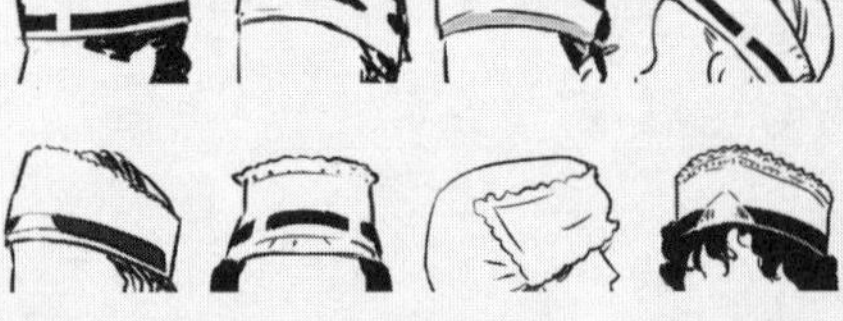
コロネット・キャップ

❶執事編

執事は、基本的に黒の燕尾服、黒のベスト、白シャツ、黒のネクタイ（蝶ネクタイの場合もあり）、黒または濃い灰色のズボンを着用しています。細部で燕尾服の胸元が閉まっているタイプや、ベストの色が黒でなかったり、ズボンに縦縞が入っていたりするものの、全体イメージは揃っています。

メイドより登場数が少ない執事は、確認範囲では25話分で1名ずついました。執事の19名がカントリーハウスで働き、6名がタウンハウスで働きました。カントリーハウスの登場話数が37話なので、半分以上のカントリーハウスに執事がいた計算になります。

執事を演じたキャストには、一定の共通項があります。執事役の男性は、年齢的に50代から60代が多く、多くが白髪でした。これはクリスティーの原作と、ドラマ製作者が抱く「英国執事イメージ」を反映するものでしょう。

この時代には執事を雇用できるだけの経済力がある雇用主が少なくなっています。その上、執事は待遇が良く、なかなか転職しません。執事が退職しなければポジションが空かないので、流動性が極めて低いものでした。ドラマは、長く仕える執事が多くなる傾向を表現しているのかもしれません。

❷フットマン編

執事の部下である男性使用人のフットマンは、ドラマ内では概ね執事と同じ格好をしています。英国ヴィクトリア朝期のフット

執事

マンが着たという舞台衣装に似た華やかな「お仕着せ」は、唯一、第69話「ヘラクレスの難業」に登場したル・メスリエの邸宅のフットマンで再現されました。

それ以外のフットマンはあまり特徴的な服を着ず、第26話「二重の手がかり」では若い男性使用人がウェイターと同じ白いジャケットを着用しました。第50話「五匹の子豚」で貴族と結婚したエルサ・グリヤーの屋敷では執事と同様っぽい格好で、第56話「葬儀を終えて」では特徴的な縦縞ベストを着た三名が姿を見せました。

フットマンが執事より登場機会が少ないのは彼らが最上流の家庭に雇用される希少種であることと、執事を雇用して見栄を張りつつ、フットマンの代役をメイドにさせる方が安価だからでしょう。

❸ヴァレット編

ポワロの家事使用人ジョージの職種「ヴァレット」も、見た目は執事とあまり変わりません。執事とヴァレットは同じ上級使用人でかつ主人付きであるために混同されやすいものですが、基本的に執事はヴァレットの上位職で、執事が「屋敷」の運営や部下の男性使用人の管理職であるのに対して、ヴァレットは主人の外出や旅行に同行する「個人プレイヤー」でした。

この典型が、第65話「オリエント急行の殺人」でラチェットに仕え、またかつてはアームストロング大佐に仕えたマスターマンでした。個人に仕える点から、第一次世界大戦に従軍した貴族の従卒を務めた人が、戦後にそのままヴァレットになることもありましたが、まさにマスターマンはその構図に当てはまりました。

ドラマ内でそれ以外の現役ヴァレットは、ジョージ以外では第27話「スペイン櫃

ポワロ（右）とジョージ（左）

の秘密」と第38話「イタリア貴族殺害事件」、介護寄りでは第42話「ポワロのクリスマス」、第70話「カーテン」（ジョージの代役カーティス）に登場しました。

❹ショーファー（お抱え運転手）編

英国で四輪自動車が初めて公道を走ったのは1894年で、以降、車の利用者が増加していきました。基本的に中流階級以上が購入するものだったため（他は商業での利用）、雇用主が自身で運転するか、馬車の御者をお抱え運転手に切り替えていきました。

前者の自分で運転するタイプがヘイスティングスであり、後者の運転を人のために行う使用人がお抱え運転手でした。作中では富豪が個人雇用しているケースと、ポワロのように時々利用しているケースが描かれていました。

「御者」と「お抱え運転手」が切り替わる時代の変化を描いたのは、ポワロの過去の警察時代と現在とを描いた第39話「チョコレートの箱」です。

お抱え運転手の制服はわかりやすく、制帽にコート、ズボン、黒の革手袋やブーツを着用しました。制服の色やデザインにバリエーションはありますが、特徴的な制帽、革手袋が目立つものでした。

使用人だった場合のお抱え運転手は、相対的に、他の家事使用人より自由な立場にありました。車という空間での雇用主との距離の近さや、車で送った後に主人を待つ空き時間も影響したことでしょうし、就業機会も他にありました。

1930年には200万台近い自動車が走っており、1930年代前半の毎年の殺人の犠牲者数が100人、重罪・故意での傷害が1400人に対して、路上での死者は6500人、負傷者は20万人で、自動車の登場は犯罪件数を急増させました。さらに警察が「自分より身分が上の人を取り締まる」機会を拡大したと言われています（『犯罪・刑罰・社会』）。

❺男性のホテルスタッフ編

男性の家事使用人以上に登場したのが、ホテルスタッフです。ホテルメイドやウェイトレス同様に、彼らの制服もホテルのブランドカラーをベースとしており、家事使用人よりも華やかな印象を与えます。ホテルの訪問時には様式があり、それに応じた制服をホテルごとに用意しているのも、製作スタッフの偏執的なこだわりに思えます。

出会う順番で言えば、まずホテルの「お抱え運転手」です。運転時の動きやすさも重要であるため、軍服に似た制服にブーツ、制帽を着用している姿が観測されています。

次に玄関での出迎えに立つ「ドアマン」がいます。数が多かったのは金ボタンにダブルのコートで、帽子は制帽かトップハットをかぶっています。コートには肩章が付いている場合もありますし、襟や袖口、帽子などの縁取りや模様としての線には、ホテルのブランドカラーを補完する別の色が使われていることがあります。

ここに荷物の持ち運び役の「ポーター」が加わります。ポーターはベストを着用しているか、上着前面が縦縞ベストに見えるデザインの服を

車を運転するショーファー

ポワロ（左）とショーファー（右）

着用している姿が散見されます。重い荷物を持つためか、動きやすさを重視したようです。荷物が多い場合は後述する様々なスタッフ総出で、荷物運びをします（作品中で最もホテルに持ち込んだ荷物が多かったのは第26話「二重の手がかり」のロサコフ伯爵夫人）。

案内の「ベルボーイ」はベルボーイ・キャップに、詰襟と多くのボタンがついたベルボーイの上着を着て、ズボンをはいています。ズボンの脇に縦に線が入っていたり、肩章があったり、襟や袖口の色はドアマンと同じです。

他に、受付の「レセプショニスト」がいます。レセプショニストは基本的には黒のジャケット、黒ネクタイ、白シャツ、黒ベストという執事を想起させる格好です。中には他のスタッフ同様にホテルのブランドカラーを用いた燕尾服を着用しているケースもあります。この場合は、室内のホテルスタッフという位置付けとなるでしょう。色彩が加わって金ボタンやモールなどで派手に飾られている彼らの制服は、かつてのフットマンのようです。

ここに、ラウンジ、バー、喫茶店、レストランなどで働く「バーテンダー」、「ウェイター」が加わります。バーテンダーは黒のベストに白シャツ、黒ネクタイ（黒の蝶ネクタイ）、黒ズボン、腰に白いエプロンをまいています。ウェイターは白いジャケット（ジャケットの裾が短い場合もあり）、白シ

レセプショニスト

ベルボーイ

ドアマン

ャツ、黒ネクタイ、黒ズボンで、腰エプロンをつけることもあります。

作品中、ホテルスタッフはほとんど「脇役」「背景に出るだけ」です。ただ、ホテルが登場した場合の出現数が圧倒的に多く、目立ちます。セリフがなく、後ろを通り過ぎるだけのスタッフは、いてもいなくても物語の進行に影響は皆無にもかかわらず、制作者が意図的に彼らを登場させることに鑑みるに、雰囲気作りで欠かせないのでしょう。

ウェイター

第11話 エンドハウスの怪事件

PERIL AT END HOUSE

該当原作作品

『邪悪の家』

主要登場人物

ニック・バックリー
エンドハウスの所有者。

マギー・バックリー
ニックの従妹。

フレデリカ・ライス
ニックの友人。

チャールズ・ヴァイス
ニックの従兄で、弁護士。

ジョージ・チャレンジャー
ニックの友人。海軍中佐。

ガイド

⊙**見どころ**―短編が続いたドラマシリーズで、初めての長編原作ドラマです。放送時間が長くなり、殺人事件も複数回起こり、シナリオが複雑化していきます。

何と言っても、見どころは屋敷です。ニックが相続した屋敷「エンドハウス」は原作によれば200〜300年の歴史を持つ大邸宅でありながら、荒れ果てていました。その理由は、二度の相続税です。ニックの祖父は博打好きで、屋敷と土地を残して死にました。相続するはずだったニックの父は第一次大戦で負傷して帰国後に肺炎で逝去し、後を継いだ兄も自動車事故で死亡しました。短期間で膨大な相続税を2回続けて課せられることで、屋敷は抵当に入っていました。

この苦境を示すように、屋敷の家事使用人はエレンというメイドしかいません。ポワロたちがディナーに招かれた際、メイドよりも早く女主人のニックが玄関で応対に出るのも、本来はありえないものです。屋敷には寝室が一つしかないとのニックの言葉も、ゲストを宿泊させる余力がないことを示しています。

お金がなくなるにつれて使用人を雇えなくなり、生活レベルが落ちていった状況を見続

あらすじ

ポワロはヘイスティングスと海辺の保養地セント・ルーに行き、マジェスティック・ホテルに滞在する。ポワロはホテルのプールで快活な女性ニック・バックリーと知り合い、彼女が3日間で3度も死にかけた話を聞く。さらに彼女が忘れた帽子に銃弾で撃たれた跡があることに気づき、調査を始めた。

ニックはこの地にある古い屋敷「エンドハウス」の所有者だった。財産は少なく遺産を狙った殺人は考えにくいものの、ポワロは屋敷にあった銃が失くなっていることを知り、ニックの命を守るために奔走する。

極端に怪しい容疑者が浮かび上がらない中、事件が起こる。屋敷を毎年訪問してくるニックの従妹マギーが、パーティーの夜に銃殺された。マギーはニックのケープを借りていたために、ニックと間違えて殺されたようだった。

けた当主ニックの気持ちや、いかばかりのものだったでしょうか。ニックを間近で見てきた従兄の弁護士チャールズ・ヴァイスだけが、ニックの屋敷への「執着」を理解していました。

なお「邪悪の家」は、「エンドハウス」についてエレンが表現した言葉に由来します。

⊙モダンなホテル――ポワロたちが滞在する海沿いのホテルは海を眺められるプールサイドのエリアや、ディナーやダンスを楽しめるレストランなどがありました。地元に住むニックの姿もあり、社交場だったのでしょう。

このホテルはドラマシリーズ中、屈指の美しさです。ティファニーブルーを基調としたブランドカラーは、部屋のドアやベッド、レストランのクロス類、そしてメイド服にも反映されました。メイド服の模様はホテルの部屋の扉の模様と同じものでした。

⊙推理劇の真骨頂――長編ドラマということで事件が複数発生し、真犯人をあぶり出すポワロの演出も凝ったものとなりました。関係者全員をエンドハウスのダイニングルームのテーブルに集め、調査のために呼んでいたミス・レモンに降霊術を披露させ、死んだことになっている人物を登場させることで、事件を解決するのです。

そこで解決したと思いきや、さらに隠されていた真実をポワロは解き明かし、真犯人の正体を暴きました。

第12話 ベールをかけた女

THE VEILED LADY

該当原作作品

「ヴェールをかけた女」（『ポアロ登場』所収）

主要登場人物

レディ・ミリセント・カースル・ボーン
依頼主。キラニー伯爵令嬢。

ラビントン
脅迫者。

ミセス・ゴッドバー
ラビントンの家のハウスキーパー。

ガイド

⊙**見どころ**――ポワロとヘイスティングスの個性がよく出ている回です。冒頭、依頼がなく暇を持て余すポワロは「事件がないのは、ポワロを恐れて犯罪者が更生してしまったからだ」と述べ、一緒にいた人たちを苦笑いさせます。

ポワロは自身の推理の源泉「灰色の脳細胞」に誇りを持ち、事あるごとに触れます。そして探偵としての自分の名声を高く評価する分、相手が自分を知らないと傷つきました。とはいえ、今回の事件の顛末は彼の名声を証明し、満足させるものになります。

相棒のヘイスティングスも、今回は英国紳士らしさを最大限に発揮します。美しい依頼主から語られる脅迫者ラビントンに強い義憤を持ち、ラビントンとの対面時もその振る舞いに対して怒りをあらわにし、事件に積極的に乗り出しています。

⊙**ポワロへの依頼**――ポワロへの依頼場所は事務所が主ですが、時々、外に呼び出されます。今回、ふたりは依頼主がいるホテルへ足を運びました。

今回依頼主は一度事務所に訪問をしていましたが、名乗らない、ホテルの番号も教えないという「匿名の依頼」をされたことに、「落ちぶれたものだ」とポワロは自嘲しました。

あらすじ

ポワロはミス・レモンから、匿名の女性から依頼があったことを告げられる。ポワロは話を聞くため、ヘイスティングスとともに指定されたホテルのロビーへ赴く。そこで待っていたのは黒いベールをかけた女性で、キラニー伯爵の娘、レディ・ミリセントと名乗った。彼女は社交界のニュースになっているサウスシャー公爵との婚約を控えていた。

レディ・ミリセントは、ラブレターとも読める手紙をある青年へ送っており、その手紙をラビントンと名乗る男に入手されて、公爵に渡して欲しくなければ金を払えと脅迫を受けていた。

ポワロたちは脅迫者ラビントンを事務所に呼んで交渉を行うも失敗する。そこでラビントンの留守を狙い、彼の家に侵入して手紙を取り戻す工作を進める。

⊙ポワロ、変装して潜入する――レディ・ミリセントの手紙を隠し持つラビントンの家に潜入するため、ポワロは錠前師として家を訪問します。普段はどんな時でもどんな場所でもかっちりしたスーツで行動するポワロが、労働者の格好に変装して自転車に乗るのも、夜の潜入時に全身タイツ的な格好をするのも、あまりない貴重なシーンです。

ポワロを出迎えたハウスキーパーのミセス・ゴッドバーは、錠前師ポワロを怪しみ、「午後6時には仕事を終えて帰る」「住み込みではなく、通いの仕事」と、ラビントンが夜には不在であると伝えます。しかし、彼女は屋敷に住み込んでいて、ポワロの潜入に気づき、警察を呼びました。ポワロを手玉に取った数少ない人物です。

原作ではポワロはジャップの名刺を活用し、スコットランドヤードの紹介で錠を取り付けにきたと偽り、怪しまれません。ドラマ独自のサービスシーンでしょう。

ラビントンの家は中流階級も住む郊外のウィンブルドンにあり、外観も立派な一棟建ての屋敷でした。ハウスキーパーは銀食器を磨いており、時々はその食器を使ってゲストを出迎えていたはずです。原作では彼女に加えて他の使用人たちもいたので、屋敷の外観に見合った暮らしをしていたようです。

⊙ウィンブルドン選手権――ハウスキーパーは、このテニス大会のせいで周囲が混雑して迷惑していることや、フレッド・ペリーがまた優勝したと話しました。フレッド・ペリーは実在するテニス選手で、第32話「雲をつかむ死」の舞台フランスで、再登場します。彼はウィンブルドンを1934-36年に三連覇、全仏を1935年に優勝しました。

第13話 消えた廃坑

THE LOST MINE

該当原作作品

「消えた廃坑」（『ポアロ登場』所収）

主要登場人物

ピアソン
銀行の頭取。

ハン・ウー・リン
鉱山の地図を持って渡英。行方不明に。

レジナルド・ダイアー
前科を持ち、犯罪組織とも繋がる容疑者。

チャールズ・レスター
株式仲買人。

ガイド

⊙**見どころ**―今回はお金にまつわるエピソードが詰め込まれています。物語中、何度もポワロとヘイスティングスは日本でもおなじみのゲーム「モノポリー」で遊んでいます。ポワロは負けず嫌いなのでルールに文句を言いつつ、最終的にはルールをマスターしてヘイスティングス以上の腕になります。この学習能力の高さは、「24羽の黒つぐみ」で、英国紳士が夢中になるクリケット競技がまったくわからなかったのに、最後には話題についていった様子と重なります。

「モノポリー」から繋がるテーマが資産運用で、ヘイスティングスとミス・レモンは株式投資の話をしています。物語にも株式仲買人のレスターが登場します。時代は1929年のアメリカの株価大暴落に始まる世界恐慌から数年後であり、その株価変動の大きさやリスクは殺人事件の動機となり、ドラマでも株運用を巡る事件が何度か起こりました。

⊙**チャイナタウン**―物語で出てきたチャイナタウンは、ロンドン東部のテムズ川沿いのライムハウス地区にありました（現在はソーホー地区）。アヘン戦争後に中国からの船員や移民が増加し、独自の街を形成しました。ドラマで船乗りが歩いているのは、この場所が海運業

あらすじ

ロンドン・シャンハイ銀行で、ポワロは預金残高を確認する。ところが預けている口座の金額は予想に反してマイナスになっており、間違っていると激怒した。

その夜、ポワロはロンドン・シャンハイ銀行の頭取ピアソンの訪問を受ける。日中のトラブルの謝罪に来たと思ったポワロだったが、頭取はウー・リンという実業家の失踪事件の解決の依頼に来ていた。ウー・リンはミャンマー奥地にある銀鉱山を示す地図を売りに渡英しており、銀行にとって必要な取引相手だった。

しかし、ウー・リンはチャイナタウンで刺殺された姿で見つかる。ポワロはジャップと捜査を開始する。浮かび上がった容疑者は通貨偽造で前科があり、香港の犯罪組織とも繋がりがあるレジナルド・ダイアーだった。

一方、ウー・リンの滞在したホテルの部屋で見つかった手帳に記載された株式仲買人チャールズ・レスターもまた事件の関係者として浮上し、ポワロは捜査範囲を広げていく。

にとって良い場所に位置したからでしょう。

チャイナドレスに身を包んだ女性店員たちがいるカジノ店と、その裏で営まれているアヘン窟が登場します。余談ながら、クリーニング業者の開業も盛んだったと言われています。これはシャツの襟の仕上げに不満を持ったポワロ（第2話「ミューズ街の殺人」）が原因を聞くと、その業者が英語の通じない中国人だったというエピソードにも垣間見えます。

⊙**ポワロの銀行口座と報酬**――物語の冒頭、ポワロは仕事で使う銀行口座に444ポンド4シリング4ペンス預けていました。この数字へのこだわりは原作通りであり、シンメトリーやバランスに美を見出す彼の個性を示すものでしょう。

物語の最後に、ポワロが別の事件で受け取った報酬が500ポンドと判明します。事件の大きさで金額が変動するとはいえ、ドラマの時代は1936年の上流階級に近い法廷弁護士や医師の年収が約1090ポンド、中流階級の下位となる事務職員などで200－300ポンドだった状況を考えると、1回の仕事で庶民の年収を稼ぐ報酬の破格さがわかります。

第14話　コーンワルの毒殺事件

THE CORNISH MYSTERY

該当原作作品

「コーンウォールの毒殺事件」（『教会で死んだ男』所収）

主要登場人物

アリス・ペンゲリー
事件の依頼主。

エドワード・ペンゲリー
開業歯科医。アリスの夫。

エドウィナ・マークス
エドワードの歯科医院の受付兼助手。

フリーダ・スタントン
アリスの姪。

ジェイコブ・ラドナー
紳士向け洋品店社長。フリーダの婚約者。

ガイド

⊙**見どころ**——殺人の舞台となったのはロンドンから遠く離れたコーンワルにある小さな村で、日帰りが難しい距離のため、ポワロたちは現地に宿をとりました。鉄道の本数も少なく、翌日に訪問せざるをえない状況だったでしょう。本当に小さな村で、駅からの移動はタクシーではなく屋根のない乗合馬車でした。

⊙**美人に弱い**——ヘイスティングスは美人に弱く、今回も訪問先となるペンゲリー家で歯科医の助手をしていたエドウィナに出会い、心惹かれてしまいます。しかもいつもヘイスティングスの好意はポワロに見抜かれ、かつほとんど報われることがありません。さらにポワロは女性心理について、自分の下で学びなさいと言います。

⊙**意外な資産家**——アリスは意外と資産家でした。遺言では2000ポンドを姪のフリーダに、国債で約2万ポンドを夫エドワードに残しました。この金額は、相当に大きな財産です。

⊙**予備審問の場**——ポワロたちが去った後、遺体が掘り返されて検死を行い、毒殺が判明しました。そしてアリスの食事に盛られた除草剤（人体に有毒）を手にしたと目撃証言があるエドワードが警察に逮捕されます。アリスの死で最も利益を得るのは遺産を相続し、かつ愛

あらすじ

雨の日、ミス・レモンはポワロの事務所の外で、依頼をするかどうか迷っている女性に気づく。ポワロはその女性アリス・ペンゲリーと公園で会い、開業歯科医の夫エドワードから毒殺される危険がある彼女は訴えた。夫から毒を盛られているのではないか、また夫は歯科医院の受付兼助手の女性エドウィナとの関係を持っているのではないかとアリスは疑っていた。

翌日、事件解決のためにポワロとヘイスティングスは鉄道で英国南西部のコーンワルにあるアリスの家を訪問する。しかし、そこでふたりは、泣きむせぶメイドから、アリスが死亡したことを知らされた。

ポワロは、訪問が1日早ければ命を救えたと後悔して犯人探しを始めるが、アリスの主治医は胃炎と診断し、頑なに毒殺を否定する。現地で出会ったアリスの姪フリーダからは、フリーダの婚約者ラドナーに、アリスが強い好意を示していたことも明かされる。

人とされたエドウィナと婚約したエドワードでした。

ジャップがわざわざここまで出向いてきて、エドワードを拘束します。ポワロは予備審問（容疑者を起訴するか審理する）の場で関係者たちの証言を聞き、その後、真犯人を追い詰めて裁判の結果を変えてしまいます。

⊙**真犯人との交渉**――ポワロは巧みな推理力で真犯人を追い詰めつつ、犯罪を証明する物的証拠がないのでハッタリをかけて真犯人に犯罪を告白する自供書を書かせ、それを審問の場に持ち込みました。こうした「証拠がない状況で犯人に接して、推理と演技力でその場で犯人に自供させて、決定打にする」ことは、ポワロの探偵としての手腕です。

そして、その結果、ジャップがポワロに出し抜かれてしまうことも。

なお、こうした犯人との直接対決では命を狙われることもありますので、戦う力を持たないポワロにとって、ヘイスティングスがその場にいるのは重要なことでしょう。

第15話——ダベンハイム失そう事件——

THE DISAPPEARANCE OF MR. DAVENHEIM

該当原作作品

「ミスタ・ダヴンハイムの失踪」（『ポアロ登場』所収）

主要登場人物

マシュー・ダベンハイム
ダベンハイム・サモン銀行頭取。

シャーロッテ・ダベンハイム
マシューの妻。

ジェラルド・ローウェン
ダベンハイムのビジネス相手。

ガイド

◉**見どころ**——銀行頭取のダベンハイムはお金持ちと呼ばれており、モダンな屋敷に住んでいます。この屋敷も領地に囲まれた邸宅ではないことが、「門から屋敷までの距離が短い」ことと「近くの村まで歩いて5分」という距離に表れています。領地に囲まれた屋敷は徒歩移動が難しいのです。ローウェンが駅から歩いてきたのも、この屋敷のアクセスのしやすさを物語ります。

旧来の富裕層は周辺の領地の地代、所有する不動産・鉱山・株式などから上がる収益で生活をしました。銀行家のダベンハイムは働く富裕層であり、お抱え運転手を雇用し、銀行まで「通勤」していました。

家事使用人の構成からは、それほど裕福ではないように見えます。執事は雇用されておらず、かつメイドがひとりしかいません。ゲストに車での迎えを出さずに徒歩で来てもらうというのも、質素です。大勢のゲストを屋敷に招くタイプではないのか、モダンな建物で運営に多くの使用人を必要としなかったのか、その両方かもしれません。

ダベンハイム邸の門前で落ち葉掃除をする庭師がいたり、原作では庭師が複数いること

あらすじ

銀行の頭取マシュー・ダベンハイムは、ある日の夕方、屋敷の近くの村へ郵便を出しに行くついでに、ビジネス相手ロウエンを出迎えると言って出かけたまま失踪する。その日、マシューはローウェンと自宅で会う約束をしていたが、予定通りに訪問したローウェンの前に、マシューは姿を見せなかった。

ポワロとヘイスティングスとジャップは手品を劇場で鑑賞した後、ポワロの事務所で雑談をする。そこでジャップは手品の舞台で披露された人体消失に関連して、マシューの失踪事件を話題にする。ジャップはポワロに、部屋を出ずに失踪事件を7日間で解決できたら5ポンド出すと、賭けを持ちかける。ポワロは、判明した事実の提供とヘイスティングスによる捜査はOKとの条件で応じる。「安楽椅子探偵」として、ポワロは事件解決に臨む。

マシューの服が近所の湖で見つかったり、ダベンハイム邸の金庫が破られていることが判明する中、事件は進展を見せていく。

や「バラ園」を所持していたりする点で、庭にはお金をかけているようでした。

⊙印章指輪と便箋――銀行の頭取としてランクが高い生活様式も見えます。それは「手紙」を巡る描写です。ダベンハイムは用意していた封筒に封蠟を垂らして、左手の小指につけた印章指輪（通常は家紋などの紋章を刻んである）で封印しました。これは伝統的な上流階級の様式であり、身分証明にもなりました。後に浮浪者が持っていたダベンハイムの印章指輪がアップになった際、鹿の模様が刻まれていたのが見えます。

鹿はダベンハイム家の家紋だったのでしょう。この模様は、彼の机の上にある便箋のレターヘッドに印刷されていました。家紋以外にはダベンハイムの名、キンバリーハウスという屋敷の名称、そして住所が記されました。このような個人用の便箋を所持する点から見ても、彼は立場ある人でした。

⊙ポワロのもてなし――ジャップと賭けをする直前、ポワロは飲み物を振る舞います。ヘイスティングスが飲むのを拒否してジャップが少し表情を変えたのは、その飲み物がホットチョコレートだったからでしょう。ポワロは甘いものが大好きでした。

ポワロが直々に調理するシーンも、初めて見られます。第4話「24羽の黒つぐみ」で凝った料理をヘイスティングスへ提供したのに続き、ポワロはソースを作り、こだわった鳥の丸焼きとマッシュルームのスープを、ヘイスティングスとジャップに振る舞います。肉は主人が切り分けてゲストに給仕する習慣がありました。グルメであるだけでなく、友人を料理でもてなすイメージはドラマで強調されています。

第16話 二重の罪

DOUBLE SIN

該当原作作品

「二重の罪」(『教会で死んだ男』所収)

主要登場人物

メアリ・ダラント
バスの乗客。古美術商の叔母を手伝う。

エリザベス・ペン
古美術商。メアリの叔母。

ベイカー・ウッド
美術品コレクター。

ノートン・ケイン
バスの乗客。

ガイド

⊙**見どころ**――移動手段「バス」が登場します。ドラマ内では短距離はタクシー、中距離はヘイスティングスの車、長距離は鉄道での移動と使い分けられています(稀に飛行機も)。バスは鉄道が通っていない、かつタクシーで移動するには高額となる距離を移動するには適した手段でした。

今回は、ポワロたちと同じ目線で、いわば「観光」体験が得られます。バスは英国らしい田園風景が広がる車道を走り、小高い丘を幾つも通り過ぎていきます。狭い道路と並行する形で石垣が積み重ねられており、放牧地のようでした。

長距離を移動するため、途中の村レッドバーンでの休憩もあります。ここでポワロとヘイスティングスはパブに入り、渇きを癒します。

立ち寄ったパブで、ポワロは居合わせた地元の客に、くすくすと笑われます。ポワロの格好があまりにも都会のままで、かっちりしたスリーピースのスーツ姿に、ヒゲを整えているいつもの格好だったからでしょう。もっとラフな格好でトレッキングをしている人や自転車旅行をしている人も画面に映り込んでおり、この「田園風景」と「ポワロ」の相性

あらすじ

気分転換に海辺の街ウィットコムへ出かけたポワロとヘイスティングスは、ウィットコムでジャップの講演会があることを知る。湖水地方のウィンダミアまでバスで行けるのを見たヘイスティングスは、ポワロをバス旅行に誘い出した。

翌日、ふたりはバスに乗って旅に出るが、目的地のホテルに到着後、事件が起こる。バスに乗り合わせた若い女性メアリ・ダラントが所持した高価な細密画（最低でも1500ポンド相当）が盗難に遭っていた。メアリは古美術商の叔母の手伝いで細密画を運んでいる途中で、それを入れた鞄は誰でも持ち出せるバスの荷物置き場に置いていた。

ヘイスティングスと地元警察とで調査が始まるものの、細密画の買い手となるコレクターのベイカー・ウッドは、事件の連絡を受ける2時間前に、白髪の女性から目的の細密画を購入したと告げる。ヘイスティングスは途中で誰かが盗んだとして、レッドバーンで降りたノートン・ケインを疑う。

の悪さというのか、スタイルの違いを見せつけられます。

⊙**ポワロらしさ**——相変わらずポワロは、ポワロらしさ全開です。道中でメアリに「私をご存知ですか？　お嬢さん」と語りかけ、「奇術師かしら？」と言われると、「そうですね、多分」と答えて寂しそうに顔を背けます。盗難事件が起こり、ヘイスティングスが相談すると「私は探偵を引退した身だから、力にはなれない」と口にしました。このため、ヘイスティングスが主だった探偵役となり、現地での様々な聞き込みを行いますが、最後にはやはりポワロが決着をつけます。

ポワロが面白いのは、ウィットコムでジャップの公演を知ると「ポワロの手柄を盗んで講演するのでは？」と疑い、こっそり参加することです。そこでジャップが自分を絶賛しているのを知り、満足します。さらに最後に、このウィットコムへの旅行そのものがジャップの講演に行くためのものだったとも明かされます。これは、友情と言えるものでしょう。

⊙**宿様々**——ドラマでは様々なランクの宿が出てきます。最初にポワロたちが宿泊したホテルは立派なもので、レストランでの夕食もタキシードを着ることが求められました。他に、村にあるパブ併設の宿や、ウィンダミアでポワロたちが泊まったホテル、そしてウッドが滞在した、城の外観をして室内にも中世の全身鎧が飾られた高級ホテルが出てきました。

第17話 安いマンションの事件

THE ADVENTURE OF THE CHEAP FLAT

該当原作作品

「安アパート事件」（『ポアロ登場』所収）

主要登場人物

ステラ・ロビンソン
若い女性。

ジェームス・ロビンソン
ステラの夫。

バート
アメリカFBIの捜査官。

カーラ・ロメロ
歌手。

バーニー・コール
カーラが歌手として働く店の店主。

ガイド

⊙**見どころ**――一見、二つの関係のない出来事が重なっていくというクリスティーらしい展開と、ドラマで時々見られる第二次世界大戦へ向かう時代を感じさせる「国際スパイ」をテーマとした回です。ここでもアメリカの流儀とポワロの流儀はぶつかります。

⊙**仲良し三人組**――ポワロ、ヘイスティングス、ジャップはアメリカのギャング映画を観に行きます。その銃撃のうるささと過激さにポワロはおもわず目を瞑りますが、これが伏線となり、FBIの捜査に関わることになります。ポワロとヘイスティングス（時にジャップ警部）は演劇や手品を一緒に見たり、映画に行ったり旅に出たり、かなり優雅な日常を過ごしており、有閑階級と言えるでしょう。

⊙**ポワロ、部屋を借りる**――ポワロは謎を突き止めるため、ロビンソン夫妻が住むのと同じマンションの1部屋を借ります。ポワロを案内した不動産会社の人は、最新式の暖房器具や、コックも満足するという綺麗なキッチンをセールスポイントとして紹介しました。家賃が1年間で約327ポンド（週6ギニー）と高額なのも納得です。

建物の構造は、ポワロが住むホワイトヘイブン・マンションと同様に、ゴミ捨て・搬入

あらすじ

若いロビンソン夫妻は格安で賃貸に出された高級フラットの広告を見て、貸主のところへ行く。そこで貸主が求める条件と合致したため、ふたりは住み始める。

ポワロとヘイスティングスはパーティーでロビンソン夫妻と出会い、その不思議な格安物件の話を聞いて興味を持つ。長く借主の募集広告が出ていたことや、他に応募者がいたのになぜ自分たちはOKだったのか、ロビンソン夫妻はふたりに疑問を語った。

ポワロは早速、ロビンソン夫妻と同じフラットの部屋を借りることにするが、そこで聞かされたのはロビンソン夫妻が新規の入居者ではなく、半年前からマンションを借りているという情報だった。

同時期、ふたりはジャップ警部から、アメリカFBIの捜査官バートを紹介される。彼の任務は盗まれたアメリカの新型潜水艦の設計図の奪還だった。

用の小さな戸口がキッチンにあります。戸口の先はリフトではなく裏階段です。引っ越し後、ポワロはヘイスティングスにロビンソン夫妻の注意を引かせて、彼らの部屋の裏階段の扉に細工をして部屋に入れるように準備しました。

⊙**クラブとミス・レモン**――マフィアを裏切って潜水艦の設計図を持ち逃げした女性カーラ・ロメロが、歌手として活動していたナイトクラブ「ブラック・キャット」。このような歌手が舞台に立って歌う飲食店はドラマで何度も出てきます。

このクラブの内情を知ってカーラに近づくため、ポワロはミス・レモンを雑誌『婦人の友』の記者として送り込みます。ドラマのミス・レモンは事務能力や調査能力に加えて、今回のような雑誌記者や霊媒師（第11話「エンドハウスの怪事件」）に扮するなど、演技力が高い探偵秘書として描かれていました。

⊙**アクション**――ヘイスティングスは、銃を携行します。銃は殺人の凶器として、あるいは護身の武器、そして狩猟の道具として登場しました。1930年代の陸海軍ストアの通販カタログでもライフル銃、リボルバー銃、自動ピストルなどが販売されていました。第一次世界大戦後に銃をそのまま家に持ち帰る人も数多くいたことやアナーキストなどの犯罪への懸念から、1920年には銃の所持は登録制となり、規制を受けました。

今回もポワロは銃を使った「演出」を行って、見せ場を作りました。

第18話

誘拐された総理大臣

THE KIDNAPPED PRIME MINISTER

該当原作作品

「首相誘拐事件」（『ポアロ登場』所収）

主要登場人物

マカダム
英国首相。

ジャック・イーガン
首相の運転手。行方不明に。

トニー・ダニエルズ
海軍中佐。首相の秘書官。

サー・バーナード・ドッジ
外務事務次官。依頼主。

イモジャン・ダニエルズ
トニーの元妻。

ガイド

⦿**見どころ**——ポワロは外務事務次官から英国外務省に呼び出されます。このロケ地は現在も使われる本物の英国外務・英連邦省の建物です。年に1回、この建物は一般公開されて大勢の人が訪れる場所になっています。

ポワロが外務省で出会う人物はサー・バーナード・ドッジと、ロード・エステア（原作では下院議長）です。前述したように前者の「サー」は準男爵とナイト、後者の「ロード」は貴族の爵位持ちです。

⦿**アイルランド事情**——物語の背景には、アイルランド自治を巡る闘争があります。ダニエルズ中佐の父がアスキス内閣でアイルランド問題を扱って政治生命を絶たれたというのは、第一次世界大戦前の同内閣が進めたアイルランド自治法案と、開戦による法案棚上げを巡り、首相の方針と対立したことによるものでしょう。

第一次世界大戦終了後の1919年には英国とアイルランドで戦争が起こり、1921年の講和条約でアイルランドを南部（カトリック住民多数）と北部（プロテスタント住民多数）に分割する案が決まり、1922年に南部がアイルランド自由国として自治領化し、北部

あらすじ

英国の首相がロンドンのチャリング・クロス駅へ向かう車での移動中に銃撃を受けて負傷する、暗殺未遂事件が起きた。その後、駅に到着した首相は待っていたジャップたちが見送る中、鉄道に乗り、フランスでの国際連盟の軍縮会議へと向かう。

ポワロは銃撃事件を新聞で知った後、ジャップからポワロを推薦された政府高官の呼び出しを受け、国家的事件の解決を依頼される。それはフランスに着いた首相が誘拐され、会議開始までに見つけて欲しいという極秘依頼だった。

ポワロは、首相が当時の国王ジョージ五世の謁見に向かったウィンザーの道筋で起こった銃撃事件の調査から始める。さらに誘拐事件が起こったフランスへ渡らずに、銃撃を受けた車や首相の運転手だったイーガンの調査など、英国内の調査を続けて周囲を焦らせていく。

迂遠な捜査に同行するジャップは自分の将来を案じるも、ポワロはポワロなりの流儀に基づいて、誘拐事件の真相へと近づいていた。

は英国に残りました。その後、アイルランドで内乱も起こりますが、ドラマの時代となる1935年には立法権の独立に基づき、憲法修正などに取り組んでいました。

⊙**崩壊した屋敷**――最後の舞台は、コニマラ伯爵家の邸宅サマースコート・ホールでした。炎上して崩壊した屋敷の廃墟という珍しい場所ですが、1930年代は厳しい経済環境もあり、修復も難しいものだったでしょう。この年代に、屋敷の寄贈を受けて相続税を免除する英国ナショナル・トラストの活動も本格化しました。それほど屋敷を維持できない人が増えていく時代でもありました。

⊙**ポワロとスーツ**――今回のポワロらしさは、スーツを仕立てる際に出てきます。メジャーで体を計測された際、前回より半インチ大きくなっている（＝太った）と服職人から指摘されると、ポワロは「メジャーの方がおかしい」と応じました。

服職人フィングラーは、サヴィル・ロウ（英国ロンドンの高級な紳士服を扱う店舗が並ぶエリア）にいるのは「全員弟子だ」と語ったのは冗談としても、決して一流店には見えません。店の前の通りに駐車していたヘイスティングスの車を近所の子供達がいじって彼をからかうなど裏通りの雰囲気でした。

それでもポワロは「サヴィル・ロウで服を作れば良いのでは？」と言うヘイスティングスに対して、職人の腕を評価していることを告げます。おしゃれでありつつ、贅沢な浪費家ではないポワロの一面を示しています。

第19話 西洋の星の盗難事件

THE ADVENTURE OF THE WESTERN STAR

該当原作作品

「〈西洋の星〉盗難事件」(『ポアロ登場』所収)

主要登場人物

マリー・マーベル
ベルギーの映画スター。「西洋の星」を持つ。

グレゴリー・ロルフ
俳優。マリーの夫。

レディ・ヤードリー
依頼主のひとり。ヤードリー卿の夫人。

ロード・ヤードリー
名門貴族。「東洋の星」を持つ。

ヘンリク・バン・ブラックス
宝石コレクター。

ガイド

◉**見どころ**—最高のシーンは、母国のスターを事務所に出迎えるポワロの浮かれ具合です。依頼主のマリーが事務所に来る約束だったため、ポワロは花束とケーキを買い、ミス・レモンにはサンドイッチやケーキスタンドの準備をしてもらい、飾り立てたテーブルでもてなす準備をしていました。はしゃいでいます。

ところが、その日に脅迫状を受け取ったことを案じたマリーはホテルでの面会を希望し、ポワロの心遣いとミス・レモンの奮闘は徒労に終わってしまいます。

この時、ヘイスティングスは行きつけのクラブへランチを食べに出かけ、かつ戻ってきてサンドイッチを摘まもうとすると、これまでのドラマで聞いたことがない威嚇の声をポワロから浴びせられてしまいます。

原作でマリーはきちんとポワロの事務所に来ています。ポワロが失望するシーンと、ホテルのシーンの両方がドラマの絵作りとして欲しかったのかもしれません。

今回はヘイスティングス三昧のドラマでもあり、事務所のソファでくつろいで寝ていたり、最後ではポワロが自ら調理した仔牛肉(味付けは白ワイン、ブランデー、セリの種)をメ

あらすじ

ベルギーの国際的映画スターであるマリー・マーベルは、謎の人物から脅迫を受けているとポワロに相談する。映画スターの夫グレゴリー・ロルフが買った宝石「西洋の星」を取り返すという、脅しの手紙が来ているからだった。

宝石は中国の神像の両目から外されたものだとの伝承があり、手紙は「神の両目に宝石を取り戻す」と告げていた。ポワロは宝石を自分に預けるように伝えるも断られ、依頼は成立しなかった。

時を同じくして「西洋の星」と対になるとされる「東洋の星」を持つレディ・ヤードリーもポワロの事務所へ相談に来る。不在だったポワロに代わり、ヘイスティングスは脅迫事件との関連を伝え、ヤードリー子爵の屋敷での宝石護衛に向かう。

事件は、ポワロたちの目の前で起こる。「東洋の星」を着けたレディ・ヤードリーがディナーの前に姿を見せた途端に部屋の明かりが消え、再び明かりがつくと宝石は消えていた。

インにしたディナーを事務所で食べたりしました。ディナーの時はメモを取りながら食事していたので、ポワロに怒られます。

また、床屋に行ったポワロが「髪の毛の長さが左右で3ミリ違う」とクレームをつける、ポワロらしさが発揮される場面がありました。

⦿**大スターの泊まるホテル**——これまでドラマに登場したホテルでは最大級の豪華さで、ホテルの外観といい、登場する従業員の数といい、圧巻です。このホテルもスタッフの制服（メイド服など）の色彩はベージュで統一されており、ホテル描写のこだわりを感じます。ホテルでは貴重品を保管庫で預かり、マリーから「西洋の星」を託されました。またグレゴリーにその宝石を返す役割も、レセプショニストが担いました。

⦿**屋敷の維持の方法**——脅迫を受けたヤードリー子爵は借財がかさんでいる中で、子供たちのため屋敷に住み続ける手段を講じました。マリー夫妻の映画撮影に屋敷を貸す計画を立て（商談は進まず）、その上で祖父がインドで買ったという「東洋の星」を宝石コレクターのバン・ブラックスに売却することを決めたのです。

ヤードリー卿は裕福ではないので、執事マリングズがいるものの、家事使用人は少ないものでした。未来を担う幼い少年ふたりはおもちゃがいっぱいに置かれた子供部屋にいて、年配の女性（乳母＝ナース）が面倒を見ていました。こうした子供たちは、社交上はいないものとして扱われており、親と別々の時間を過ごしました。

第20話 スタイルズ荘の怪事件

THE MYSTERIOUS AFFAIR AT STYLES

該当原作作品

『スタイルズ荘の怪事件』

主要登場人物

エミリー・イングルソープ
資産家でスタイルズ荘の持ち主。

アルフレッド・イングルソープ
エミリーの再婚相手。

ジョン・カヴェンディッシュ
エミリーと前夫の息子。ヘイスティングスの友人。

メアリ・カヴェンディッシュ
ジョンの妻。

イヴリン・ハワード
エミリーのコンパニオン（話し相手）。

ガイド

⊙**見どころ**――この物語がクリスティーのデビュー作であり、世界的な名探偵ポワロとヘイスティングスのコンビの始まりです。殺人の舞台となる屋敷、鍵がかかった部屋での密室殺人、薬剤師としての経験に基づく毒を用いたトリック、そして最後に容疑者を集めてポワロが推理を披露するなど、今後の作品を象徴する手法が数多く出てきます。

また、原作には屋敷の間取り図が掲載されており、犯人探しの推理を読者が行える仕掛けにもなっていました。原作はヘイスティングスが語る形式で進みました。

ポワロとヘイスティングスの最初の出会いは、第一次世界大戦前でした。ベルギーでカモ狩りをしていたヘイスティングスは、事件に使われたのと同じ猟銃を所持していたために疑われましたが、ポワロと出会い、助けられ、友人となりました。ポワロの探偵としての姿に感銘を受けたヘイスティングスは、戦後には探偵になりたいと語りました。

そしてその夢は、この事件を通じて叶います。

⊙**殺人を巡るプロセス**――エミリーのような死因が判明しない不審死があった場合、まず検死官による検死審問が行われ、医師による死因特定と合わせて、その原因となった薬物が被

あらすじ

第一次世界大戦中の1917年、戦場で負傷して帰国療養中のヘイスティングスは旧知のジョン・カヴェンディッシュの見舞いを受け、彼が住むスタイルズ荘に招かれる。

屋敷があるスタイルズ・セント・メアリー村で、ヘイスティングスはベルギーから避難してきた友人ポワロと再会した。

ジョンの義理の母（ジョンの父の再婚相手）で屋敷の主エミリーは慈善家として知られており、最近になって20歳年下で「遺産目当て」と噂されるアルフレッド・イングルソープと再婚する。ふたりの結婚は、屋敷の人間関係をギスギスとさせるものだった。

ジョンと妻メアリ、ジョンの弟で医学を学んだローレンス、エミリーの友人の娘シンシア・マードック、エミリーの話し相手イブリンが屋敷で暮らす中、ヘイスティングスはゲストとして滞在する。

ある夜にエミリーが悲鳴を上げて苦しんだ末に、死亡する。死因は強壮薬に含まれるストリキニーネの中毒で、毒殺だった。

害者の周囲でどのように取り扱われていたのかを関係者に証言させました。今回はこの審問での証言に基づいた陪審員による評決で「他者による殺害」が決まった後、ようやく「殺人事件」としての捜査が始まり、ジャップが参加してきます。

この審問の後、警察は（探偵も）犯人に繋がるアリバイ、毒物の入手先、犯行動機などの情報を集めて容疑者を絞り込み、原作では「中央刑事裁判所」（建物があるオールド・ベイリーが通称）で、起訴された容疑者が裁判を受けます。

地方で起こった刑事犯罪の裁判は、通常その地方の警察裁判所（治安判事裁判所）が担いますが、殺人など凶悪犯罪は警察裁判所で予備審問の手続きを経て、中央に送られました。

このため、最初の検死審問は地元のスタイルズ・セント・メアリー村で行われ、予備審問が省かれ、警察が逮捕した容疑者への裁判はロンドンで行われました。裁判の傍聴を中座して滞在先（原作ではメアリがケンジントンに借りた家）に戻ったヘイスティングスが、ポワロに「ロンドンは初めてかい?」と質問するのは、ふたりがロンドンにいるからです。

殺人罪は死刑で、刑務所内で絞首刑が執行されました。またこの作品では、「一度無罪となると同一の罪で有罪を問えない英国の法律」を真犯人が利用していたことに、ポワロが言及します。

⊙**ベルギー**──ベルギー人のポワロが難民になったのは、祖国がドイツの侵攻を受けたためです。この侵攻を契機に、英国はドイツへ宣戦布告します。ベルギーと英国の縁は深く、大英帝国の黄金期のヴィクトリア女王と配偶者アルバート大公は、それぞれベルギー国王レオポルド1世の姪と甥でもありました（第一次世界大戦時はアルベール1世が国王）。

COLUMN 2

『名探偵ポワロ』と家事使用人

『名探偵ポワロ』では、数多くの屋敷が登場し、その屋敷を維持する家事使用人も作品中に姿を見せます。そもそも、アガサ・クリスティーは家事使用人を雇用できる立場に生まれ、生活した人物でした。彼女にとって生活を描くことは、家事使用人を描くことを含んだのでしょう。自伝で、クリスティーは家事使用人についてこう述べています。

『このような骨の折れる職務にもかかわらず、使用人たちは前向きで幸せだったとわたしは思う、というのはみんな自分たちのことを専門の仕事をする専門家として評価されていることを良く知っていたからである。かりに今わたしが子供だったなら、いちばん淋しく思うのは使用人がいないことだと思う。子供にとって彼らは日々の生活の中でもっともはつらつとした部分なのだ。ばあやはきまり文句を教えてくれ、使用人たちはドラマや慰みを提供してくれるし、特別なことではないが興味あるいろいろな知識も提供してくれる。彼らは奴隷どころか、しばしば専制君主となる。よくいわれているように、彼らは〝自分の立場を心得ている〟が、立場を心得ているということはけっして卑屈ということではなくて、専門家としての誇りを持っているということなのだ』

(『アガサ・クリスティー自伝(上)』pp.58–59)

そこで、英国家事使用人研究者の立場として、ドラマを見る上で一度覚えておくとずっと役立つ家事使用人事情をご紹介します。

〈家事使用人を雇用する時代背景〉

最盛期の時代

英国ヴィクトリア朝（1837〜1901）の頃に家事使用人の雇用が増大し、クリスティーが生まれた19世紀末までには女性の労働人口で最大規模に育っていきます。この時期の経済発展で商工業や行政などの分野で富裕層・職業数・雇用数が増大し、家事使用人を雇用できる経済力を持つ人々の裾野が広がっていったことによります。

特に伸びたのは最も数が多い下層中流階級での雇用です。「メイドが家にいること」が社会的ステータスとなっていたことや、一定以上の社会的立場がある女性は「自分で家事をするべきではない」とする規範の影響を受け、なんとかして「ひとりだけメイドを雇う」ことを目指しました。そうした社会的顕示に加えて、便利で豊かな生活をするためには、現代で言うところの「家電」のような役割を果たす家事使用人が不可欠でした。

家事使用人として働く側にも就業機会が増えました。住み込みで食事と住居が保証され、かつ低年齢でも就業可能な家事使用人の職業は、子供を就業させやすいものでした。この時代には遠く離れた場所でも、発展する新聞での求人広告、郵便での応募、そして鉄道での移動もより便利になっていました。増えていく求人と働きたい人々をマッチングする環境が整っていったのです。

1891年の国勢調査によれば屋内で働く家事使用人は男性5・8万人、女性は138・6万人でした。男性使用人の雇用は相対的に女性より費用がかかり、数と職種が抑制されました。屋内で働く男性家事使用人は贅沢な課税対象であり、また男性の方が別の労働市場に機会が多いことから賃金が高い傾向にあるため、裕福な人の雇用に限定されていました。

変革の時代

こうした家事使用人の労働市場は第一次世界大戦を経て、大きく変化します。第一次世界大戦では男性を戦争へ送るために、これまで男性が働いた様々な職場に空きが生まれ、女性がその役割を引き継いでいきました。その結果、大勢の女性が家事使用人職を離れて、転職しました。また、戦時下で国民が戦う中で家事使用人の雇用は贅沢と見なされたので、就業機会も減少しました。

『名探偵ポワロ』でこの時代が描かれたのは、ポワロが難民としてベルギーから疎開してきた「スタイルズ荘の怪事件」です。屋敷を所有する資産家のエミリー・イングルソープも、執事や男性使用人、そして大勢のメイドは雇えなかったのです。

第一次世界大戦を終えると前線にいた男性が復員し、工場など職場によっては女性が引き継いだ役割を男性に戻す動きも強まりました。一方で、第一次世界大戦期に記された、政府による戦後の経済復興に際しての報告書では「家事使用人のなり手不足」を課題に加え、待遇改善をしなければならないとの項目が作成されました。

労働党の誕生や労働者の権利向上を求めて雇用主との関係改善に向けた交渉を行っていく時代には、雇用主に全面服従し、転職に必要な紹介状で首根っこを押さえられる家事使用人職が不人気になるのは必然でした。

家事使用人は住み込みであるがゆえに、店員や工場、事務職などと異なり、職場を離れてオフの時間を作りにくく、四六時中雇用主に拘束されました。そして家事使用人の社会的地位が低いこともあり、他の就業機会が広がり、改善が進み、自由度が増す中でも相対的に魅力を減じました。

そうした家事使用人不足の中で雇用主が利用していったのがサービス業です。家事使用人を雇用しなくても豪華な食事を味わえるレストランや、洗濯してくれるランドリーサービス、あるいは清掃員やコックがいるマンションなども増えていきます。ガス、電気、電話などの社会インフラ整備も、それまでの家事の手間を大幅に減らしました。

「雇用主」も変化します。旧来の地主階級は所得税の累進課税化や不労所得への増税が重なり、かつての経済力を失っていきます。自動車や化学工業など新しいジャンルで成長する領域もあれば、世界恐慌や経済不況をダイレクトに受ける領域もありました。また、第一次世界大戦期に家事使用人がいない不便さを経験したがゆえに、「いなくても意外とやっていける」との感触を得た雇用主もいました。

1920年代は好景気となった自動車・電機・重化学業界と、構造的輸出不振で高い失業率に見舞われた基幹産業が並存し、世界恐慌を経た1930年代にかけては失業率を減らす施策として政府が家事使用人への就業促進を行い、家事使用人数が増加に転じました。

1931年の国勢調査では屋内で働く家事使用人は男性7・8万人（同1891年5・8万人）、女性は133・2万人（同1891年138・6万人）と、一時的に落ち込んでいた家事使用人数が復活を遂げていました（もちろん、労働人口全体が増加しており、労働人口に占める比率は低下しています）。

ポワロの時代の家事使用人

『名探偵ポワロ』のドラマの舞台となっている1930年代の世界は、こうした家事使用人の雇用状況が反映されています。全体として「過去の時代より家事使用人の雇用数は少ない」、「執事を雇用できている家は裕福」、「執事以外の男性使用人も雇用できているところはさらに裕福」となります。

過去の時代と比べた別の大きな変化は、新しい屋敷の登場です。1930年代に新しく建てられた建築様式の場合は掃除やメンテナンスを必要とする石炭利用がなくなり、暖炉も消え、電気やガス、水道設備も行き渡り、それ以前の時代よりもより少人数で回せるようになっています。

ポワロが住むマンションも新しい時代の生活様式を反映しています。常に仕えている家事使用人は身の回りの世話をする「紳士付きの紳士」と呼ばれるヴァレットのジョージだけです。

ジョージ以外には、雑用を行うメイドもいたかもしれません。第5話「4階の部屋」には同じマンションの住人がメイドを雇用してその寝室を用意した様子も描かれており、マンションに住む人間を同じ生活レベルとすれば、メイド雇用も不思議ではないのです。

ポワロ自身は、ドラマ内で調理を行う手間を厭いませんでしたし、ジョージも料理の腕を振るいました。これも小さく熱効率が良く温度調整可能なガス台を使えたからでしょう。石炭を使わなければ、メンテナンスも後片付けも簡単でした。

洗濯についても、第2話「ミューズ街の殺人」では、洗濯をクリーニング店に頼んでいる様子も描かれていますので、ある程度の利便性を保てました。

〈家事使用人雇用の職種〉

家事使用人は大きく「屋内使用人」「屋外使用人」、「男性使用人」「女性使用人」、そして「上級使用人」「下級使用人」に分類されます。数多く雇用できる環境ほど役割の専門化が進み（p.82-83 図参照）、そうでないところは必要最小限でひとりの家事使用人が多くを行いました。
ポワロの依頼主となる人々で、「メイドを雇用できない人」はほとんどいないとも言えますし、第1話で「コックを捜して欲しい」と言われたポワロがショックを受けるのも、それがポワロが普段手がけている仕事と大きくかけ離れるためでした。

屋内使用人

屋敷の中で働く家事使用人を指します。

〇男性使用人

- バトラー（執事）：室内で働く男性使用人の最高責任者。
- フットマン（従僕）：執事の下につく使用人。表に出るので背が高く、見栄えを重視。
- ホールボーイ（見習い少年）：フットマンのさらに下で、雑用を担当する。

○女性使用人

【家政部門】

・ハウスキーパー：女性使用人の最高責任者。キッチン以外の領域を管理する。
・ハウスメイド：屋敷の中を掃除するメイド。人が不足する家では給仕も行う。
・パーラーメイド：表に出るメイド。ハウスメイドより身体的負担は少ない。
・スティルルームメイド：ハウスキーパーのサポート役。お菓子やお茶の担当。
・ランドリーメイド：屋敷内で洗濯を担当。独立し、自営業として続けるメイドもいた。

【料理部門】

・コック：女性、または男性使用人の料理人。
・シェフ：フランス料理の高度な技術を持つ料理人。フランス人が多い。希少な職種。
・キッチンメイド：コックの下で料理を行う。
・スカラリーメイド：スカラリー（洗い場）で皿洗いや鍋磨きをする雑用のメイド。

【育児・教育】

・ナニー：乳母。
・ナースメイド：乳母の下で子供を世話するメイド。
・ガヴァネス：女性の家庭教師。教育を受けた中流階級以上の女性がなることが多い。

○個人付き

・ヴァレット（従者）：紳士の身の回りの世話をする男性使用人。ジョージが該当。

・レディーズメイド（侍女）：女主人に仕えるメイド。裁縫や整髪など特殊なスキルを有する。

・コンパニオン：話し相手。中流階級以上の女性がなり、食事に同席する場合もある。厳密な意味では家事使用人ではない。

○そのほか

・トゥィーニー：料理も掃除も手伝う。between に由来。Between-maid とも言う。

・メイドオブオールワーク：すべての仕事をひとりで行う。中流以下の家庭に多い。

・チャーウーマン（チャーレディ）：雑用を行う通いの女性。

屋外使用人

・ガーデナー：庭師。庭園の景観の維持や、菜園・温室で花・野菜・果物も育てる。

・ゲームキーパー：猟場管理人。狩猟場で猟鳥（ゲーム）を育成。ゲームを撃ち落とすスポーツ「シューティング」では運営も行う。

・ショーファー：車を運転するお抱え運転手。かつては馬車を操る御者がいた。

・グルーム：厩務員。乗馬や狐狩りなどを行う屋敷で馬の維持・管理を行う。

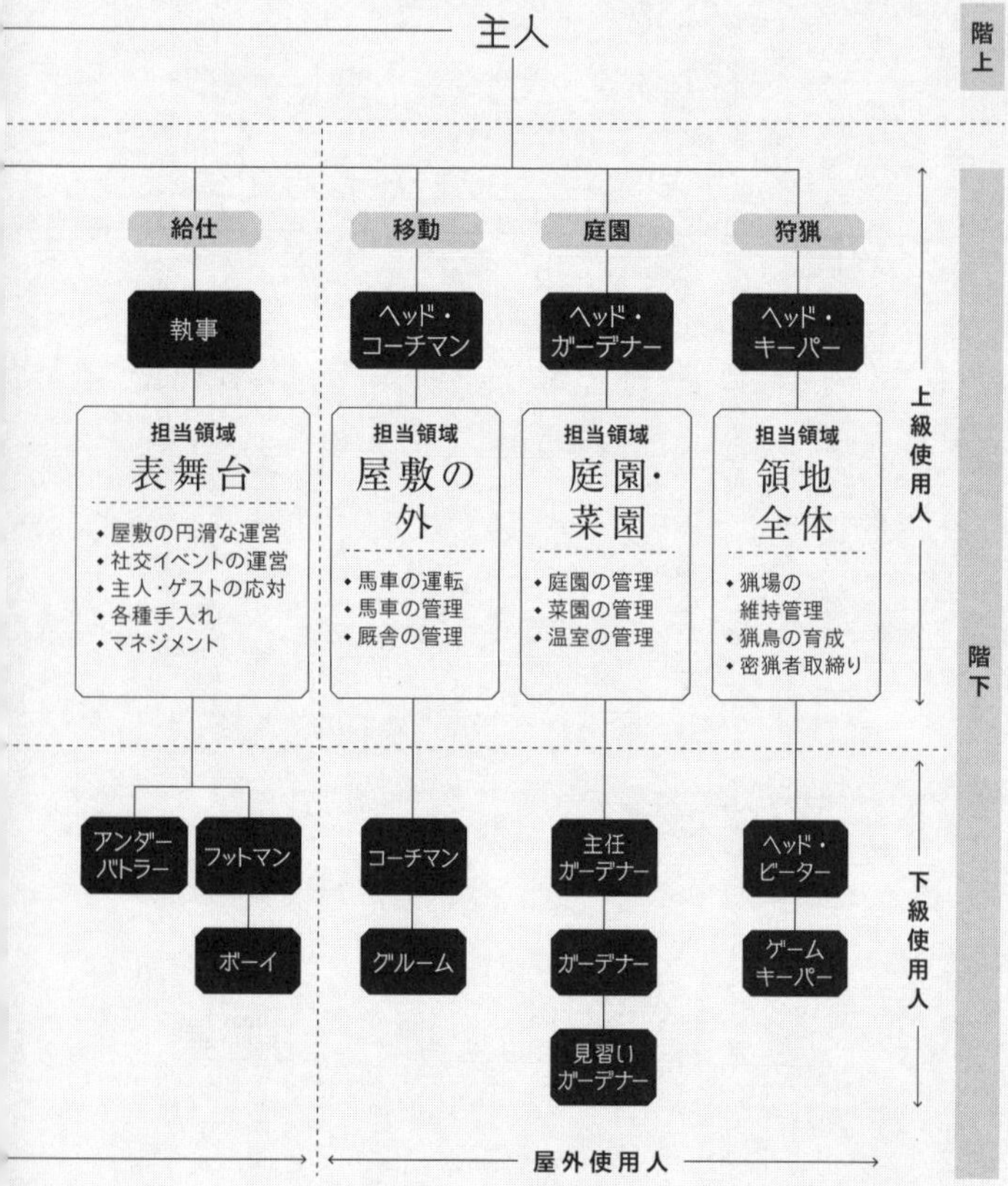
主人
階上
階下
上級使用人
下級使用人
給仕
移動
庭園
狩猟
執事
ヘッド・コーチマン
ヘッド・ガーデナー
ヘッド・キーパー
担当領域
表舞台
・屋敷の円滑な運営
・社交イベントの運営
・主人・ゲストの応対
・各種手入れ
・マネジメント
担当領域
屋敷の外
・馬車の運転
・馬車の管理
・厩舎の管理
担当領域
庭園・菜園
・庭園の管理
・菜園の管理
・温室の管理
担当領域
領地全体
・猟場の維持管理
・猟鳥の育成
・密猟者取締り
アンダーバトラー
フットマン
ボーイ
コーチマン
グルーム
主任ガーデナー
ガーデナー
見習いガーデナー
ヘッド・ビーター
ゲームキーパー
屋外使用人

屋敷の使用人関係図

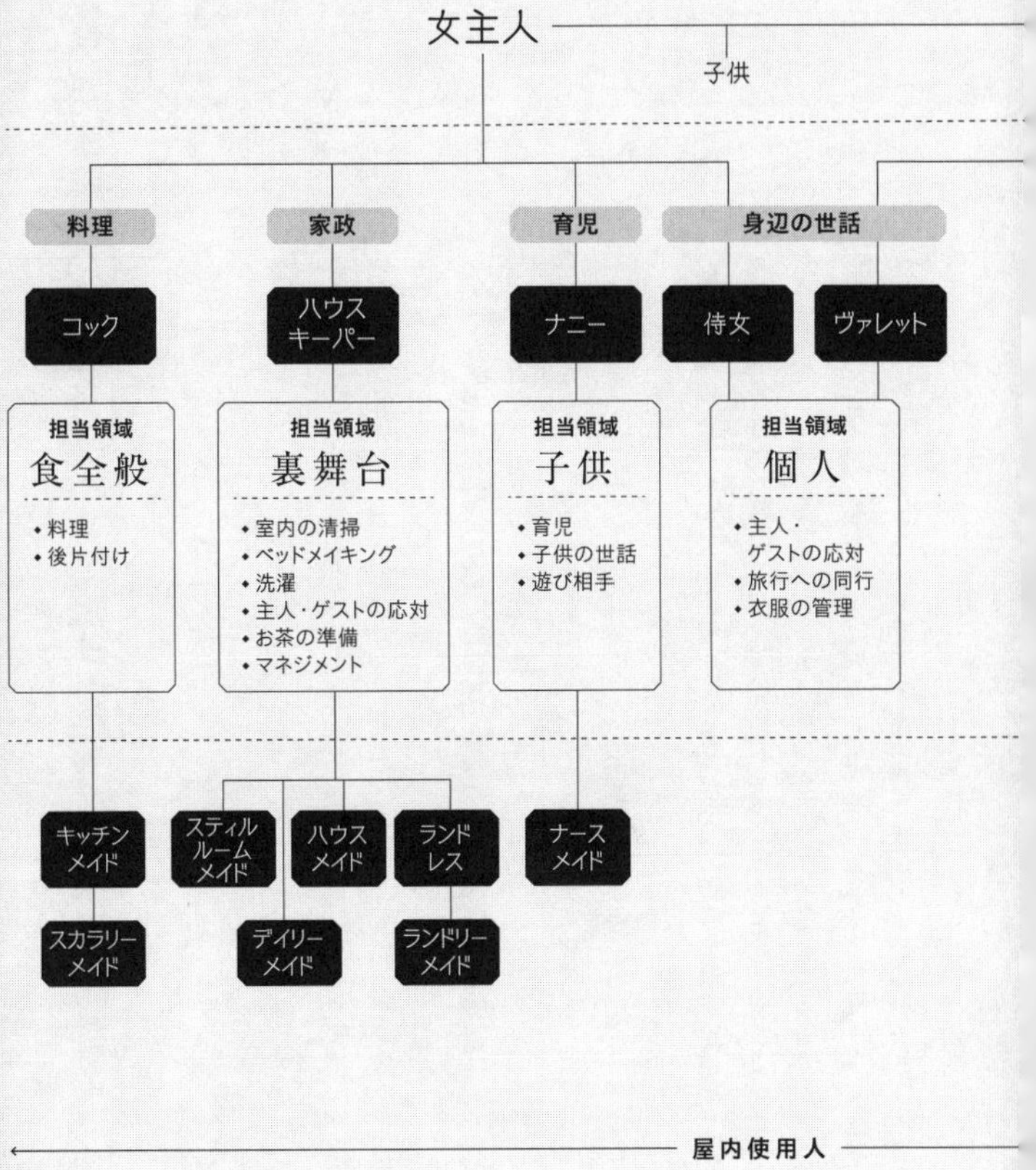
女主人
子供
料理
家政
育児
身辺の世話
コック
ハウスキーパー
ナニー
侍女
ヴァレット
担当領域
食全般
・料理
・後片付け
担当領域
裏舞台
・室内の清掃
・ベッドメイキング
・洗濯
・主人・ゲストの応対
・お茶の準備
・マネジメント
担当領域
子供
・育児
・子供の世話
・遊び相手
担当領域
個人
・主人・ゲストの応対
・旅行への同行
・衣服の管理
キッチンメイド
スティルルームメイド
ハウスメイド
ランドレス
ナースメイド
スカラリーメイド
デイリーメイド
ランドリーメイド
屋内使用人

第21話——あなたの庭はどんな庭？——HOW DOES YOUR GARDEN GROW?

該当原作作品

「あなたの庭はどんな庭？」（『黄色いアイリス』所収）

主要登場人物

アメリア・バロビー
依頼主の女性。

メアリ・デラフォンテン
アメリアの姪。

ヘンリー・デラフォンテン
メアリーの夫。

カトリーナ・レイガー
アメリアのコンパニオン。ロシア人。

ルーシー
バロビー家のメイド。

ガイド

⊙**見どころ**——短編原作らしく、登場人物が家の中に限定されて無駄がない回です。ポワロに調査依頼した女性が、ポワロの訪問日に亡くなっている展開は、第14話「コーンワルの毒殺事件」と重なります。

アメリアの家は郊外の広い庭付き一戸建てで、典型的な中流階級で、資産もある家でした。使用人はメイドがひとりだけで、姪が料理を作ることもあり、食事は給仕を必要としない質素なものでした。コンパニオンのカトリーナを雇用したのは、姪夫妻だけでは息が詰まることもあったからでしょう。この環境下、事件当日にメイドは外出してアリバイがあり、犯人はカトリーナ、メアリー、ヘンリーの3人に絞られます。

⊙**検死**——今回はあらかじめ毒殺が疑われており、警察で遺体を預かり、検死を行ってストリキニーネによる死亡を明確にしました。ストリキニーネはクリスティー作品でよく使われる毒薬で、第20話「スタイルズ荘の怪事件」や第22話「100万ドル債券盗難事件」でも用いられました。微量であれば神経を刺激する薬となり、心臓の強壮薬などに使われていました。過剰摂取すると中枢神経が麻痺・硬直し、痙攣死を引き起こします。無臭であ

あらすじ

化粧品店でコロン（5ギニー）を買い、気合いを入れるポワロ。その理由は、1935年のチェルシー・フラワー・ショー（王立園芸協会主催の5月のイベント）で、新しいバラの品種が「ポワロ」と名付けられるため、招待されたからだった。

会場でポワロは、アメリア・バロビーと名乗る車椅子に乗った老婦人と出会い、彼女から花の種が入った袋を渡される。自分のファンからの挨拶だと思っていたポワロは、帰宅後、事務所にアメリアから手紙が来ていたことを知る。

その手紙には、介護の見返りに同居する姪のメアリ夫妻と、コンパニオンでロシア人の女性カトリーナのことなど、気づかれないように調査したいことがある旨が記されていた。

手紙を読んだ翌日にポワロはミス・レモンを伴ってアメリアの家に依頼を聞きに訪問するものの、そこで彼女が既に亡くなっていたことを知らされる。

るものの苦味が強いため、毒薬として使う場合にはコーヒーなど苦いものに入れるか、トリックを用いて摂取させる必要がありました。

⊙**ロシア人**——ロシア人のカトリーナはアメリアの遺産の多くを受け取る立場でかつ犯罪を行える機会もあったため、容疑者となりました。1930年代はソビエト連邦ではスターリンが政権を握り、英国では共産主義者への警戒が強まっていました。このため、彼女にはスパイ疑惑が出てきますが、ドラマではロシア革命後に国を出た貴族令嬢という設定が付与されました。貴族だった女性が、人に仕える立場でした。

⊙**探偵助手ミス・レモン**——今回の探偵業の同行者はミス・レモンです。ヘイスティングスがひどい花粉症で、緑が多い地域にあるアメリアの家に行くのを遠慮したためです。

ポワロが事件解決の糸口を見つけたのは、お店で物を買うときに小切手を使う習慣でした。ミス・レモンの留守中にお店から支払いを督促されたヘイスティングスは現金払いします。それに対して、「商人に現金払いを覚えられたら後々まで小切手を敬遠される」とミス・レモンは怒りました。そしてそれが、殺人事件を起こす決定的な買い物を現金で行ってしまった真犯人の行動を、お店の人が記憶する結果に繋がりました。

⊙**童謡**——タイトルは英国の童謡「つむじまがりのメアリ」に含まれる一節「あなたの庭はどんな庭？」に由来します。ポワロはその一節の続きで庭を描写する「銀のベルとトリガイの殻」と重なる「銀のベルとカキの殻」を見つけて、目を輝かせました。庭の管理者たる姪の名前も、「メアリ」でした。

第22話 100万ドル債券盗難事件 — THE MILLION DOLLAR BOND ROBBERY

該当原作作品

「百万ドル債券盗難事件」（『ポアロ登場』所収）

主要登場人物

ショー
銀行の部長。

ババソア
銀行の部長。

フィリップ・リッジウェイ
銀行の部長補佐。

エズミー・ダルリーシュ
ババソアの秘書。リッジウェイの恋人。

ミランダ・ブルックス
船上で出会う謎の美女。

ガイド

⊙**見どころ**──初めてロンドンの地下鉄「チューブ」が出てきます。当時の車両は映像に出ず、ババソアとショーが地下鉄のエスカレーターで上がってくる様子が撮影されました。第15話「ダベンハイム失そう事件」の銀行頭取ダベンハイムが運転手による自動車通勤だったこととは対照的です。自宅療養するショーが住む家もシンプルな二階建てで、家事使用人も雇用していないようでした。給料は高くないのかもしれません。

⊙**車の話**──ショーを轢きそうになった車「シンガー」を、リッジウェイは少し前まで所持しており（しかも同じ赤色）、エンジンの点火装置の故障で手放したと語りました。シンガーは英国の自動車メーカーの名称で、車大好きヘイスティングスは「シンガーの点火装置は最新式だから故障しない」と力説します。

⊙**クイーン・メリー号**──クイーン・メリー号は実在した船で、最初の航海は1936年5月27日、英国南部のサウサンプトンから出航し、ニューヨークには6月1日に到着しました。アメリカは1週間以内に行ける場所になっていました。

豪華客船での航海のため、ポワロたちもこれまで同様、旅行の際に多くの衣装を必要と

あらすじ

ポワロは、ロンドン・スコティッシュ銀行から仕事の相談をされる。銀行はアメリカ市場拡大のため、2日後にニューヨークへ100万ドルの債券を運ぶ必要があったものの、その運び役を担う部長ショーが車で轢き殺されそうになり、調査のためにポワロの力を必要としていた。

早速、ポワロは警備主任マクニールや、ショーが渡米できなかった際に代理となるフィリップ・リッジウェイの話を聞く。

ポワロたちが銀行から事務所へ戻ると、ショーが職場でコーヒーにストリキニーネを盛られて倒れたと連絡が入り、自宅療養を余儀なくされたショーの代理でリッジウェイが渡米することになった。

アメリカへの移動手段は最初の航海を迎え、世界最速で渡米できるか話題になっていた豪華客船「クイーン・メリー号」だった。ポワロとヘイスティングスは護衛のためリッジウェイと豪華客船に搭乗するも、船上で債券は盗まれてしまう。

しました。内部のダイニングホールでのディナーはタキシードを着るドレスコードが守られており、豪華客船の名に恥じない豪勢なものでした。

この船の最初の航海の話を聞いてから何度も強い関心を見せていて、実際に船に乗れることになったのを喜んだヘイスティングスでしたが、船酔いしてダウンしてしまうのも彼らしいです。船酔いを嫌っていたポワロは、意外にも無事でした。

クイーン・メリー号は現在も保管されており、アメリカのカリフォルニア州ロングビーチに係留されて、ホテル、博物館などとして公開されています。

⊙**美しい女性**――ヘイスティングスは今回も豪華客船で出会った謎の美女ミランダ・ブルックスに魅了されます。もう一度、彼女の別の姿と会うことになったヘイスティングスは驚愕し、美しい女性がその美を隠すように化けられるならば逆もありえるので、どちらを信じればいいんだと、嘆きました。

それでもヘイスティングスはその後も行動を変えませんでした。

第23話

プリマス行き急行列車

THE PLYMOUTH EXPRESS

該当原作作品

「プリマス行き急行列車」（『教会で死んだ男』所収）

主要登場人物

ゴードン・ハリデイ
大富豪。オーストラリア人で、鉱山会社会長。

フローレンス・キャリントン
ハリデイの娘。ルパートの妻。

ルパート・キャリントン
フローレンスの夫。

ロシュフォール伯爵
フローレンスの愛人。

ジェーン・メイソン
フローレンスのメイド。

ガイド

⦿**見どころ**——物語は富裕な上流階級で起こりました。大富豪のハリデイと娘フローレンスがいるマンション「Du Cane Court」はロンドンに実在するアール・デコ様式の建物で、1937年に竣工し、677の部屋を持ちました。大富豪にふさわしい新時代の住まいでした。

一方、ホテルも盛大に描かれています。ロシュフォール伯爵はスイートルームに泊まり、ホテル内の花屋で頼んだ花をフローレンスに贈り、天井が高くシャンデリアで飾られた贅を尽くしたホテルラウンジでフローレンスと密会しました。ドラマの中で出てきたラウンジとしても最高レベルで、執事のような格好をした初老の男性と、メイドたちが給仕に当たっていました。

ポワロの時代には、ホテルも屋敷と重なる機能を持ちました。屋敷はゲストを招いて豪華な食事やもてなし、そして宿泊を提供する社交場として使われました。ただ、前述したように大きな屋敷の維持や大勢の使用人の雇用が難しい状況下で、屋敷が備えたもてなしの役割の一部のアウトソース先として、ホテルは適しました。

あらすじ

大富豪のオーストラリア人ゴードン・ハリデイが事務所にやってきて、ポワロに娘フローレンスのことを相談する。娘に近づいてきた、悪党と目されるロシュフォール伯爵について調べて欲しいとの依頼だった。

「プリマス行き急行列車」にフローレンスはメイドのジェーン・メイソンと乗り、招かれた週末の社交の場へと出かけるも、その途上に自身の客室で殺された。彼女が持参した宝飾品も、全て奪われていた。

容疑者とされたのは、競馬で借財を抱えて金をたかる別居中の夫ルパート・キャリントンと、ロシュフォール伯爵だった。

ポワロはハリデイのため、殺人犯を探す。

原作でフローレンスはエーボンミード・コートのスワンシー公爵夫人が主催するパーティーに呼ばれていました。これこそが典型的な「上流階級の社交」であり、ドラマでその舞台が描かれていれば、最大級に豪華なものだったでしょう。

⊙**キャリントン卿**——大富豪に続き、容疑者も貴族・貴族の血縁です。原作やドラマでルパート・キャリントンは「キャリントン卿」と呼ばれています。彼の「卿」はこれまで登場した「サー」「ロード」に対応するものではなく、「ジ・オノラブル」（書面での使い方。口頭では「ミスター」）と呼ばれる儀礼称号で、子爵や男爵の子女、また伯爵の次男以下などに用いられました。ルパート自身は爵位を持っておらず、親の爵位の恩恵を受け、そうした儀礼称号で呼ばれました。ルパートをそう識別したのは、ポワロが英国の社交界に通じていることを示しています。

⊙**旅に同行するメイド**——今回のプリマス行き急行列車で、お嬢様のフローレンスは個室となる一等車を確保しました。一方、メイドのジェーンは同席せず、主人より格が落ちる席を確保しました。

ジェーンは女主人の旅先に同行し、侍女の役割も果たす予定でした。普段から使用人に仕えてもらう生活をしている人々は、旅先の屋敷でも使用人の手助けを必要として、着替えや身の回りの手伝いをさせました。鉄道での移動時はだいたい別の席を確保し、定期的に主人の客室を訪問して用事を伺いました。貴重品の管理なども侍女の仕事でした。

第24話 スズメバチの巣

WASPS' NEST

該当原作作品

「スズメ蜂の巣」（『教会で死んだ男』所収）

主要登場人物

ジョン・ハリスン
ポワロの旧友の息子。哲学書を書く。

モリー・ディーン
ファッションモデル。ハリスンの婚約者。

クロード・ラングトン
モリーの元婚約者。前衛芸術家。

ガイド

⊙**見どころ**――原作でポワロはわずか1回の訪問で全ての事件を解き明かしてしまうのですが、ドラマではそこに至るまでの道筋を、いつものレギュラーメンバーの個性を発揮させながら、綺麗に描いています。

ポワロが語るように、彼が今回取り組んだのは、「起こっていない事件の解決」でした。様々な要素が殺人に繋がりそうな兆候を持つ中で、ポワロは主体的に動きました。

探偵としてのポワロは、事件が起きてから動くことが多い警察と異なり、事件が起こる前に依頼主の相談を受けて「事件が起こる前に解決できる」立場でした。また、依頼がなくても事件を感じ取れれば、彼独自の規範と直感で動き回りました。今回はそれが見事に成功し、殺人事件を未然に防ぎました。

⊙**初めての移動手段**――ドラマ内でポワロたちがロンドンの地下鉄「チューブ」を使ったであろう様子（駅の出入口で待ち合わせ）が描かれました。彼らが使った駅は「マーブル・ヒル」と書かれていますが、その外観はロンドン北部の「アーノス・グローヴ駅」でした。「マーブル・ヒル」の名を冠した屋敷や公園はロンドン西部のテムズ川沿いにあり、タイ

あらすじ

まともな事件もなく機嫌が悪いポワロはヘイスティングスとジャップ夫妻とマーブル・ヒル駅で待ち合わせをして、近くの公園で開催される夏祭りへ行く予定だった。ところがジャップの妻が遅刻したため、ポワロたちは先にタクシーで会場へと向かう。

夏祭り会場で、ポワロは旧友の息子のジョン・ハリスンと再会する。彼は婚約者でファッションモデルのモリー・ディーンを伴っていた。

ポワロはジョンと昼食を取ったり、彼の家に招かれたり交流を重ねるものの、事件の予兆を強く感じていた。それからポワロは、ジョンの知人でかつてのモリーの婚約者クロードが、薬局で青酸カリを購入しているのを知り、これから起こる事件の回避に動く。

トルの「スズメバチの巣」が庭にあるジョンの家のモデルとなった建物もテムズ川沿いにありました。

⊙**ポワロとお茶**――夏祭りの会場で提供されていた飲料が紅茶だけの様子で、ティザンを愛するポワロはなにも飲んでいないようでした。ポワロは社交のためか、紅茶の底に残る茶葉を見て占いをするスキルも発揮し、ジャップの身の上に健康上の問題（虫垂炎）があることや、モリーにも事件の予兆を感じて警告します。モリーへの警告は観察の結果でしたが、合理的でありつつ、ポワロは予感や超自然の力を尊重していました。

⊙**今回のヘイスティングスらしさ**――夏祭り会場でカメラを手にしたヘイスティングスは、楽しそうに何枚も写真を撮り、モデルのモリーを見つけた際にもシャッターチャンスを狙いました。無邪気な子供のような様子で、ポワロも微笑ましく見つめます。そして彼が撮影した写真が、ポワロの事件への危惧を強める一因にもなりました。

また、ヘイスティングスはフィルム現像用の装置一式を取り寄せたり、ポワロの事務所の浴室で現像を始めたり、モデルのモリーが参加するファッションショーでもフラッシュをつけたカメラで撮影したりと、今回はカメラを十二分に楽しみ、事件解決に貢献しました。

⊙**ミス・レモンの健康**――ミス・レモンはフィットネスクラブに通っており、ポワロに対しても健康上の留意を促しました。ポワロと健康は何度かテーマとなります。ポワロは小太りで、運動も不足しており、甘いものが好きなグルメでもあることも大きいでしょう。

第25話 マースドン荘の惨劇

THE TRAGEDY AT MARSDON MANOR

該当原作作品

「マースドン荘の悲劇」(『ポアロ登場』所収)

主要登場人物

ジョナサン・マルトラバース
マースドン荘の主人。

スーザン・マルトラバース
ジョナサンの妻。

ミス・ローリンソン
ジョナサンの秘書。20年仕える実務家。

アンドルー・ブラック
マルトラバース家の友人。大尉。

ダンバース
マースドン荘の庭師。

ガイド

⊙**見どころ**――久しぶりに庭園に囲まれた立派な屋敷が登場します。門の位置が屋敷から近いので巨大とは言えませんが、丘になった屋敷の周りには芝生が広がり、そこから森林に連なっており、敷地自体は高台に見えます。屋敷裏手の森では庭師が猟銃を撃ち、カラスを駆除しています。ガラスを用いた屋敷併設の主人たちのための温室もあるなど、作り自体は贅沢な屋敷でした。

一方、使用人は、この屋敷の規模ならばいるはずの執事が不在で、庭師とメイドが出てくるぐらいでした。作中ではマルトラバースの事業が破産寸前で5万ポンドの保険金を自分にかけていたと、後で加わったジャップによって語られました。本当にお金があるのかどうかは、屋敷の執事の有無や登場する使用人の数で、ある程度まで判断できます。

主人としてのジョナサンは、決して悪い人ではないようでした。秘書のミス・ローリンソンにディナーの同席を呼びかけたり、朝は庭掃除をする庭師に声をかけたり、気軽に周囲の人々に接していたからです。

⊙**名士ポワロ**――ポワロは、「ポワロです」と名乗り、相手が自分のことを知らないと傷つき

あらすじ

ポワロは「3人の農夫が毒殺された」という事件の依頼を受け、ヘイスティングスと鉄道に乗って依頼主サミュエル・ノートンが経営する宿へ向かう。ところが解決すべき事件とは彼が書いた探偵小説のことで、未完の小説の「結末を作る」相談だった。

　失望したポワロはすぐ帰ろうとするも、ロンドンから200キロも離れた場所であるために最終列車もなく、宿泊を余儀なくされる。

　翌日、始発で帰ろうとしたポワロたちは鉄道の駅へ向かう道中で警察官と出会い、彼らから近くの屋敷マースドン荘で起こった殺人事件の話を聞き、事件に関わる。

　屋敷の主人ジョナサン・マルトラバースは、庭先で血を口から吐いて死体で見つかった。彼は胃潰瘍の手術を受けたばかりで、かつ自分に高額の保険をかけていた。遺産を受け取る若い未亡人スーザンは、庭にある大杉の近くに霊を目撃し、夫がそれを見てショック死したのではと証言していた。

ます。しかし、ポワロはその自信を持ち得るだけの存在でもありました。メディアを賑わせる上流階級の人々や映画スターに加わり、殺人事件を解決する名探偵として、ポワロは知名度が高いのです。

たとえば今回は、村の蠟人形館で世界的スター「チャールズ・チャップリン」と並んでポワロの蠟人形が作られ、第22話「100万ドル債券盗難事件」では豪華客船クイーン・メリー号搭乗時に「ヨーロッパ一の名探偵」と報じられます。

　そのおかげで、鉄道へと向かう道路で出会った警察官が「エルキュール・ポワロだ!」と彼に気づき、事件解決の相談をしました。

⦿**戦争の気配**――マースドン・リーの村では、村の人々を集めて防衛訓練が行われていました。ドイツとの戦争が想定される時代にあって、毒ガスによる空襲を想定してガスマスクを着用する練習をしていました。1939年9月に第二次世界大戦が開戦する数年前となるこの年代には、第8話「なぞの盗難事件」の新型戦闘機開発に見られるような戦争への備えが各所で整えられていました。

⦿**心霊現象**――度々、ドラマでは心霊現象が描かれます。舞台となるマースドン荘は地元の人には幽霊屋敷と呼ばれており、屋敷にある大きな杉の樹には、50年前に恋人に捨てられてそこから飛び降り自殺した少女がいるとのいわくがありました。

　こうした心霊現象や噂話を利用する真犯人に対して、ポワロは逆に利用し返しました（蠟人形館も伏線にして）。

第26話

二重の手がかり

THE DOUBLE CLUE

該当原作作品

「二重の手がかり」(『教会で死んだ男』所収)

主要登場人物

マーカス・ハードマン
美術品コレクター。

ヴェラ・ロサコフ伯爵夫人
ロシアの亡命貴族。ハードマン邸のゲスト。

レディ・ビアトリス・ランコーン
ハードマン邸のゲスト。

バーナード・パーカー
ハードマンの知人の青年。

マーチン・ジョンストン
億万長者。ハードマン邸のゲスト。

ガイド

⊙**見どころ**――ドラマでは、ポワロとロサコフ伯爵夫人の関係がスポットを浴びます。元々、ポワロは過去をそれほど語らず、今回もヘイスティングスから結婚について聞かれても、「夫が妻を殺した事件を5件、妻が夫を殺した事件を22件も扱った」として結婚に対して否定的見解を示します。

何度もヘイスティングスに対して恋愛心理を講釈したり、女性に対する徹底した礼儀正しさを見せたりする彼ですが、ドラマの中でロサコフ伯爵夫人を庭園へエスコートしたり、美術館へ足を運んだり、公園でランチを食べたりと、意外にも積極的なポワロの一面が垣間見えます。相手に同じ亡命者として共感があり、自分の過去を話しつつ、最後に「英国一の名探偵」と自慢することも忘れませんでしたが。

⊙**ロサコフ伯爵夫人**――1917年に生じたロシア革命では、それまで支配階級にあったロシア貴族が財産を奪われ、身の安全のために海外へ亡命する人々もいました(第21話「あなたの庭はどんな庭?」のコンパニオン参照)。ドラマ冒頭から登場するロサコフ伯爵夫人は鉄道を降りてホテルに入る際、5人のスタッフに自分の荷物を運ばせており、レセプショニス

あらすじ

ポワロはジャップ警部から、上流階級の屋敷で開催されたパーティーで生じた3件の宝石盗難事件の相談を受ける。この事件を解決しなければ解雇されるとジャップは上から言われており、ポワロは助けに乗り出す。

ちょうど4件目となる宝石盗難が、宝石コレクターのマーカス・ハードマンのモダンな邸宅で開催された庭園でのコンサート（コンサート前には飲食でもてなす）の最中に起こった。ここにも上流階級の人々が集っており、容疑者はコンサートの時間に席を外した出席者である、ロシアの亡命貴族ロサコフ伯爵夫人、レディ・ランコーン、億万長者ジョンストン、そしてハードマンの知人パーカーの4名だった。

ポワロはロサコフ伯爵夫人に惹かれ、伯爵夫人との時間を優先する。そんなポワロの動きを心配して、ヘイスティングスとミス・レモンが残りの3名の調査やアリバイの確認などの聞き込みを行い、事件の解決に向けて動き出す。

トが受付を出て伯爵夫人を出迎えるなど、尋常ではない歓待を受けました。

しかし、伯爵夫人には「侍女」がいません。彼女ほどの立場の人間であれば侍女を連れていて不思議はないのですが、そこに彼女の立場や本当の意味での経済力が示されているようです。

また「本当に貴族かどうか」を確かめる難しさがありました。ロシアの場合は国が滅んでいるので、尚のことです。ポワロをファーストネームの「エルキュール」で呼んだ数少ない女性でした。

⊙屋敷のパーティー——屋敷を舞台にして数十名以上のゲストを呼ぶパーティーの描写は初めてです。ゲストは着替えを済ませておき、会場には着飾った姿で訪問しました。

名実ともに、この屋敷は豪邸でした。パーティーの現場に若い男性使用人（フットマン）たちやメイドが5名以上いたからです。フットマンは本当に裕福な家庭でしか雇用ができない希少な存在で、かつそのフットマン1名とメイド2名を表に立たせて出迎えをさせているのも、人に余裕があればこそでしょう。

⊙犯人を見逃す——ポワロは宝石を取り戻すことと別の「真相」を用意することで、真犯人を見逃しました。真犯人の強さや立場や在り方に心を惹かれ、共に時間を過ごしつつ、宝石を返却させることと英国を去ることで不問にしたのです。

第27話

スペイン櫃の秘密

THE MYSTERY OF THE SPANISH CHEST

該当原作作品

「スペイン櫃の秘密」（『クリスマス・プディングの冒険』所収）

主要登場人物

マーゲリート・クレイトン
エドワードの妻。

エドワード・クレイトン
マーゲリートの夫。

ジョン・リッチ
マーゲリートの友人。少佐。

カーチス
マーゲリートの旧友。大佐。

バーゴイン
リッチ少佐のヴァレット。

ガイド

⦿**見どころ**——リッチ少佐の住むフラットで開かれたパーティーではダンスも行われ、ここでポワロは軽快なダンスのステップを見せつけました。運動をせず、アクションシーンもないポワロは、昔取った杵柄か、時折、意外さを見せつけます。

⦿**裕福なリッチ少佐とその従者**——リッチ少佐の住まいは、なかなか良い建物です。玄関ホールには花が飾られており、また応対には男性使用人のバーゴインが出ました。

バーゴインは住み込みのようで、自分の仕事部屋も持っていました。バーゴインを雇用でき、居間はダンスパーティーが行えるぐらいに広く、壁に紋章の盾（紋章院が管理する名家しか所有できない紋章）が飾られている様子もあることから、リッチ少佐は名家の子息か血縁なのでしょう。

パーティーの際には、バーゴイン以外に白ジャケットを着たウェイターの姿がありました。この時代にはケータリング事業やウェイターの手配も可能でしたので、リッチ少佐でも飲食があるパーティーを開催できたと考えられます。

バーゴインは一見執事に見えますが、原作では「紳士付きの紳士」とも呼ばれる「ヴァ

あらすじ

ポワロはヘイスティングスとオペラ鑑賞を終えた後、劇場でかつて「チャルフォントのダイヤ盗難事件」で助けたレディ・チャタートンから声をかけられ、友人のマーゲリート・クレイトンの力になって欲しいと相談される。嫉妬深いマーゲリートの夫エドワードが妻の殺害を企んでいるのではないかと、レディ・チャタートンは疑っていた。

ポワロはレディ・チャタートンと、クレイトン夫妻が出席するリッチ少佐の自宅で行われるパーティーに参加する。しかし、エドワードはその日、出張で不参加となる。

ところが翌日、リッチ少佐の家で、エドワードの死体が見つかる。パーティー会場の部屋に置いてあった大きい「スペイン櫃」の中に、死体は隠されていた。リッチ少佐はエドワード殺害の容疑者となる。

レット」（従者）とされています。ヴァレットは部下を持たず、主人の身の回りの世話に特化した男性使用人で、旅行などにも同行しました。

原作でリッチ家の従者はウィリアム・バージェスという名で、住み込みではなく、通いでこの仕事をしていました。「スペイン櫃の秘密」には「バグダッドの大櫃の謎」（『黄色いアイリス』所収）という前身の作品があり、そこではヴァレットの名前がバーゴインでした。

こうした「独身の富裕な男性」と「従者」が暮らす作品では、クリスティーと同年代の英国作家P・G・ウッドハウスによる『比類なきジーヴス』があります。

⊙**クラブ**――英国には男性たちが集う様々なクラブがありました。クラブごとに規約があり、会員と認められた者への入場が許されました。カーチス大佐は軍人のクラブに所属しました。ホテルのラウンジのように軽食やディナーを楽しむこともできましたし、今回のフェンシング競技場や、第2話「ミューズ街の殺人」で議員が泳いだプールのように、スポーツを楽しめる施設を備えたクラブもありました。ヘイスティングスもこうしたクラブの一つに所属し、ランチを食べに出かけているシーンがありました。

⊙**メディアを巻き込む芝居**――ポワロは真犯人をおびき出すために一計を案じ、ジャップに頼んでマーゲリートの身柄を警察に拘束させます。メディアはこの確保の瞬間を報じ、事件の捜査に関わるポワロにも取材しました。ポワロの姿は新聞にも掲載されたことでしょう。その日の深夜に、ポワロは犯人の呼び出しを受けます。

第28話——盗まれたロイヤル・ルビー——

THE THEFT OF THE ROYAL RUBY

該当原作作品

「クリスマス・プディングの冒険」(『クリスマス・プディングの冒険』所収)

主要登場人物

ファルーク王子
エジプトの次期国王。

ホレース・レイシー大佐
エジプトの考古学者。

セアラ・レイシー
大佐の孫娘。

デビッド・ウェルウィン
エジプト美術商人。大佐の取引相手。

デズモンド・リーワートリー
大佐の客人。

ガイド

⊙**見どころ**——ポワロはチョコレート専門店で500gも買い付け、チョコを味わいながら、ひとりでのんびりクリスマスを家で過ごすはずでした。甘いものが大好きなポワロの面目躍如たる購入量ですが、お店を出た途端、再び英国外務省に連れて行かれます。

事件に巻き込まれて過ごすことになった屋敷でも、ポワロは食への関心を発揮します。コックのミセス・ロスに対しては「まさに芸術家ですね」と褒めたり、食後もわざわざ挨拶に行ったりします。ドラマではポワロが自分で料理を作る描写もあるため、料理については良き評価者でもあるのでしょう。ドラマ版ポワロは、人をよく褒めます。

もう一つ、ポワロには「寒がり」という設定があります。そのため、セントラルヒーティングなど暖房がしっかりしている屋敷かどうかを、よく気にしました。

⊙**クリスマス**——ポワロ作品は英国の祭事を物語に取り込んでおり、クリスマスはもう一度第42話「ポワロのクリスマス」で扱われます。今回はレイシー家で、クリスマス恒例のクリスマス・プディング作りに参加しました。本のタイトル『クリスマス・プディングの冒険』がこの第28話の初出時タイトルとなります。

あらすじ

エジプトの次期国王ファルーク王子はレストランで女性と会食中に、由緒ある王家のルビーがついたペンダントを自慢し、彼女の首にかけさせる。ところが、女性は中座して宝石を持ったまま行方をくらました。この事件が公になればエジプト国内の反英勢力を勢いづかせると英国政府は判断し、ポワロに宝石探しを依頼する。

王子の宝石の存在を知る者は限られ、エジプト学者で父国王の旧友レイシー大佐の邸宅キングス・レイシーでしか話していないと王子が語ったことから、ポワロは手がかりを求めて、大佐の屋敷へと送り込まれる。

季節はちょうどクリスマス。屋敷には大佐夫妻とその親族や知人などが集まっている中で、ポワロは宝石発見に繋がる情報集めを始める。

調理責任者のミセス・ロスはボウルに入った材料を「かき混ぜるほど幸せになる」と語りました。プディングには6ペンス硬貨や指ぬきが入っており、当たったものに応じた幸運や未来が訪れると言われていました。

クリスマスの装いは、エジプト美術商のデビッド・ウェルウィンが店を構えていたロンドンのアーケード街「ロイヤル・アーケード」のデコレーションや楽団の演奏にも表れていました。アーケード街は一等地でもあるので、デビッドは優秀な商人なのでしょう。

⊙**レイシー家の使用人**——経済的に困ってエジプト美術品の売却を考えていた大佐の生活レベルは高く、屋敷には執事ペバリルと、コックのミセス・ロス、そしてメイドのアニーが雇用されていました。

屋敷の使用人は、働きやすかったでしょう。なぜならば女主人のミセス・レイシーは客人ポワロをプディング作りに招いた際、孫娘とゲストの紹介の後、メイドのアニーの紹介をしているのです。家事使用人との距離が近いことを示しています。

屋敷のロケ地は1932年に建てられた場所で、かつ第15話「ダベンハイム失そう事件」でダベンハイム邸として使われたものでした。

⊙**トリック**——今回もポワロは、トリックで真犯人を騙すことに成功します。屋敷を訪問していた子供たちのいたずらを応用して、殺人劇を演出するのです。

第29話

戦勝舞踏会事件

THE AFFAIR AT THE VICTORY BALL

該当原作作品

「戦勝記念舞踏会事件」（『教会で死んだ男』所収）

主要登場人物

クロンショー
子爵。

ユースタス・ベルテイン
クロンショーの叔父。

ココ・コートニー
役者。クロンショーの婚約者。

クリストファー・イアン・デビッドソン
ココの役者仲間。

ミセス・デビッドソン
クリストファーの妻。

ガイド

◉**見どころ**――戦勝記念舞踏会に行くつもりがなかったポワロは、ヘイスティングスの友人（BBCに勤務）がポワロにとても会いたがっていることを聞くと、あっさり参加します。この辺り、ヘイスティングスも友の扱い方を心得ています。

とはいえ、ポワロはポワロでした。参加者に課された「有名人の仮装」ルールに対して、ポワロは「自分は有名人だ」と仮装せずにそのまま参加するのです。ポワロらしいシーンですが、この殺人事件を報じる翌日の新聞でポワロとヘイスティングスの写真が掲載されており、これまでの例から見ても、ポワロの知名度は本当に高いものでした。

◉**相続**――作品内で、クロンショー家の爵位の移動がありました。基本的に英国貴族は男子の長子相続で、年齢では上の叔父ユースタス・ベルテインは死んだ甥より相続順位が下になりました。しかし、亡くなった甥に子供がいなかったので、相続順位で最も上となるユースタスが爵位を継ぎました。

◉**英国執事は礼儀にうるさい**――ユースタスと付き合うアメリカ人の未亡人・マラビー夫人は、彼の財産相続を当て込んで沢山の買い物をしてユースタスの家にやってきたところ、執事

あらすじ

ポワロは、ヘイスティングスとともに第一次世界大戦でドイツに勝ったことを祝う戦勝記念舞踏会へ出かける。有名人に仮装して参加するというルールがあり、各人が歴史的な人物や物語の人物に扮してその場に集まっていた。

人目を引いたのは、クロンショー卿とその一行で、彼らはイタリア由来の仮面をつけた演劇「コメディア・デラルテ」をモチーフに、姿を消せる「アルレッキーノ」、その恋人「コロンビーナ」など、作品内のキャラクターに扮していた。

舞踏会がピークを迎えた時、クロンショー卿が刺殺された状態で見つかる。金に困って遺産相続で利益を得る叔父がいたことや、卿の婚約者ココが麻薬の過剰摂取で死亡する事件も続き、解決に向けてポワロが調査を進めていく。

の応対を受けます。

マラビー夫人が執事に「殿下（His Highness）はいるの？」と、誤った使い方をすると執事は表情を変えずに「卿（His Lordship）は居間にいらっしゃいます」と強めに、訂正して言い直します。アメリカ人で、敬称を使い間違え、さらに英国貴族の夫人の座を狙う彼女は、執事のお気に召さないようでした。

この執事が子爵に直接話しかける場合は、「マイ・ロード」または「ユア・ロードシップ」になります。

物語の冒頭、クロンショー子爵が叔父ユースタスを婚約者のココと知人のクリスに紹介する際には、前述した「ジ・オノラブル」（英語では名誉あるなどの意味）の敬称をつけて呼んでいました。それを聞いたココは「悪名高きでしょ？」（ディスオノラブル）と応じました。これも、ココが敬称を理解していなかったことによる言葉かもしれません。

⦿**推理劇のラジオ放送**——ドラマ最大の盛り上がりは、ラジオの生放送でポワロが推理劇を披露することにあります。スタジオに集められた容疑者たちを前に、ポワロはいつもと変わらぬ鋭い推理と舌鋒で、容疑者それぞれの秘密を暴き、最終的に真犯人に決定的な証拠を突きつけます。

ただ、大変残念なことにポワロの発音には癖があり、リスナーからの苦情の電話が殺到しました。ポワロは悔し紛れに同席したジャップのせいにしましたが。

His...
Lordship
is in the
morning room

第30話

猟人荘の怪事件

THE MYSTERY OF HUNTER'S LODGE

該当原作作品

「狩人荘の怪事件」（『ポアロ登場』所収）

主要登場人物

ハリントン・ペイス
猟人荘の所有者。地主。

ロジャー・ヘイバリング
ハリントンの甥。ヘイスティングスの友人。

ゾイ・ヘイバリング
ロジャーの妻。

アーチー・ヘイバリング
ロジャーの従弟。

ジャック・スタッダード
ゲームキーパー。ハリントンの異母弟。

ガイド

⊙**見どころ**――英国紳士のスポーツ、「シューティング」（猟銃による狩り）の回です。立派な屋敷では大勢のゲームキーパー（猟場管理人）を雇用して、周辺の猟場で獲物となるライチョウやキジ、カモなどの猟鳥（ゲーム）を育成・維持させました。

シューティングは地主の特権で、猟場の近くにある畑などの穀物を猟鳥が荒らしても農場主は対応できませんでした。地元民による密猟も厳しく取り締まられました。ヘイスティングスは紳士なのでシューティングを楽しみ（彼自身は地主ではないので猟場を持つ知人が必要）、彼がポワロと出会うきっかけになったのもカモ狩りでの事件です。

⊙**シューティング**――狩猟が映像となる場合、男性が狩猟を行い、女性は待機し、ランチのタイミングで女性が合流して屋外にテントを広げるか、近場のロッジでシューティング・ランチを開催する流れとなり、その後、また猟を続けて、屋敷へ戻りました。今回は女性も一緒に車で来て、狩猟をしないポワロと車の側に残っていました。

猟は銃を撃つので危険であり、それぞれが持ち場をあてがわれます。猟銃を撃つ人には猟銃に弾丸を装填する人（ローダー）が同行しました。

あらすじ

ヘイスティングスは、友人のロジャーに誘われ、彼の叔父ハリントン・ペイスの屋敷・猟人荘の狩猟場へ、ライチョウを狩りに行く。グルメなポワロは猟場に同行して、猟鳥用の調理本まで持参し料理に必要な鳥の数を要望した。

狩猟が始まる中、ハリントンがアーチーに撃たれる事故が起こる。幸いにも手に軽い怪我を負っただけだったが、アーチーの面倒を見ていたゲームキーパー（猟場管理人）のジャックが厳しい叱責を受ける。

狩猟が終わると参加者たちは猟人荘に戻り、そこで歓談しながら食事をする。夜になるとゲストたちは去り、屋敷にハリントンとゾイと使用人がいるだけの中、事件が起こる。ハリントンが銃殺され、第一発見者のハウスキーパーのミセス・ミドルトンが行方不明になる。前日に喧嘩をした異母弟のジャックや、ハリントンにこき使われるアーチーなどが容疑者となるが、その頃、ポワロは風邪を引いてダウンしていた。

シューティングは、複数名の勢子（ビーター）が、猟鳥の潜む茂みを鳴らしたり、掛け声を出したり、口笛を吹いたり、布を振り回したりしながら一定間隔で歩き出し、驚いた猟鳥が銃の撃ち手の方に飛び立つようにコントロールしました。

⊙**猟人荘**——タイトルの「猟人荘」は、猟場に近い狩猟専用の簡素な別邸の名前に使われていました。原作ではハウスキーパーが管理して、必要に応じて使用人を連れて行きました。猟の期間は解禁からの時間が限られるため、原作では年に10ヶ月無人とされていました。このような環境のため、ゲストであるヘイスティングスもポワロも、この猟人荘ではなく、近所の村の宿に泊まりました。

⊙**使用人斡旋所**——ハウスキーパーのミセス・ミドルトンは、この狩猟のために臨時で雇用されたハウスキーパーでした（メイドも2名います）。彼女は使用人斡旋所の紹介で就業しました。

使用人斡旋所は有能な家事使用人を紹介する今でいう人材エージェントと同じ業態で、斡旋所によって紹介できる勤め先も使用人の質も変化しました。このような使用人斡旋所の信頼を得ていれば、良い屋敷での働き口を優先して斡旋してもらうことが可能でした。

COLUMN 3

家事使用人は透明な存在なのか？

※ネタバレ注意

家事使用人を犯人にしてはならない

様々な事件が屋敷で起こったとしても、家事使用人は容疑者にならないことを、不思議に思う方がいるかもしれません。同じ屋敷にいて、他の容疑者同様に同じ時間を過ごしているにもかかわらず、多くの場合は警察の捜査対象外になっています。

家事使用人を推理小説の「犯人」とすることはフェアではないとの考えは、クリスティーと同時代のアメリカの最も人気ある推理小説家のひとり、ヴァン・ダインが1928年に公開した「二十則」に表れています。

家事使用人——執事やフットマン、ヴァレット、ゲームキーパー、コック、そのほか——が犯人として、作家に選ばれることはあってはならない。これは崇高な疑問を投げかけている。それはあまりにも簡単な解決策である。それは不満足なもので、読者に無駄な時間を過ごさせていると感じさせる。犯人は明らかにその価値がある人物でなければならない——普通であれば疑われないような人物でなければならない。もし犯罪が家事使用人による卑劣な行いであったならば、著者はそれを出版する必要はないだろう。

（『Twenty Rules for Writing Detective Stories』から翻訳）

一例を挙げてみましょう。第39話「チョコレートの箱」で政治家ポール・デルラールが自宅の書斎で毒殺される事件が起こった際、その死に不審を抱いたポワロは死の直前のディナー参加者を疑いました。この場には、ポワロが容疑者としてあげた参加者と別に、給仕をする執事、メイド、控えるコックがいました。

その後、執事やメイド、コックに屋敷の様子を聞くものの、彼らを容疑者として疑う様子はゼロです。毒殺事件として疑念を持ち、ポールが好きなチョコレートに誰が毒を混入してもおかしくないはずなのに、使用人は絶対に疑われませんでした。彼らが与えられた役回りは、「参加者のアリバイ・行動を証言する」ことでした。

このように、家事使用人は事件の利害関係の外にいることがほとんどでした。そうした考え方の反映として、家事使用人が犯人となる事件は数が限られています（コンパニオン、ホテルメイド含む）。また犯人になったとしても主犯が別におり、従犯の立ち位置が多くなりました。

犯罪者としての家事使用人

『名探偵ポワロ』には家事使用人が犯人となった例もあります。該当事件は、以下の通りです。

【強盗・盗難が目的の侵入】

- 第23話「プリマス行き急行列車」（犯人となった使用人の役職＝侍女）
- 第41話「グランド・メトロポリタンの宝石盗難事件」（お抱え運転手、ホテルメイド）
- 第54話「青列車の秘密」（侍女）

この3話は、元々犯罪者だった者が「内部に潜入するために家事使用人として働く」ケースです。犯罪を犯していませんが、第35話「負け犬」で紹介状を偽造して奪われた兄の機密書類を盗み出そうとしたコンパニオンも、こうした目的を持つものとなるでしょう。

【雇用主の財産を狙う】

- 第20話「スタイルズ荘の怪事件」（犯人となった使用人の役職＝コンパニオン）
- 第38話「イタリア貴族殺害事件」（ヴァレット）
- 第56話「葬儀を終えて」（コンパニオン）

家事使用人として働きながらも目の前の財産に目がくらみ、雇用主を殺害するケースです。「スタイルズ荘の怪事件」では雇用主の夫と恋人関係にあり、遺産相続のために共謀して毒殺しました。「イタリア貴族殺害事件」では脅迫犯だった主人が得た金を奪い取りました。「葬儀を終えて」では雇用主を殺害し、高価な絵画を遺品としてもらおうとしました。

例外的に第47話「エッジウェア卿の死」の執事は事件の便乗犯で、主人が殺されたことと容疑者がいることから屋敷の金を盗み出しました（逃亡中に転落死）。

【主犯に要請される】

- 第3話「ジョニー・ウェイバリー誘拐事件」（従犯者となった使用人の役職＝執事、元ナースメイド）
- 第57話「満潮に乗って」（元メイド）
- 第65話「オリエント急行の殺人」（ヴァレット、元コックの侍女）

主犯が主導的な役割を果たし、巻き込まれるケースです。「ジョニー・ウェイバリー誘拐事件」は主犯である雇用主に執事と娘が狂言誘拐の協力をし、「満潮に乗って」は半ば洗脳のような形で支配を受けて相続人になりすましました。「オリエント急行の殺人」は主人一家への復讐を行う関係者への協力となります。
「元家事使用人」という特殊例では、第61話「死との約束」で元メイドが屋敷のゲストと恋に落ちて子供を産み、その後、自殺未遂の末に生き残って旅行家となったエピソードがあります。その子供が預け先で虐待を受けていたことを知り、復讐の共犯者となりました。

被害者としての家事使用人

家事使用人が被害者となる場面もありました。事件に巻き込まれるケースは、秘密を知っているために口封じで殺される場合と、コンパニオンが遺産相続の利害関係に巻き込まれる場合に大別できます。

【口封じ】
- 第46話「アクロイド殺人事件」（被害者となった使用人の役職＝執事）
- 第52話「ナイルに死す」（侍女）
- 第58話「マギンティ夫人は死んだ」（チャーレディ）
- 第60話「第三の女」（ナニー）

事件の真相を知るがゆえに口封じされるケースでは、真犯人を脅迫して対価を得ようとしていたのが「アクロイド殺人事件」と「ナイルに死す」で、「マギンティ夫人は死んだ」と「第三の女」では秘密に近すぎたがゆえに殺されました。

【遺産相続】

・第21話「あなたの庭はどんな庭?」(被害者となった使用人の役職=コンパニオン)
・第64話「ハロウィーン・パーティー」(オペア)

家事使用人は基本的に財産相続に巻き込まれないので被害者になりにくいですが、コンパニオンの場合、雇用主が巨額の遺産を渡してくる場合があります。いずれの事例もそれに該当したため、前者は殺人の容疑者にされ、後者は遺言を偽造したとされた上に刺殺されて失踪扱いとされました。物語上、遺産を相続して生き残ったのは「あなたの庭はどんな庭?」と、第45話「もの言えぬ証人」(恋人が口封じで殺される)と、第54話「青列車の秘密」に登場した3名です。

コンパニオンは、犯罪率も被害率も高いと言えます。

【そのほか】

・第54話「青列車の秘密」
・第57話「満潮に乗って」
・第61話「死との約束」

家事使用人が一度に最も殺された事件は、「満潮に乗って」です。大富豪と結婚した妹を、大富豪と家事使用人ごと爆殺した犯人は、ドラマの中で最大級の同時大量殺人犯であり、凶悪なその犯行をポワロは容赦しませんでした。「死との約束」の場合、過去に女主人の命令で養子となった子供たちを虐待した老齢の乳母が、その養子のうちのひとりの両親から復讐で殺害されました。

透明な「家事使用人」を活用したトリック

「葬儀を終えて」の真犯人だったコンパニオンは、「コンパニオンや使用人の顔など誰も見ないでしょう」と言いました。彼女は屋敷の一族の女性に扮して、その後、素顔で会った屋敷の人々の誰からも正体を気づかれませんでした。このような「家事使用人の透明性」をクリスティーは殺人のトリックに使いました。

【家事使用人に扮する】

- 第30話「猟人荘の怪事件」（犯人が扮装した役職＝ハウスキーパー）
- 第63話「三幕の殺人」（執事）

真犯人が使用人に扮する殺人はふたつあります。「猟人荘の怪事件」では、元俳優だった共犯者の女主人が事件の少し前から変装して臨時のハウスキーパーとして屋敷に入り込み、殺人を実施して、行方をくらましました。屋敷内では女主人もハウスキーパーも一緒にいると他者が認識する環境を作りながらも、ふたりが同時にいることはありませんでした。両者を知るメイドに気づかれそうなものですが、「猟人荘」が期間限定の場所で女主人がそれほど訪問しないからこそ出来たことでしょう。

もうひとつが、給仕を行う「執事」に扮した「三幕の殺人」です。これは、休暇を取っている執事の穴を埋めるために臨時雇用された執事を名優たる真犯人が演じ、ディナーの際に毒を盛りました。当時の照明が今のように明るくない、というところもありますが、ディナーでテーブルに着席したゲストは執事やメイドなどの給仕の顔を意識的に見ることがほとんどないために成立しました。事件後、執事は失踪しました。

いずれの場合も潜入する際に雇用主の協力が得られており、短期間の家事使用人として入り込めました。存在自体が偽りであるために、事件が終われば本人に戻り、「家事使用人」が行方をくらましても見つからない、という状況を作れました。

【制服で透明化する】

- 第32話「雲をつかむ死」（犯人が扮装した役職＝飛行機のキャビンアテンダント）
- 第36話「黄色いアイリス」（レストランのウェイター）
- 第65話「オリエント急行の殺人」（高級寝台列車の車掌）

「雲をつかむ死」では飛行機内で殺人を行う歯科医が白のジャケットを機内に持ち込み、キャビンアテンダントに見える扮装をして、犠牲者となる乗客に近づいて殺人を実行します。席に座っている乗客は、眠っていたり、本を読んでいたりなど、あまり顔を上げないので、白っぽい服＝キャビンアテンダントが通っても気にしない、という認識を利用した殺人でした。これには近くにいたポワロも寝ていて気づきませんでした。

同様に、「黄色いアイリス」でも、給仕を受ける側の死角が用いられました。舞台での演奏があるレストランで、歌手が歌う際に照明が落とされると、真犯人は席を外してウェイターの白いジャケット、白手袋を着用して、対象の席に近づき、毒を盛ります。給仕をされているテーブルに着席した人々は舞台に注目しており、給仕をされる際も手元を一瞬見るかぐらいで、ウェイターがどんな顔をしているか認識しませんでした。

このトリックの検証を、ポワロは作中で行いました。前述したトリックで毒殺されたはずの女性をメイドに変装させ、立ち会った全員がいる場でコーヒーを給仕させたのです。この時、誰も彼女が給仕していることに気づきませんでした。

そして、職業服では「車掌の制服」も一種のトリックに使われました。「オリエント急行の殺人」の犯人たちは「何者かが車掌の制服を着て車両に入り込み、殺人を犯す」筋立てでカモフラージュを計画しました。制服を着て近づいて殺人をする、というバリエーションに入りませんが、捜査を誘導する点で取り上げました。

境界線上の「秘書」と「ハウスキーパー」

ドラマでは雇用主の仕事を手伝う秘書が登場し、実質的に女性使用人を束ねるハウスキーパーとしての役目を果たしているケースも散見します。元々、ハウスキーパーそのものが女主人の代理人であり、この職を置けない家では第1話「コックを捜せ」のようにコックとメイドを直接、女主人が管理しました。

家事使用人とも妻とも異なり、その中間的な立ち位置に、秘書はいました。登場する話は左記になります。

- 第3話「ジョニー・ウェイバリー誘拐事件」
- 第25話「マースドン荘の惨劇」
- 第47話「エッジウェア卿の死」
- 第60話「第三の女」

・第63話「三幕の殺人」
・第68話「死者のあやまち」

「ジョニー・ウェイバリー誘拐事件」では家政の財政面を握り、「マースドンの惨劇」では主人に長く仕えて食事を共にし、「エッジウェア卿の死」では主従の境界を越えようとして怒られました。「第三の女」では主人との結婚に至り、「三幕の殺人」では主人のために証拠隠滅を図り、「死者のあやまち」ではやはり主人のために全力を注いで朝食を共にしていたり、主人に似合わないと考える女主人に敵対感情を持つなど距離の近さが描かれました。それでも彼女たちは「犯人」や「被害者」にはなりませんでした。

家事使用人へのポワロの優しさ

ここまでは家事使用人のミステリにおける立ち位置について語ってきましたが、ポワロという探偵を魅力的に映すための存在としても、家事使用人は重要なものでした。この「家事使用人との接し方」について自覚的だったのが、ドラマのポワロです。

家事使用人は多くの場合、透明化しているか、社会的地位の低さから重要視されていません。しかし、事件の聞き込みを行い、家事使用人に接するポワロは家事使用人への「優しさ」がありました。横柄な態度も取らず、情報源として高圧的に接して利用することもせず、事件に接した家事使用人に優しく接しているのです。

「盗まれたロイヤル・ルビー」でプディングを作ったコックへの称賛と危機を知らせてくれたメイドへの感謝を伝える姿や、「ゴルフ場殺人事件」で証言を迫られるメイドの横に腰掛けて目線を合わせる姿にあらわれています。

ポワロが「家事使用人と同じ目線で話す」「礼儀正しさを相手によって変えない」「相手の話を真摯に聞く」態

度は常に守られており、犯罪者に対峙する時の峻厳なポワロと異なっています。

その態度が際立っているのが、第1話「コックを捜せ」で登場したメイドのアニーとの接し方です。象徴的なのはポワロがメイドの手を握ったシーンと、もうひとつ、ポワロがアニーにもう一度会うシーンです。

依頼主にすげなくされたポワロはアニーに助けを求め、屋外から階下の彼女のいる職場へ向かいます。ガラス越しにアニーと目があうと、ポワロは普段から行う上流階級の夫人に接するのと同じ帽子に手をやる挨拶をしました。アニーもポワロを見ると笑顔になり、目を輝かせました。

このように家事使用人と接するキャラクターを、私はあまり見たことがありません。私が好きなのは「デビッド・スーシェが演じるポワロ」であり、そしてその彼が魅力的に見える要因のひとつに「家事使用人への態度」（もちろん、家事使用人に限ったものではありません）があることを知ることができたのは、大きな発見でした。

なお、ほとんどの家事使用人は無条件にポワロや警察の捜査に協力的で、事件に何かしら関与していない限りは、正直に事件の証言を行ってくれます。しかし、例外的に「女主人のために」捜査の協力を妨害したのが、第53話「ホロー荘の殺人」に登場する執事ガジョンでした（詳細は同話の解説を参照）。

最後にもうひとり特徴的な家事使用人を挙げるならば、第12話「ベールをかけた女」でポワロを警察送りにしたハウスキーパーのミセス・ゴッドバーです。警察の協力も得ないままに、怪しい格好で行けばそうした対応は当たり前かも知れませんが。

第31話 ABC殺人事件

THE ABC MURDERS

該当原作作品

『ABC殺人事件』

主要登場人物

アレキサンダー・ボナパルト・カスト
行商人。

メアリ・ドローワー
メイド。1番目の犠牲者の姪。

ミーガン・バーナード
2番目の犠牲者の姉。

ドナルド・フレイザー
2番目の犠牲者の恋人。

フランクリン・クラーク
3番目の犠牲者の弟。

ガイド

⊙**見どころ**──『ABC殺人事件』はクリスティーの代表作品の一つです。原作を知らなくても何かしらの法則性に基づき、人が殺されていく形式のミステリ作品に接している方は多いでしょう。

被害者の名前がアルファベット順となる殺人が発生し、現場には英国の歴史ある鉄道ガイドでアルファベット順に駅名を案内する『ABC鉄道案内』が残されました。劇場型の予告犯罪であり、殺害の状況調査と事件を未然に防ごうとする取り組みが並行して進み、姿なき殺人者の正体を追い詰めていく展開が、半月程度の時間で進みます。

ポワロの推理は「誰がこの殺人で得をするか?」という点で首尾一貫しています。しかし今回は被害者が商店主、カフェのウェイトレス、そして大富豪とバラバラでした。かつ、これまではあまり移動せずに「一つの事件」を捜査しましたが、「複数の起こった事件」と「これから起こる事件」に追われ、英国中を移動することになります。

原作を踏襲して、「ABC殺人事件」は物語に事件現場に居合わせる謎の行商人カストの視点を定期的に織り込むところも、視聴者の関心を呼ぶ作りです。

あらすじ

ポワロはある犯罪に巻き込まれる。それは1週間前に届いた、探偵としてのポワロを挑発する文章に続き、「（1936年）8月21日、アンドーヴァー（ロンドンの南西にある小さな町）に気をつけろ」という犯罪予告のような手紙から始まった。

ポワロの相談を受けていたジャップがアンドーヴァーの警察に確認すると、21日にアリス・アッシャーという小さな商店を営む老婦人の殺害事件があった。事件の後、ポワロに犯人からまた手紙が届き、「最初のゲームは私の勝ち」「次は25日のベクスヒル海岸（ロンドンの南にある海辺の観光地）」と次の殺人を予告する。

ポワロは犯人の行動を推測し、予告状の名前はABCで、最初の被害者はアリス・アッシャー（頭文字がAA）、場所はAから始まるアンドーヴァーだったことと次のベクスヒルがBで始まることから、BBの頭文字の名前の人が狙われるのではないかと語った。

警察の警戒をよそに、殺人は続いていく。

⊙**サポーターの組織**――これまでになかった動きが、連続殺人の被害者の関係者たちが集まり、ポワロの捜査に協力する点です。彼らは会合を行い、情報を持ち寄り、最後の事件では予告された現場に足を運び、犯人逮捕に尽力しました。この規模でポワロと同時に動いてくれるアマチュアの協力者が現れることは、ほとんどありません。

⊙**新聞報道**――ジャップがメディアに情報を公開したため、新聞各紙の連続殺人の報道も加熱し、ドラマ内では何度も事件を報じる新聞紙面が取り上げられました。4回目の殺人予告では、予告日と予定地までが公開されて、読者に警戒を促しました。

英国の新聞では殺人事件（裁判含めて）は人気コンテンツの一つで、19世紀末の未解決事件「切り裂きジャック」が最たるものでした。殺人者が捕まらないままでいることは世の中に不安を与えますので、事件解決をする警察のジャップや名探偵ポワロは、読者を安心させる「犯人逮捕」を提供する時代の寵児のようなもので、真犯人はだからこそポワロの名声を利用したのでしょう。

⊙**事件の結末**――ドラマで真犯人はポワロのハッタリに引っかかり、逃げようとします。原作で犯人は銃で自殺しようと自身の頭を撃つものの、ポワロは友人のスリを使用人に変装させて、銃の弾を抜き取らせていました。これは、ポワロがこの残酷な連続殺人事件の真犯人に自殺を許さず、罰を受けさせるためでした。

第32話

雲をつかむ死

DEATH IN THE CLOUDS

該当原作作品

『雲をつかむ死』

主要登場人物

スティーブン
ホーバリ伯爵。

セシリー
スティーブンの妻。

ベネシア・カー
貴族令嬢。伯爵夫妻の友人。

マダム・ジゼル
社交界専門の金貸し。本名はマリー・モリソー。

ノーマン・ゲール
歯科医。

ガイド

⊙**見どころ**――空の上にある飛行機の中で行われた殺人事件は、非常に独特な構図を持っています。飛行中で人の出入りがないため、同乗者の中に犯人は限定されます。かつ、乗客の中には犯行時間に起きていた者もおり、客室乗務員も給仕をしている中で、どうやって誰にも目撃されずに被害者の首に吹き矢で毒矢を刺したのかが、焦点となります。

さらにいえば、世界的名探偵のポワロのいる空間で殺人が起こったのです。

原作の巻頭に飛行機のそれぞれの登場人物の位置を示す席図（ポワロは被害者の斜め前の席）があり、本文でも全員の荷物・所持品が説明され、様々な証言から仮説を立てて、読者にも犯行に結びつけられる情報が提供されます。「誰が犯人だろうか」と問いながら小説を読むことができるのです。ドラマではすべての情報を伝えきれないため、この演出が変わっています。

⊙**あやうく犯罪者になるところだったポワロ**――原作では飛行機の到着後にマダム・ジゼルの検死審問が行われ、各人が証言者として呼び出されます。ポワロの席が被害者に近く、また犯行に使われたであろう吹き矢の筒が見つかったのもポワロの席だったため、検死審問の陪

あらすじ

ポワロは観光でフランスを訪問し、各地を散策する。その道中で飛行機の客室乗務員ジェーン・グレイや、歯科医ノーマン・ゲイルと知り合った。また、尊大な態度で過ごすホーバリ伯爵夫人の姿を何度か目撃する。ちょうどパリではテニスの全仏大会が開かれており、観戦に来た彼らの前で英国のスター選手フレッド・ペリーが優勝する。

英国への帰路となる飛行機の中で、ポワロは大会観戦を終えたジェーンやゲイル、そしてレディ・ホーバリーやその友人ベネシアなどと乗り合わせる（ジェーンは客室乗務員として）。飛行機が英国へ入り、クロイドン空港への着陸が近づく中、乗客のマダム・ジゼルが首に毒矢を刺されて死んでいた。機内には毒が付着した吹き矢が見つかる。

空港ではジャップが待っていて、ポワロとともに搭乗者の調査や機内での行動・目撃情報を確認するが、決定的な証拠が出ずに全員が解放される。ポワロはジャップと事件の調査を続けた。

審員たちは「ポワロが犯人」と結論を出します。検死官はポワロの名声と実績を知っていたのでこの結果を馬鹿馬鹿しいとして棄却し、犯人不明のまま調査が続きます。

ドラマでポワロは自身の無実を証明するため、すぐに指紋を採取するようにジャップへ要望するのも無理のない環境に置かれていました。

なお、指紋捜査を含めて、警察は科学の力を借りて捜査力を高めてきました。『犯罪・刑罰・社会』（松柏社、1998年）によれば、1869年に常習犯登録係を創設して犯罪者のデータベース化が始まりました。記録と人物の同定に写真が用いられたものの、似た顔を持つ別人を誤認逮捕したアドルフ・ベック事件もあるなど、問題がありました。そこで1901年に首都警察副総監に任命されたサー・エドワード・ヘンリーが、指紋で個人を同定する指紋部門を編成しました。

ドラマでは新しい科学的捜査を、ジャップが自慢します。第4話「24羽の黒つぐみ」では最先端の科学捜査班が登場し、最後の舞台劇にも協力しました。この捜査班は1934年にC・T・シモンズが英国に来て組織を整えました。また第13話「消えた廃坑」に登場した無線による警察車両の中央管制も、1934年からでした。

⊙**探偵助手**——今回もミス・レモン、ヘイスティングスが不在であり、探偵助手を客室乗務員のジェーンが務めました。また、彼女に好意を持つ歯科医のノーマン・ゲイルもポワロの捜査に協力しました。

第33話 愛国殺人 ONE, TWO, BUCKLE MY SHOE

該当原作作品

『愛国殺人』

主要登場人物

ヘンリー・モーリィ
歯科医。銃で自殺。

マーチン・アリステア・ブラント
銀行家で富豪。

メイベル・セインズベリー・シール
ブラントのインド時代の知人。

グラディス・ネヴィル
モーリーの秘書。

フランク・カーター
グラディスの婚約者。

ガイド

◉見どころ――当初は自殺に思えた事件から死亡者が続き、事件は謎を深めていきます。その中心人物として「本当は狙われていたのではないか？」と目されたのが、国家の要人で富豪のアリステア・ブラントです。原作のブラントはロンドンに邸宅を構え、ケント州、ノーフォーク州にも屋敷を持つ、大富豪の名に恥じない生活をしていました。

ドラマ内でポワロは彼の別邸を訪問し、歓待を受けます。執事が給仕を行い、庭師もいるこの立派な邸宅のロケ地は、第26話「二重の手がかり」のハードマン邸と同じです。

◉国家の状況――ネヴィルの恋人カーターが所属するこの時代の英国のファシスト政党は「イギリス・ファシスト連合」です。入閣経験もある政治家オズワルド・モズレーが率いる政党で、ヒトラーやムッソリーニのファシスト政権の強い影響を受けていました。第6話「砂に書かれた三角形」に登場したイタリアの黒シャツ党を模倣し、彼らも黒い党服を着用して、黒シャツ党とも呼ばれました。作中では200万人以上の失業者がいるという中、保険会社の職員職を失ったフランク・カーターが、変化を期待してその政治活動に参加するのも無理のないことでした。

あらすじ

ポワロが治療を受ける歯科医ヘンリー・モーリーが、ある日、銃で自殺する。死体が見つかるまでの時間に、歯科にいたのはポワロ、歯科医の秘書ネヴィルの婚約者カーター、銀行家で政界の有力者アリステア・ブラント、ポワロとすれ違ったメイベル・セインズベリー・シール、メイベルの知人のギリシア人アンベリオティス、そして歯科医の取次のボーイ、アルフレッド・ビッグスだけだった。

　ジャップとポワロはその日の訪問者を調べる。秘書ネヴィルは偽の電報で呼び出され、その時間、不在だった。さらにアンベリオティスが宿泊するホテルに行くと、30分前に彼は死亡していた。モーリーの自殺は、アンベリオティスへの治療ミスの責任をとったものとも考えられたが、関係者への聞き込みは続き、ジャップはメイベルに検死審問の証言台に立って欲しいと依頼し、快諾を得る。

　ところが当日にメイベルは姿を見せずに失踪し、しばらくして死体で見つかった。

原作では、モーリィにパートナーのアイルランド人歯科医ライリイがおり、同じ時間に彼の治療を受ける人々もいました。その患者のひとりはアリステアへの暗殺陰謀論をポワロに伝え、ライリイの実行犯としての可能性も示唆しました。ただ、ライリイに紐づく設定を盛り込むと、登場人物と政治背景が複雑になるため、割愛したようです。

⊙**ジャップ家訪問**――初めてジャップの家が出てきました。典型的な中流階級（中～下）が住む、ロンドン郊外にあるセミデタッチトハウス（一棟建てに見える家が真ん中で分割されている）です。

　日曜の午後に約束もなく訪問するポワロにしっかり紅茶を出すジャップに対して、「ティザンは無い？」と聞いたり、飲んだお茶の味に一瞬顔をしかめたりなど、ポワロらしさは全開でした。

⊙**原題**――英国の童謡の“One, Two, Buckle My Shoe”（いち、にい、わたしの靴のバックルを締めて）で、各章のタイトルもそれに準拠しています。「じゅうさん、じゅうし、女中たちはくどいている」「じゅうご、じゅうろく、女中たちは台所にいて」「じゅうしち、じゅうはち、女中たちは花嫁の支度」（『愛国殺人』）とあるように、この童謡には「女中たち」（英語ではMaids）が謡われています。邦題はアメリカでの原作のタイトルの訳出で、「国を愛するがゆえの殺人」が正当化されるか、という問いを投げかけるものです。

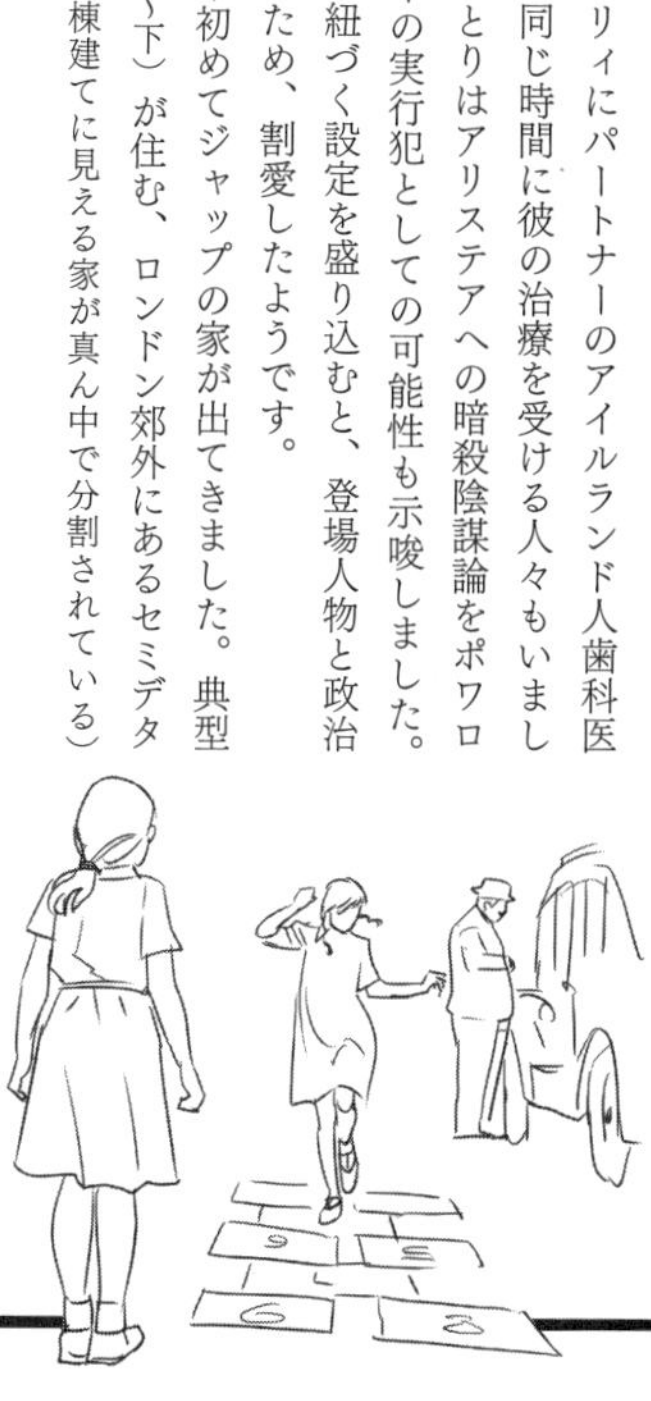

第34話 エジプト墳墓のなぞ

THE ADVENTURE OF THE EGYPTIAN TOMB

該当原作作品

「エジプト墳墓の謎」（『ポアロ登場』所収）

主要登場人物

ジョン・ウィラード
エジプトの考古学者。サー。

ガイ・ウィラード
ジョンの子息。サー。

フェリックス・ブライブナー
富豪のアメリカ人。甥と秘書を伴う。

レオナルド・フォスウェル
大英博物館の博士。

ロバート・エイムズ
調査隊に同行する医師。

ガイド

⦿**見どころ**―再び、短編原作に戻ります。原作ではメンハーラ王墳墓の発見は、「カーナーヴォン卿とともに考古学者カーターがツタンカーメン王の王墓を発掘した直後」（『ポアロ登場』）と記されています。

このカーナーヴォン卿こそが、英国貴族の家族と家事使用人を描いたドラマ『ダウントン・アビー』の舞台となる屋敷、ハイクレア・カースルの所有者たる伯爵の一族です。この話の元ネタは、発掘を支援した第5代カーナーヴォン卿がカイロで急死し、その後も関係者が死んだことが「呪い」だと報じられたことがベースになりました。ただ、実際に発掘後に急死したのは卿だけで、死因も判明しています。

⦿**アメリカとの距離**―今回、ポワロはアメリカの知人であるニューヨーク市警に電報を打つようにミス・レモンに頼みました。英国とアメリカは19世紀半ば以降に大西洋横断海底ケーブルの敷設が行われて、有線通信で結ばれていました。現代のインターネットの先駆けのような環境が作られていたのです。ミス・レモンが電報の文字数を減らそうとしているのは、料金が文字数で変わるからでしょう。

あらすじ

エジプトのメンハーラ王の墳墓を発見した英米合同調査隊の中心メンバーだったサー・ジョン・ウィラードは、墳墓の扉を開けた際に急死する。その死が王の呪いだという報道を信じかけた妻のレディ・ウィラードは、エジプトの調査隊に加わる息子ガイの身を案じてポワロに相談するが、同席したガイは母の心配を一笑に付した。

ところが調査隊のスポンサーだったアメリカの大富豪フェリックス・ブライブナーが急死。結婚のため帰国した甥ルパートも自殺し、渡米していて面会を申し込んだヘイスティングスが第一発見者になる。悪い出来事は連鎖し、調査隊メンバーのシュナイダー博士も重体となる。

その後、ポワロは「呪いの連鎖」を気に病むレディ・ウィラードに再度依頼を受け、既にエジプトへ渡った息子ガイの後を追い、ヘイスティングスとエジプトへ向かった。

たまたまヘイスティングスがニューヨークにいたため、宛先はヘイスティングスへ変わりましたが、気軽に情報をやりとりできるぐらいにアメリカと繋がっていました。

⊙**神秘描写**―ドラマのミス・レモンはオカルトが好きで、過去に降霊術を披露したり、今回もタロット占いをしたり、英国版コックリさん（ハート形のボード「プランシェット」にペンを挿して、紙の上で自由に文字を書かせる。文字が記載された「ウィジャボード」の上で「プランシェット」を動かす形式もある）を行うなど、ドラマに色を添えました。ポワロ自身は迷信深くはありませんが、そうした存在やそれを信じる人を尊重する姿勢が見られ、最後にも「迷信の力というのは偉大なものだ」と述べます。

⊙**１９３０年代のエジプト**―英国は長くエジプトを影響下に置きました。１８７５年にはスエズ運河の株の買い付けを行い、１８８２年には暴動を経て軍事介入し、長く英軍を駐屯させて実効支配していました。

第28話「盗まれたロイヤル・ルビー」で宝石を盗まれたファルーク王子は英国に留学経験がある国王として、１９３６年に即位しました。この年には英国とエジプトは同盟条約を結び、英軍駐留はスエズ運河に限定され、エジプトは独立に向けた道を進みました。

⊙**英国紳士たち**―調査隊は発掘現場のテントでディナーを食べる際に、暑い地域に対応した白のタキシードを着ていました（ポワロは黒のまま、ヘイスティングスは白）。日中も、現地の若い人たちはジャケットを着ていない中で、ポワロはいつも英国で着る素材と思しきスーツ姿で、かつ手袋もしました。一方、ヘイスティングスは現地対応しているところに、ふたりの気風の違いが演出されています。

第35話 負け犬

THE UNDERDOG

該当原作作品

「負け犬」（『クリスマス・プディングの冒険』所収）

主要登場人物

ルーベン・アストウェル
アストウェル化学社の社長。ナイト。

ナンシー・アストウェル
ルーベンの妻。

ビクター・アストウェル
ルーベンの弟。共同経営者。

チャールズ・レバソン
ルーベンの甥。

ホレース・トレフューシス
博士。アストウェル化学社の主任科学者。

リリー・マーグレイブ
ナンシーのコンパニオン。

ガイド

⦿**見どころ**――「負け犬」は、「屋敷で起こる殺人事件」というクリスティー作品における鉄板の展開をしています。

被害者となるルーベンは金のためならば手段を選ばない人物として描かれ、ディナーの席でもドイツとの戦争が近いことを告げ、最初にベルギーが落ちると無神経な発言をします。これは、ドイツの侵攻を受けてベルギーから英国へ難民としてやってきたポワロの感情をいたく傷つけるものでした。

ポワロが期待したベルギーのミニチュアブロンズのコレクションも、ルーベンにとっては金儲けの手段の一つで、ポワロはこの点でもひどく腹を立てます。「ディナーに出たワインは、彼の化学工場で作られたものに違いない」という罵倒は、グルメなポワロらしい言葉でした。

⦿**実業家の屋敷**――ドラマに登場する実業家の屋敷は新しいものが多く、この屋敷もモダンな外観から1930年代の竣工でしょう（屋敷名は「The Uplands」）。実業家らしく、ここから通勤しているようでした。

あらすじ

ポワロは、ヘイスティングスが友人チャールズ・レバソンと参加するゴルフ大会に同行する。目的はチャールズの伯父サー・ルーベン・アストウェルが所有する、ベルギー製のミニチュアブロンズの鑑賞だった。

ルーベンは化学会社を経営する資産家で、ポワロとヘイスティングスはその屋敷でのディナーに招かれる。参加者は、ルーベン、妻のナンシー、弟で共同経営者のビクター、甥のチャールズ、レディ付きコンパニオンのリリー、そしてトレフューシス博士だった。

食後にコレクションの鑑賞を終えたポワロたちは屋敷近くの宿泊するホテルへ戻る。

翌朝、ルーベンの死体を、彼の書斎に入ったメイドが発見した。容疑者となったのは、夜中に帰宅して書斎に入ったのを目撃されたチャールズだった。

社長兄弟が住む家だけあって屋敷には執事とメイドがおり、さらにコンパニオンも雇用されています。表立って描写されるのは彼らだけですが、原作ではメイドは3名以上いたり、ポワロの出迎えにロールス・ロイスが来たりしました（原作ではポワロの探偵助手として従者ジョージが登場し、活躍します）。

隠れたメイド回としても、記憶されます。メイドのグラディスは死体の第一発見者で、驚いて朝食を載せたトレイを落とします。また、血のついたシャツを洗うチャールズを目撃した証言者になりました。さらに、彼女は作中でメイド服を4種類着ており、製作者のこだわりを感じます。彼女が手を怪我した時に、居合わせたポワロがすかさずハンカチを差し出す紳士らしさを見せるのも、好感触です。

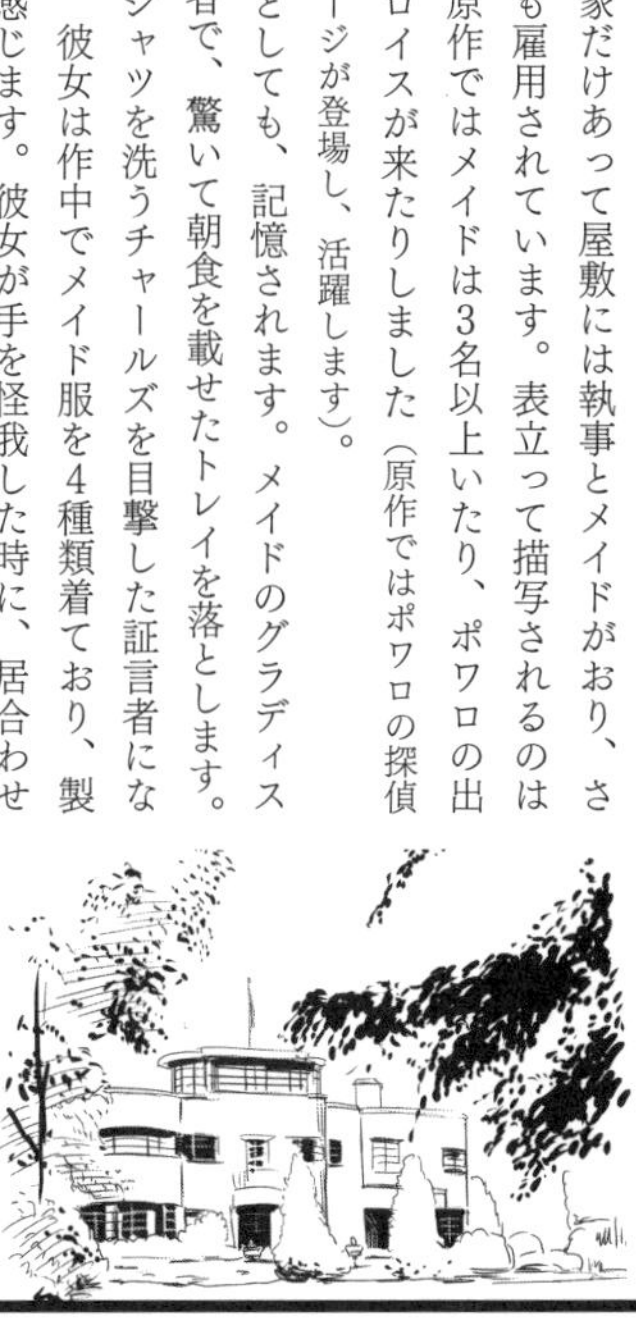

執事パーソンズも、事件で重要な「証言する使用人」の役割を果たしました。

⊙**コンパニオン**―コンパニオンは、これまでに第20話「スタイルズ荘の怪事件」と第21話「あなたの庭はどんな庭？」に登場し、事件の多くに関わりました。厳密な意味での家事使用人ではないため、屋敷を自由に動き回り、食事も雇用主と一緒に食べました。

リリーは、ある目的のために「紹介状」を偽造します。紹介状とは家事使用人の世界で最も重要な書類で、前職の雇用主が次の雇用主に対して書き送る書面・推薦状でした。そこには雇用主の目から見た勤務態度やスキル、経歴などが記載されました。リリーのように身分が高い公爵夫人から紹介状を得られれば転職も容易でした。

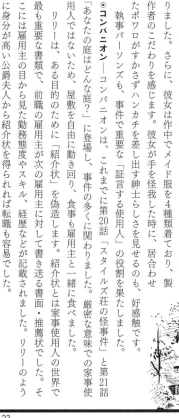

第36話 黄色いアイリス

THE YELLOW IRIS

該当原作作品

「黄色いアイリス」（『黄色いアイリス』所収）

主要登場人物

アイリス・ラッセル
労働党の貴族院議員だったロードの娘。

バートン・ラッセル
アイリスの夫。ソブリン石油の共同経営者。

ポーリン・ウェザビー
アイリスの妹。

スティーブン・カーター
バートンのビジネスパートナー。

アンソニー・チャペル
ジャーナリスト。ポーリンの婚約者。

ガイド

⊙**見どころ**——物語の展開は「過去の事件」「ロンドンで関係者に現状を聞く」「レストランに再結集する」「その場で、過去と同じ事件が起こる」、そして「真犯人をポワロが追い詰める」と場面転換も少なく、直線的です。

場面が少ない分、ポワロが行動できる時間は非常に少ないものでした。過去の事件の犯行動機や「なぜもう一度、レストランに集められたのか？」について状況を把握した上で、事件現場に立ち会い、さらにそこから被害者の命を救い、真犯人を追い詰めるためのトリックを駆使するという離れ業を演じることになります。

「過去の事件の解決」と「未来に起こる事件の予防」を両方実現するこの結末は、名探偵の名にふさわしいものでしょう。

⊙**ベルギー人とフランス語**——「フランス人ではない、ベルギー人だ」とは、ポワロを演じるデビッド・スーシェが最初にあげた指針でした。ベルギー人のポワロがフランス語を会話に織り交ぜ、フランス人に間違われるのは、ベルギーの特性にあります。

ベルギー北部フランドル地方ではフラマン語（オランダ語系）、南部ワロン地方ではフラ

あらすじ

ポワロはレストラン「白鳥の庭」(ル・ジャルダン・デ・シーニュ)の開店を知り、また黄色いアイリスの花を受け取る。レストランの名と黄色いアイリスは、ポワロに2年前のアルゼンチンでの未解決事件を思い起こさせた。

当時ヘイスティングスを訪ねてアルゼンチンに行ったポワロは、現地のゼネストでホテルに足止めされる。そこで知り合ったジャーナリストのアンソニーは、石油利権で疑惑があるソブリン石油経営者のバートンとカーターを追いかけていた。彼はバートンの妻アイリスが、自分の婚約者ポーリンの姉であることを利用し、彼らの会食に潜り込んだ。

ポワロも居合わせたその会食の場、レストラン「白鳥の庭」で事件は起こる。乾杯の後、アイリスが急死。毒殺の疑いもあったが、翌日にクーデターも発生し、ポワロは国外追放され、事件は有耶無耶になる。

それから2年が経ち、ポワロは「白鳥の庭」へ赴き、事件の夜の参加メンバーが再び集まるのを知る。

ンス語、ドイツに近い東部の限られたエリアではドイツ語を、それぞれ用いました。ポワロはフランス語圏の出身なのでしょう。母から教わった「リエージュ風のウサギの煮込み」に含まれるリエージュも、フランス語圏のワロン地方にありました。

アルゼンチンでクーデターを起こした軍に、ポワロが連れ去られるシーンで、「フランス大使館に伝えます」と言うアンソニーに、「ベルギー大使館です!」と応じました。

母国の公用語を話しながらもベルギー人であることが伝わらないのはストレスでしょうし、「フランス人ではない、ベルギー人だ」という台詞はポワロのアイデンティティと言えます。

⊙**英国料理**—グルメなポワロの描写がちりばめられています。朝食としてジャムを乗せた小さく切ったトーストを食べていると、ヘイスティングスからイングリッシュ・ブレックファスト(ポリッジ、卵二つ、ソーセージ、ベーコン、トマト、トースト、マーマレード、紅茶)を食べるべきだと言われます。ここでヘイスティングスに、「英国の料理が苦手か?」と聞かれると、「英国に料理はない。食べ物だ」と返し、さらに「肉は焼き過ぎ、野菜はゆで過ぎ、チーズは食べられない、もしも英国人がワインを作る日が来たら私はベルギーに帰る」と応じました。レストランで食事をし損ねたので、ラストシーンはフィッシュ&チップスを食べます。ここでも「暗くて寒くて飢えている時ならば食べられる」と語りました。

犯罪者に対するよりも、食に関する辛辣な語彙が豊富なポワロです。

第37話

なぞの遺言書

THE CASE OF THE MISSING WILL

該当原作作品

「謎の遺言書」（『ポアロ登場』所収）

主要登場人物

アンドルー・マーシュ
資産家。ヴァイオレットの後見人。

ヴァイオレット・ウィルソン
アンドルーの養子。

マーチン・マーサー・プリチャード
アンドルーの主治医。

ロバート・シダウェイ
大学生。父は弁護士、母は看護師。

ピーター・ベーカー
青年。父は警官、母はマーシュ家のハウスキーパー。

ガイド

⦿見どころ——短編「謎の遺言書」は、ドラマ化で大きく変わっています。原作ではヴァイオレットがポワロの事務所を訪ね、伯父アンドルーの遺言の謎を解くことを依頼します。ケンブリッジ大学ガートン・カレッジ出身で働くヴァイオレットを、「女性は家庭で学ぶべき」と考えた伯父は認めませんでした。「1年以内に謎を解け。解けなければ財産は全て慈善団体に寄付」というのが伯父の残した課題でした。

ドラマでは「大金持ちが若い女性相続人に遺産を残す」ことは同じですが、その遺言が失われ、かつ遺産相続する人物が増加し、利害関係が複雑化しました。

⦿女性の機会——ドラマのヴァイオレットもケンブリッジ大学の学生で、学生評議会の議題となった「男女平等に反対する」に対して、議論に参加できない女性の立場を改善してからだと主張したり、女性のための新しい出版を企画してポワロに融資を求めたり、積極性を見せます。アンドルーはヴァイオレットを高く評価し、財産を全て彼女へ残そうとしました。ポワロもヴァイオレットの支持者として描かれました。

ケンブリッジ大学には、女性のために作られたガートン・カレッジがありました。フィ

あらすじ

ポワロは友人のアンドルー・マーシュに呼ばれ、彼が参加するケンブリッジ大学の学生評議会の議論を傍聴する。そこで彼が見たのは才気あふれるアンドルーの養子のヴァイオレットと、アンドルーの友人の息子ロバートだった。

翌日、ポワロとヘイスティングスはアンドルーの邸宅クラブツリーに招かれ、ランチを共にする。アンドルーの周りには友人の主治医プリチャード、シダウェイ夫妻、カレッジの学長フィリダ・カンピオン、そしてヴァイオレットとロバートも参加していた。その折、屋敷で働くハウスキーパーのマーガレット・ベーカーの息子ピーターが、軍隊から休暇で戻ってくる。

屋敷に宿泊したポワロに、アンドルーは自らの命が長くないこととヴァイオレットに全財産を残す遺言を新しく作ると語り、ポワロに執行人になって欲しいと頼む。翌朝、アンドルーが死体となって見つかり、さらに彼の新しい遺言は盗まれていた。

リダはその学長でしょう。大学が女性を学生として正式に認めなかったため、学位は授与されませんでした。ドラマ内で行われた非公式の卒業式には、そうした背景があります。

なお、評議会の議論でロバートが、「来るべきヨーロッパの大戦では女性も戦争に参加する」として女性の農場や工場での労働、従軍を挙げましたが、第一次世界大戦で実現されています（従軍は主に非戦闘任務）。

⊙**クラブツリー荘**――屋敷が舞台の回です。家事使用人はハウスキーパーのみで、彼女は敷地内の家に住んで「通い」で仕事をしました。ただ、原作で「小さな家」と描写されたクラブツリー荘は、ドラマではテニスコート、広い庭、「フォリー」（装飾や雰囲気を優先した離れの建物）があり、ヘイスティングスとヴァイオレットが並んで馬に乗って散歩しているなど、庭師や厩舎のスタッフなども必要な規模の屋敷でした。

ピーターは帰省時、家に立ち寄ったものの誰もいなかったので、母に会うため、屋敷に来ましたし、その際も正面玄関から入りました。この屋敷では「家事使用人」ということから生じる主人との差があまり無かったようです。

⊙**結婚証明書**――ドラマでは事件の利害関係を知る手がかりとして、結婚証明書が重要な位置を占めています（第5話「4階の部屋」、第33話「愛国殺人」）。結婚や出生、死亡などの戸籍類はロンドンのサマセットハウスで管理され、今回はミス・レモンが照会・取り寄せました。

第38話 ― イタリア貴族殺害事件 ― THE ADVENTURE OF THE ITALIAN NOBLEMAN

該当原作作品

「イタリア貴族殺害事件」（『ポアロ登場』所収）

主要登場人物

フォスカティーニ
イタリア貴族で伯爵。

エドウィン・グレイブス
フォスカティーニの従者。

マルゲリータ・ファブリ
イタリア車販売店の店員。

マリオ・アスカニオ
伯爵への来客。

ブルーノ・ヴィッツィーニ
イタリア車販売店の経営者

ガイド

◉**見どころ**―ドラマでたまにある、駐英外国人が関わる回です。ヘイスティングスがイタリア車を買い、イタリア貴族、イタリア大使館が登場、そしてマフィアより古いという犯罪結社「マスナーダ」が話に絡んできます。

注目は、ミス・レモンの恋人グレイブスです。ミス・レモンを「フェリシティ」というファーストネームで呼んだ、希少な人物でした。彼はフォスカティーニ伯爵の使用人にもかかわらず、秘書と偽りました。彼は「使用人では相手にしてもらえなかった」と釈明し、ミス・レモンも「そうかも」と応じました。

グレイブスの職業ヴァレットは上級使用人と呼ばれる上位職で、主人と接する機会も多く、給与も相対的に高い部類でしたが、英国では家事使用人の社会的地位は低く、秘書のミス・レモンからすると積極的に接する対象ではありません。「職場の外では自分がメイドであることを知られたくない」と語るメイドも当時はいました。

◉**フラット**―伯爵はフラットのアディスランド・コートに居住していました。キッチンスタッフが常駐し、料理は電話で注文を受け、一品ずつ料理をリフトで下ろし、食べ終わっ

あらすじ

ヘイスティングスはポワロとイタリア車を販売するエリーソ・フレッチアの店舗を訪れるが、その場では購入を決断できない。事務所へ戻ると、正確性を重んじる秘書ミス・レモンが珍しく遅刻して戻ってきた。ポワロは恋人とのデートだと察し、恋人の名前を聞き出し、事務所に招くように伝える。ヘイスティングスはそのことに驚いていた。

事務所に来たグレイブスはイタリア貴族フォスカティーニ伯爵の私設秘書で、第一次世界大戦中は海軍に属していたと語り、所有する船の写真を見せる。彼はまた、伯爵は奪われた極秘書類の買い戻しを政府に依頼されており、私立探偵にそれを相談しようと考えていると語った。

ポワロとヘイスティングスが知人の医師ホーカーの家でディナーを食べている時、医師宛に急患の連絡があり、現場へ赴くと、フォスカティーニ伯爵が殺されていた。姿を見せたグレイブスはそこで、秘書ではなく家事使用人の従者だったと判明する。

た食器はリフトで戻してもらう省力化した流れで、サービスはホテルに似ていました。伯爵は、猫も飼っていたようです。

フラットの管理会社が管理人やメイドなどを雇用し、建物の維持管理や部屋の清掃などを任せられる物件もありました。個人で家事使用人を雇用するより手軽でした。

コックがいたキッチンにはガスコンロがありました。19世紀に主流だった石炭は着火も温度調整も難しく、周囲の温度を上げやすく、煤で調理器具を汚し、仕事を大幅に増やしました。一方、ガスはすべてが簡便でした。

同様のインフラに電気があります。蠟燭やランプのオイルを使わなければ、掃除の手間が省けます。1939年までに75%の世帯がガスを使用し、また66%の家が電化していたと言われています。家事使用人をそれほど必要としない時代になっていたのです。

⦿**ヘイスティングスと車と友情**——ヘイスティングスの車好きが発揮される回です。冒頭からイタリア車を買うのを悩みました。車に詳しいところを店員のマルゲリータに見せようとするも、知識は彼女の方が圧倒的に上で、言葉を失います。

見せ場はヘイスティングスのカーチェイスで、正面衝突で真犯人の車を止めます。しかし、乗車した車は、納品予定の彼の新車でした。ヘイスティングスの車が大破したのは第5話「4階の部屋」以来です。またヘイスティングスはグレイブスの卑劣な振る舞いに憤り、「これは、ミス・レモンの分だ」とグレイブスを殴りました。良い人です。

第39話 チョコレートの箱

THE CHOCOLATE BOX

該当原作作品

「チョコレートの箱」（『ポアロ登場』所収）

主要登場人物

ポール・デルラール
政治家。大臣。

マダム・デルラール
ポールの母。

ザビエール・サン・タラール
伯爵。ポールの友人。

ヴィルジニー・メナール
ポールの妻マリアンヌの従妹。

クロード・シャンタリエ
警察官。ポワロの友人。

ガイド

⊙**見どころ**──ポワロのベルギーでの警察時代が初めて映像化され、制服を着用した若き日のポワロの活躍が見られます。原作とドラマの最も大きな違いは、依頼人となるヴィルジニーとポワロの間に好意のやりとりがあることです。

ポワロはヴィルジニーに惹かれており、半ば私情も入って捜査をしているようにも見えました。検死審問の結果を疑ったヴィルジニーに味方はなく、彼女は自分を信じてくれたお礼として、ポワロにスーツのボタン穴に挿して飾る「フラワーホルダー」（フランス語でブートニエール）をプレゼントしました。

このフラワーホルダーこそ、ドラマ版ポワロの愛用ステッキと同じく、特徴的なアイコンで、ポワロがスーツ着用時に愛用していたものであり、その由来が説明されました。ヴィルジニーとポワロは最後に再会するものの、彼女はポワロの友人の薬剤師ジャン・ルイ・フェローと結婚し、若き日の慕情は結末を迎えます（原作で彼女は修道女に）。

⊙**政治家ポールの立場**──ベルギーではフランス語とフラマン語とドイツ語が共存していました。ベルギーは１８３０年にオランダから独立し、１８３９年にオランダと平和条約を結

あらすじ

ジャップは刑事としての活動と貢献をベルギー政府から高く評価され、「金の枝」勲章を受勲することになる。ポワロはジャップに同行し、ベルギーへ帰国。滞在先のホテルで、ポワロは警察時代の同僚クロード・シャンタリエと出会い、久闊を叙した。ジャップを交えた食事の席で、ポワロはクロードと取り組んだ警察時代の未解決事件を話す。

それは、1913年に起きた政治家ポール・デルラールの毒殺事件だった。死の前に、彼は自邸でディナーを開き、亡き妻マリアンヌの従妹ヴィルジニー、サン・タラール伯爵、ポールの母マダム・デルラール、マダムの相談相手で友人のガストン・ボージュが参加していた。

夜半、書斎で仕事をしていたポールは大好きなチョコレートを食べた後、死に至る。ポワロは警察官として検死審問に参加するが、上司は不審な点はないと証言する。結論に疑念を持つヴィルジニーの依頼で、ポワロは調査を始める。

び、永世中立国化しました。国の宗教はローマ・カトリックで、周囲のドイツやオランダのプロテスタントと異なります。

ポールはこの状況下でオランダの影響が強いフラマン語の軍への導入拡大を進め、カトリック教徒の母や伯爵は、宗教言語にもそれを強いる懸念を持ち、反カトリックのポールの姿勢を疑いました。さらに伯爵は、ドイツとの関係も疑いました。ポールを殺すことは、ベルギーの宗教を守ることになると考えた人がいても、おかしくないのです。彼の死から1年後の1914年に、ベルギーは大戦に巻き込まれます。

⊙**戦前の贅沢な時代**——ポールの屋敷には執事フランソワや複数のメイドやコックなど、大勢の使用人がいました。キッチンにポワロとヴィルジニーが聞き込みに来た時、床掃除をしていたメイドはすぐ手を止めて立ち上がってかしこまり、伸ばした手の先にあるエプロンの腿のあたりをギュッとつかむなど、細かな描写もありました。

この時代の街中には、車ではなく、立派な馬車が走っていました。

⊙**結末**——原作のポワロは失敗談としてヘイスティングスにこの物語を語りました。ポワロは真相に至らず、真犯人から真実を聞きます。ドラマでは最終局面の会話中に真犯人に気づき、推理を変えました。いずれの結末も、真犯人に配慮して真相を伏せました。

第40話 死人の鏡

DEAD MAN'S MIRROR

該当原作作品

『死人の鏡』（『死人の鏡』所収）

主要登場人物

ジャベイス・シェブニックス
美術商・コレクター。

ヴァンダ・シェブニックス
ジャベイスの妻。

ルース・シェブニックス
ジャベイス夫妻の養子。

ヒューゴー・トレント
ジャベイスの甥。

ミス・リンガード
ジャベイスの美術調査アシスタント。

ガイド

⦿**見どころ**—ディナーに出てこなかったジャベイス。その事件の鍵となるのは、当時の習慣である「銅鑼《どら》」の音です。執事は一般に午後8時に開始するディナーの前に銅鑼を鳴らします。1回目は1時間前に鳴らす「ドレッシングゴング」と呼ばれ、ゲストに着替えを促しました。2回目の銅鑼の音は、ディナーの開始を告げるものです。

生前のジャベイスは「午後8時8分に1回目、8時15分に2回目」を鳴らすと説明し、集合させました。

また、珍しいポワロの着替えシーンがあります。ヘイスティングスが1回目の銅鑼の音を聞いてポワロの部屋を訪ね、「支度が遅いな」「間に合うさ」「最初の銅鑼が鳴っただろ?」と会話し、その着替えを手伝うのです。

事件は鍵がかかった部屋での密室殺人となります。

⦿**実業家の屋敷のロケ地**—自己中心的で儀礼を気にしない実業家を、ポワロは苦手としました。このようなある種の「成り上がり」が住む家のロケ地として、製作陣は新しい時期に建てられた建物を選んでいるようです。ハムバラ荘のロケ地Marylandsは1920年代後

あらすじ

　ポワロはヘイスティングスとオークションへ行き、鏡を競り落とそうとする。しかし、目的の鏡は、モダンアートのコレクターで美術商のジャベイス・シェブニックスに競り落とされてしまう。シェブニックスはポワロに詐欺の調査を頼みたいと告げ、鏡を報酬にするので自分の屋敷ハムバラ荘へ来るようにと強引に伝えた。

　仕方なくハムバラ荘へ向かったポワロが聞いた詐欺の内容は、建築家ジョン・レイクの都市開発へ投資した一万ポンドの扱いだった。建築は進んでおらず、ジャベイスは疑念を抱いている。

　また、ハムバラ荘への途上、ポワロはジャベイスの甥のヒューゴー・トレントと、その恋人スーザン・カードウェルと出会う。ヒューゴーはジャベイスの援助を打ち切られ、資金繰りに困っていた。

　人間関係と金を巡る利害が交錯する中、ジャベイスは書斎で自ら頭を撃ち抜いて死んだ姿で発見される。買ったばかりの壁にかけた鏡は、銃弾を浴びてひび割れていた。

半にデザインされたスパニッシュ様式の邸宅でした。必然的に、このような新しい邸内にはその時代の最新の家具や調度品、そして美術品が飾られました。

　屋敷には執事やメイド、コックが揃っており、本当のお金持ちでした。

⊙オカルトは何度でも——ジャベイスの妻ヴァンダは古代の王に仕えたサフラの装飾品を身につけ、そのサフラから「誰かが死ぬ」との予言を受けたとポワロに語ります。娘のルースは母を気味悪がってたしなめますが、ポワロは関心を示します。ポワロは他の人が怪訝に感じるものでも、まず関心を示して目を輝かせるような態度を見せました（信じるかは別として）。ヴァンダの部屋にも、エジプト美術が数多く飾られています。

　事情聴取に来たジャップはヴァンダのこのような話を聞いても何もわからず、ぽかんとしました。それが普通の反応でしょう。

　そして真犯人は、ヴァンダのこのオカルトへの傾倒を利用しました。

⊙推理劇に仕掛けた罠——ポワロは関係者を集めた推理劇を、ハムバラ荘の殺人現場の書斎で行います。ここでいつものようにポワロはひとりずつ関係者が抱える殺人の動機を明らかにし、かつ殺人事件のトリックを明らかにしつつ、さらに罠を用意しました。

COLUMN 4

あなたの家はどんな家？ 事件現場になった家

※ネタバレ注意

アガサ・クリスティーといえば「閉鎖環境となる屋敷での殺人事件」を連想する方が多いかもしれません。私自身も『名探偵ポワロ』で屋敷を数多く見てきた気がしていました。そこで、実際にどれぐらい数の屋敷が舞台になったのかを考察します。

「舞台となる」ことは、「事件が起こる場所になる場合」と、「事件の関係者が屋敷に住んでいる場合」のふたつを指します。数が多いため、前者の「事件現場」を中心に考察を行います。

〈屋敷・邸宅を舞台とする回〉

英国の貴族や地主はかつて複数の屋敷を構えていました。議会やビジネス、あるいは社交の季節（シーズン）を過ごすためのロンドンにある邸宅「タウンハウス」（一棟建ての豪邸と後述するテラスハウスなどの両方）と、土地から収益をあげたり特別なもてなしをしたりする広大な領地に囲まれた「カントリーハウス」です。

元々、貴族を含む地主は領地内の農地を経営したり人に貸して地代を得たりすることを財政基盤としました。

ロンドンや都市部に土地を有していれば不動産から、鉱山や森林、株式を有していれば、それらからも収益を上げました。

こうした富裕層の財政基盤は、19世紀末から様々な切り崩しを受けます。相続税の累進課税化や、社会福祉国家へ進む上での財源確保のための所得税や不労所得への増税などです。第一次大戦時に従軍した上流階級の人々は多く、その死は短期での相続税の課税を重ねました。さらに1930年代にかけての不況も重なり、かつてのようなライフスタイルを維持することは難しい時代になっていました。

ドラマで描かれた新富裕層となる「実業家」の多くは工場経営者、財界の実力者で、「庭園に囲まれた屋敷」に住みました。しかし、屋敷の周囲はあくまで庭園であり、彼らは農業収益をあげる土地を持つ地主ではないのです。

本書ではこれらを「屋敷」として扱います。

❶都市の屋敷（都市の屋敷＋豪華なテラスハウス）

まず都市部の「タウンハウス」で起こった事件は4話で、所有者は主に貴族か大富豪・政界の有力者などです。

【一棟建ての邸宅】

- 第39話「チョコレートの箱」（犯行＝殺人：動機＝制止：現場＝階段、殺人：宗教への攻撃の抑止：書斎）
- 第47話「エッジウェア卿の死」（殺人：夫と死別しての再婚：書斎）
- 第55話「ひらいたトランプ」（殺人：口封じ：応接間）

【テラスハウス】

・第57話「満潮に乗って」（犯行＝爆殺：動機＝嫉妬：現場＝屋敷全体）

この時代にタウンハウスを持っている人々が多くはないことや、事件の舞台としてはテラスハウスと重なることも数が少ない一因となるでしょう。「満潮に乗って」の大富豪ゴードンは、ロンドンとカントリーハウスの両方を持っていた人物としてドラマ内で描かれた少ない事例になります。

第10話「夢」のベネディクト・ファーリーの邸宅は原作では会社の敷地内にあるタウンハウスですが、ドラマでは会社ビルの上部にあるため、カテゴリエラーとして含めていません。

事件現場とならず、主要登場人物が住んでいたり重要な場面で使われたりしたタウンハウスでは、第20話「スタイルズ荘の怪事件」ロンドン滞在中の屋敷、第26話「二重の手がかり」レディ・ランコーン邸、第29話「戦勝舞踏会事件」ユースタス・ベルテイン邸、第36話「黄色いアイリス」バートン・ラッセル邸、第47話「エッジウエア卿の死」サー・モンタギュー・コーナー邸などが該当しました。

❷屋　敷

邸宅と言える領地または庭園に囲まれた「屋敷」は36話、ドラマの半分近くで事件の舞台となりました。このうち「経済的利益を得る・守るための殺人（殺人未遂）」があったのは17話、「それ以外の殺人・殺人未遂」で9話、「自殺未遂」2話、「盗難・誘拐・失踪などの事件」が8話ありました。

【経済的利益を得る・守るための殺人・殺人未遂】

・第11話「エンドハウスの怪事件」（現場＝敷地内）
・第20話「スタイルズ荘の怪事件」（寝室）
・第25話「マースドン荘の惨劇」（敷地内）
・第30話「猟人荘の怪事件」（応接間）
・第31話「ＡＢＣ殺人事件」（敷地内）
・第33話「愛国殺人」（敷地内）
・第35話「負け犬」（書斎）
・第37話「なぞの遺言書」（敷地内）
・第40話「死人の鏡」（書斎）
・第44話「ゴルフ場殺人事件」（寝室）
・第45話「もの言えぬ証人」（敷地内）
・第46話「アクロイド殺人事件」（書斎）
・第51話「杉の柩」（応接間）
・第56話「葬儀を終えて」（屋敷内）
・第64話「ハロウィーン・パーティー」（屋敷内）
・第68話「死者のあやまち」（寝室）
・第69話「ヘラクレスの難業」（屋敷内各所）

屋敷を舞台とした直接的事件は遺産相続に関連したものが12件あり、そのほかの事件でも金目当てのものになっています。意外と事件現場は屋敷の敷地内が多く、屋敷の鍵がかかった部屋から想起される「密室殺人」は「スタイルズ荘の怪事件」、「死人の鏡」、「アクロイド殺人事件」となっています。

屋敷の敷地内での比率が高いのは、外部から目撃されにくい環境であることを示しています。もちろん、大勢の使用人が働く環境では目撃されるリスクを伴いましたが、多くの場合家事使用人はスケジュールに沿って行動したり、雇用主が休暇を与えるなど管理したり（「ゴルフ場殺人事件」や「三幕の殺人」「ジョニー・ウェイバリー誘拐事件」では解雇）できました。そもそも、ドラマ内ではあまり数多く使用人が雇用できていないことも、見つかりにくい要因になるでしょう。

多くの事件で「財産の持ち主＝屋敷の所有者」が殺害されますが、「屋敷を守るための殺人」も描かれています。「エンドハウスの怪事件」では屋敷の持ち主が、いとこを殺害してなりすまし、死んだ彼女の婚約者の財産を相続しようとしました。

「死者のあやまち」では財産を持った妻を殺害して別人をなりすまさせ、その財産を用いて母親が手放そうとしていた伝統ある自家の邸宅を購入しました。「ハロウィーン・パーティー」で遺産相続を巡る殺害に協力した造園師のマイケル・ガーフィールドもまた、「庭園」に執着したことが事件関与の要因となりました。維持に大金がかかる屋敷（への執着）は、殺人の理由になりえました。

【それ以外の動機による殺人・殺人未遂】

- 第9話「クラブのキング」（動機＝脅迫への怒り：現場＝自室）
- 第42話「ポワロのクリスマス」（裏切りへの復讐：自室）
- 第50話「五匹の子豚」（裏切りへの復讐：敷地内）

・第53話「ホロー荘の殺人」（裏切りへの復讐：敷地内）
・第54話「青列車の秘密」（嫉妬での殺人未遂：寝室）
・第55話「ひらいたトランプ」（結婚：階段）
・第63話「三幕の殺人」（結婚：応接間・ダイニングルーム）
・第66話「象は忘れない」（嫉妬と復讐：敷地近く）
・第67話「ビッグ・フォー」（平和党を巻きこむ：パーティー会場）

経済的利益によらない殺人は、感情に由来するものです。最も多いのが「復讐」で「ポワロのクリスマス」では裏切られた母の代理として子供が復讐を果たし、「五匹の子豚」では妻を捨ててくれると思った恋人の裏切りへの復讐として、「ホロー荘の殺人」でも立派で聖人扱いしていた夫の不義への復讐による殺人が起こりました。「クラブのキング」は脅迫の被害者である俳優の姉に同行した弟が怒りで脅迫者を殴って過失致死を招き、例外的な事例になります。「象は忘れない」は屋敷の敷地近くで「妹を突き落とす転落死」と、夫が復讐としてし返す「無理心中」の二つが重なりました。特殊例は「青列車の秘密」で、パートナーに近づく女性に嫉妬した強盗犯が、リヴィエラの別荘地で暗殺を試みて失敗しました。

「五匹の子豚」では類似事件が起こっていたために別人が罪を被って処刑され、「クラブのキング」「ホロー荘の殺人」「三幕の殺人」ではいずれも犯人の協力者がいたために事件が複雑化しました。

【自殺・自殺未遂】

・第57話「満潮に乗って」（動機＝罪の意識：現場＝寝室）

・第60話「第三の女」（真犯人を騙すための演技：寝室の浴室）

屋敷を舞台にした事件として、「自殺」が事件の途中に起こりました。「満潮に乗って」は財産を相続できるゴードンの妻ロザリーン・クロード（になりすました元メイド）が薬物を過剰摂取して死にかけました。一方、「第三の女」ではポワロが真犯人を追い詰めるためノーマに自殺の演技をさせ、警察も巻き込んで死を偽装しました。

【誘拐・失踪・盗難】

・第3話「ジョニー・ウェイバリー誘拐事件」（犯行＝狂言誘拐）
・第8話「なぞの盗難事件」（盗難）
・第15話「ダベンハイム失そう事件」（失踪）
・第18話「誘拐された総理大臣」（誘拐）
・第19話「西洋の星の盗難事件」（狂言盗難）
・第26話「二重の手がかり」（政治目的の盗難）
・第28話「盗まれたロイヤル・ルビー」（政治目的の盗難）
・第56話「葬儀を終えて」（権利書盗難・遺言偽造）

最後に挙げた事例は「殺人が関わらない」屋敷での事件です。傾向として前半に集中しており、すべてが「短編小説」となり、盗難の手口と犯人を突き止め、ポワロが盗難品を取り戻す作品が多くなっています。

誘拐事件はまず、妻が預かる財産を得るための狂言誘拐の「ジョニー・ウェイバリー誘拐事件」で、これも「屋敷の工事をするため」の事件といえました。一方、同じ誘拐事件でも「誘拐された総理大臣」は政治目的で行われており、廃屋となった屋敷が監禁場所として使われました。

政治目的で盗難事件が起こったのは「盗まれたロイヤル・ルビー」で、次期国王の面子を潰すために家宝の宝石が盗まれ、取り戻すために屋敷へ滞在しました。ここでも犯人を騙すために「殺人の演技」がありましたが、今回はいずれにも含めません。

「事件が起こらなかった屋敷」は、第34話「エジプト墳墓のなぞ」、第50話「五匹の子豚」、第52話「ナイルに死す」、第58話「マギンティ夫人は死んだ」に登場しました。

この「事件なしの屋敷」4話分と「事件ありの屋敷」36話分を重複を省いて足せば、39話で屋敷が出てきたと言えます。

❸デタッチトハウス（一棟建ての家）の事件

このコラムで定義する「屋敷」ほど豪華ではないものの、中流階級の一棟建ての家が事件の舞台となるものは8話ありました。共同住宅に住む人々より資産を持つ人が多いため、実質的な遺産相続事件が3件です。

- 第12話「ベールをかけた女」（犯行＝盗難：動機＝手紙の奪還：現場＝ポワロたちが潜入した家）
- 第14話「コーンワルの毒殺事件」（殺人・遺産相続：依頼主の家）
- 第21話「あなたの庭はどんな庭？」（殺人・遺産相続：依頼主の家）
- 第24話「スズメバチの巣」（殺人未遂：嫉妬：哲学者の家）

- 第55話「ひらいたトランプ」（殺人未遂：嫉妬：被害者の家、殺人：口封じ・被害者の家）
- 第56話「葬儀を終えて」（殺人：遺品の獲得：被害者の家）
- 第58話「マギンティ夫人は死んだ」（殺人：口封じ：被害者の家）
- 第67話「ビッグ・フォー」（殺人：演出：被害者の家）

遺産相続のための殺人は「コーンワルの毒殺事件」、「あなたの庭はどんな庭？」、「葬儀を終えて」です。前者3件は中流階級の資産家女性の遺産相続を巡る事件で、「葬儀を終えて」のみ「相続」ではなく、家にある高額の絵画を偽って遺品として持ち出す事件でした。

イレギュラーケースは「ベールをかけた女」で、ポワロとヘイスティングスが恐喝犯の家に潜入する事件で、また「スズメバチの巣」は事前に殺人事件の発生を防ぎました。

それ以外の事件となる「マギンティ夫人は死んだ」では秘密を守るためにミセス・マギンティと義母が殺され、「ビッグ・フォー」では事件を作り出すために作家と外交官がそれぞれの家で殺されました。

〈集合住宅を舞台とする作品〉

『名探偵ポワロ』の魅力として、英国に今も残る当時の建物を舞台にした事件も挙げることができます。そのうちのひとつが、ポワロが主に活動するロンドンなどの都市で舞台となった、17世紀後半には登場していた「テラスハウス」です。

「三日月」（クレッセント）、「円形」（サーカス）、「四角」（スクエア）などの様々な形をした街路に面した複数階のこの集合住宅は、内部が壁で区切られて入り口も分かれて階段も各住まいの中で独立したものでした。このような建物は地主が建築し、自分で住んだり、貸し出したりしました。

テラスハウスの規模や水準は、まちまちです。貴族の豪邸のような内装で高層の建物もあれば、下層中流階級が住む低層で簡素で横幅の狭い建物もありました。

このようなテラスハウスは、作中では医者の職場兼住居やホテルやクラブとして使われてもいました。なお、「テラスハウス」の裏手にあり、かつて厩舎として使われた建物を住宅に転用した事件についても、こちらに含めています。

「テラスハウス」とは別の舞台となった集合住宅が、ポワロが事務所兼自宅を構える「ホワイトヘイブン・マンション」に代表される集合住宅「フラット」（日本で言われる「マンション」と同義）です。これらの建物の入り口は共有され、ひとつの階ごとの部屋に住むことになりました。推理作家のオリヴァもこのフラットに住んでいました。

管理人がいたり、玄関にドアマンがいたり、場合によってはシェフがいて料理を頼めたり、直接管理人に雇用された家事使用人に掃除を任せたりすることもできました。複数階層のテラスハウスより手狭ですが、最新の建物で利便性は極めて高いものでした。

ドラマに登場した数が屋敷ほど多くないため、事件分類はしません。テラスハウスで10話、フラットで9話、あわせて19話で事件があり（「スペイン櫃の秘密」は両方でカウント）、そのうち殺人・殺人未遂は14話と高い比率で起こりました。遺産相続に関連した口封じは3話（「愛国殺人」、「複数の時計」、「第三の女」）で、その人物を殺すことで直接的に遺産相続を受けられる事件は「24羽の黒つぐみ」のみでした。

この建物に住む人々は中流階級で、かつお金目当ての犯行の対象にはあまりならなかったと言えるでしょう。

❶テラスハウス

・第1話「コックを捜せ」（犯行＝殺人：動機＝横領：現場＝下宿部屋）
・第2話「ミューズ街の殺人」（他殺偽装：代理復讐：自室）
・第4話「24羽の黒つぐみ」（殺人：遺産相続：階段）
・第27話「スペイン櫃の秘密」（自殺未遂：恋愛：浴室）
・第33話「愛国殺人」（殺人・自殺偽装：口封じ・罪を着せる：医師の職場兼自宅）
・第43話「ヒッコリー・ロードの殺人」（殺人・口封じ：学生寮）
・第53話「ホロー荘の殺人」（（犯人の）自殺：決着：医師の職場兼自宅）
・第62話「複数の時計」（殺人・遺産相続のための口封じ：応接間）
・第66話「象は忘れない」（殺人：復讐：医師の職場）
・第67話「ビッグ・フォー」（殺人未遂：口封じ：空き家）

最初の事件となる「コックを捜せ」のテラスハウスは典型的なロンドン中心部を外れた住宅で、かつ低層であまり裕福ではない中流階級が住まうエリアでした。

テラスハウスの特徴は住宅として密集しており、隣家や向かいの住人など、建物への出入りに際して目撃者が屋敷よりも多い可能性があることや、向かいの窓から目撃される可能性があったことです（ドラマでは向かいの窓からの目撃事例はなし）。

このテラスハウスの「目撃者の多さ」を扱ったのが「複数の時計」で、死体が見つかったミセス・ペブマーシュの家で、その両隣や正面の家の住人への聴取が行われました。

建物は「愛国殺人」、「ホロー荘の殺人」、「象は忘れない」のような医師の職場兼自宅（または仮住まい）や、「ヒッコリー・ロードの殺人」のような学生寮など、多様な用途で使われました。

地下階を備えたテラスハウスで、地下階は家事使用人の職場としても使われました。建物には特徴的な空堀があり、地下階の採光や出入り・搬入用の階段が備えられました。こうした階段を使うことで、「コックを捜せ」でポワロは家主に気づかれず、メイドのアニーへ接触して情報を聞き出すことが可能でした。「ビッグ・フォー」でポワロが誘い出された場所は空き家のテラスハウスの地階で、本来であれば家事使用人の職場として使われる場所でした。

❷フラット

- 第5話「4階の部屋」（犯行＝殺人：動機＝重婚の隠匿：現場＝居間）
- 第17話「安いマンションの事件」（特殊：偽装・暗殺回避：フラット）
- 第27話「スペイン櫃の秘密」（殺人：恋愛：応接間）
- 第29話「戦勝舞踏会事件」（殺人：口封じ：寝室）
- 第33話「愛国殺人」（殺人：口封じ：フラット）
- 第34話「エジプト墳墓のなぞ」（自殺：遺産相続：居間）
- 第38話「イタリア貴族殺害事件」（殺人・金：書斎）
- 第47話「エッジウェア卿の死」（殺人：口封じ：寝室）
- 第60話「第三の女」（殺人：寝室）

ポワロも住んでいるフラットは、必要最低限の広さで利便性を備えた場所として描かれました。家事使用人の雇用も最小限で済み、少人数で暮らす分には最も都合が良かったでしょう。この「フラット」を英語のタイトルに含んだ作品が「4階の部屋」と「安いマンションの事件」です。

「4階の部屋」ではポワロと同じフラットを、パトリシア・マシューズとアーネスティン・グラントがそれぞれ借りており、殺害されたアーネスティン・グラントの方はメイドを雇用していました。「安いマンションの事件」では若い夫婦が借りましたが、本来は高級なフラットで、同姓の夫婦に又貸しすることで暗殺者の手を逃れようとしたものでした。

直接的殺人に加えて、「戦勝舞踏会事件」「エッジウェア卿の死」「第三の女」では、自殺・事故に見せかけた殺人での口封じの現場にもなりました。

こちらも被害にあった人物はほとんどが中流階級で、唯一、「第三の女」では元ナニーが主人の出したお金でフラットに住んでいました。「スペイン櫃の秘密」では妻の不倫を確認しようとした夫が、潜んでいたパーティー会場の櫃の中で殺される事件となりました。

なお、大富豪でフラットに住んでいたのは第23話「プリマス行き急行列車」のゴードン・ハリデイとその娘フローレンスで、その住まいは当時最新式の高級フラットでした。

〈ホテルを舞台とする作品〉

ポワロ作品では、屋敷同様に、ホテルも数多く登場しました。ここでは、事件に関わるホテルは「ロンドンのホテル」と「屋敷や事件現場近くのホテル（パブ併設の旅館・インを含む）」、「観光地のホテル（英国、フランス、オリエント）」に分けます。

❶ロンドンのホテル

- 第12話「ベールをかけた女」（事件との関わり＝ポワロが依頼主と会った場所）
- 第13話「消えた廃坑」（被害者の滞在予定先）
- 第19話「西洋の星の盗難事件」（ポワロが依頼主と会った場所、宝石盗難事件現場）
- 第23話「プリマス行き急行列車」（ポワロが乗った列車、殺人事件の現場）
- 第28話「盗まれたロイヤル・ルビー」（依頼主の王子が滞在した場所）
- 第33話「愛国殺人」（被害者の滞在先、被害者になりすました犯人とポワロたちが面会した場所）
- 第38話「イタリア貴族殺害事件」（容疑者の滞在先）
- 第47話「エッジウェア卿の死」（犯人が協力者と入れ替わった場所、容疑者の滞在先）
- 第50話「五匹の子豚」（ポワロが依頼主と会った場所）
- 第54話「青列車の秘密」（ポワロが事件の関係者たちと出会った場所）
- 第66話「象は忘れない」（オリヴァが名付け親になった女性と会った場所）

「ロンドンのホテル」は多くの場合は犯人または被害者が利用したり、ポワロが依頼人と会う打ち合わせの場所にも使われたりしました。アリバイを作る「消えた廃坑」や、ホテルスタッフが顔を覚えきれないことを利用して宝石を持ち出した「西洋の星の盗難事件」もありました。

特徴的な使われ方は「青列車の秘密」です。ポワロに依頼をしてきた石油王とその娘は食事を高級ホテルのレストランで、また自身の誕生日パーティーも同じホテルで行いました。旧来の富裕層であれば自身の屋敷で行う豪華なランチや誕生日パーティーのようなイベントが、ホテルへ代替していく時代を反映しているでしょう。

❷屋敷や依頼主の家の近くのホテル・旅館

- 第8話「なぞの盗難事件」（依頼・ヘイスティングスのみ滞在）
- 第14話「コーンワルの毒殺事件」（依頼のため村に滞在）
- 第25話「マースドン荘の惨劇」（依頼のため村に滞在）
- 第30話「猟人荘の怪事件」（狩猟のため滞在）
- 第31話「ABC殺人事件」（殺人を防ぐため滞在）
- 第35話「負け犬」（ヘイスティングスのゴルフと美術品鑑賞のため滞在）
- 第45話「もの言えぬ証人」（ヘイスティングスの友人の応援のため滞在）
- 第51話「杉の柩」（裁判の証拠整理と事件捜査）
- 第57話「満潮に乗って」（知人に会うため滞在・殺人事件も発生）
- 第58話「マギンティ夫人は死んだ」（依頼のため村に滞在）
- 第65話「複数の時計」（依頼のためドーバーに滞在）
- 第70話「カーテン」（殺人を防ぐため滞在）

大別すると、屋敷のゲストとして呼ばれる（宿泊なし）「なぞの盗難事件」、「猟人荘の怪事件」、「負け犬」、「満潮に乗って」と、事件捜査を行うためにロンドンを離れた都市や村に滞在する「コーンワルの毒殺事件」、「マースドン荘の惨劇」、「マギンティ夫人は死んだ」、「複数の時計」です。このうち、「複数の時計」では、旅館からホテルへポワロが宿泊先を変更しました。

数少ない殺人事件は「満潮に乗って」で、屋敷を訪問しようとしたポワロが滞在した旅館で過失致死事件が起こりました。

特徴的なものは、元々屋敷だった建物が維持できず、ゲストハウスに転用されたケースです。作中では「マギンティ夫人は死んだ」と、最終話「カーテン」が該当しました。「カーテン」は最初の事件現場だった屋敷「スタイルズ荘」がゲストハウスになっているため、「屋敷」ではなく、こちらにカウントします。

ここでは夫フランクリン博士を殺して新しい人生をやり直すためにコーヒーに毒を入れた妻バーバラが自分で毒を飲んでしまって死ぬ事件と、殺人教唆者の殺害拡大を防ぐためにポワロが殺人を行う事件が起こりました（詳細は後述）。

例外的に、「ポワロのクリスマス」では、屋敷で推理を行った後に、復讐者の母が滞在する旅館まで関係者を歩いて連れていき、真犯人の追及と真相解明の第二幕が行われました。

❸旅行の滞在先（交通機関を除く）

クリスティー作品を彩る「観光地」の観点で言えば、国内旅行と海外旅行に分けられ、そのホテルで起こった事件に巻き込まれました。必ずしもホテル内で事件が起こるわけではなく、その広い敷地の中でも起こりました。

【国　内】
- 第11話「エンドハウスの怪事件」（滞在先＝セント・ルー：発生事件＝狂言での殺人未遂）
- 第16話「二重の罪」（湖水地方：盗難）
- 第41話「グランド・メトロポリタンの宝石盗難事件」（原作ではブライトン：盗難）
- 第49話「白昼の悪魔」（サウスコースト：殺人）

国内旅行はポワロが休暇・静養で出かけており、ヘイスティングスが同行しました。「エンドハウスの怪事件」は殺人自体は屋敷で行われましたが、その前にポワロが滞在するホテルのプールサイドで出会ったニック・バックリーが銃で撃たれる事件（狂言）があったのでホテルでの事件にカウントしました。

「二重の罪」は滞在先ホテルから近くの観光地に向かうバスに乗り、その滞在先で美術品が盗まれていることが発覚して事件に巻き込まれました。盗まれた美術品の受け渡しも購入者の滞在先ホテルで行われたので、ホテルを舞台とした作品としました。

国内のホテルの「部屋」で事件が起こった作品は「グランド・メトロポリタンの宝石盗難事件」のみとなり、「白昼の悪魔」はホテル近くのビーチでの殺人事件でした。

【海　外】
- 第6話「砂に書かれた三角形」（滞在先＝ロードス島：犯行＝殺人：現場＝ホテル内）
- 第34話「エジプト墳墓のなぞ」（エジプト：殺人：発掘現場）
- 第44話「ゴルフ場殺人事件」（フランス：殺人：ゴルフ場）

・第48話「メソポタミア殺人事件」（イラク：自殺：ホテル、殺人：発掘現場）
・第61話「死との約束」（シリア：殺人：発掘現場・ホテル）
・第69話「ヘラクレスの難業」（スイス：殺人：ホテルへの潜入、詐欺：金：ホテル）

海外の滞在先で起こった事件は「ホテル」と「発掘現場」に分類できます。特徴ある事件は発掘現場との組み合わせで、「エジプト墳墓のなぞ」は殺人は発掘現場で、ニューヨークへ戻った大富豪の甥はホテルで自殺しました。「メソポタミア殺人事件」でも発掘現場で殺人が3回起こりましたが、ホテルではそのうち一件の死に責任を感じた青年が自殺をします。そして「死との約束」も最初の現場は発掘現場でしたが、乳母はホテルの浴室で溺死させられました。

「ゴルフ場殺人事件」は、ヘイスティングスが確保した「ゴルフ・ホテル」のゴルフ場にあった造成中のバンカーが事件現場でした。殺された富豪の住む屋敷からすぐ近くでしたが、タイトル通り「ゴルフ場」での殺人事件と位置付けました。

「ヘラクレスの難業」はやや複雑で、ホテル内で従業員が事前に殺され、また正体がバレたホテルスタッフが自殺をしました。これに加えて家庭内暴力で苦しめられる夫人を救うため、英国人が殺人（と錯覚させられる詐欺）事件に巻き込まれました。

このほか、事件に直接繋がらなかった海外の滞在先は、第32話「雲をつかむ死」（パリ）、36話「黄色いアイリス」（ブエノスアイレス）、第39話「チョコレートの箱」（ブリュッセル）、第52話「ナイルに死す」（エジプト）、第54話「青列車の秘密」（パリ）、第55話「ひらいたトランプ」（エジプト）、第63話「三幕の殺人」（モンテカルロ）、第65話「オリエント急行の殺人」（イスタンブール）が挙げられます。

〈交通機関を舞台とする作品〉

最後に鉄道、飛行機、客船などの交通機関で起こった殺人事件を扱います。宿泊施設を備えた交通機関は実質的には「動くホテル」と言えるもので、海外作品を彩りました。この「交通機関で起こった事件」は、「屋敷での殺人事件」と並び、クリスティーの真骨頂と言えるもので、7話を占めました。

- 第7話「海上の悲劇」（交通機関＝客船：舞台・経路＝エジプト：犯行＝殺人：現場＝客室）
- 第22話「100万ドル債券盗難事件」（豪華客船：英国発アメリカ行き：盗難：客室）
- 第23話「プリマス行き急行列車」（鉄道：ロンドン発プリマス行き：強盗殺人：一等客室）
- 第32話「雲をつかむ死」（飛行機：フランス発英国行き：殺人：機内、鉄道：殺人：客室）
- 第52話「ナイルに死す」（客船：エジプト：殺人：ラウンジ・客室）
- 第54話「青列車の秘密」（豪華寝台列車：カレー発ニース行き：強盗殺人：一等客室）
- 第64話「オリエント急行の殺人」（豪華寝台列車：イスタンブール発カレー行き：殺人：客室）

交通機関作品で特筆すべきは、鉄道を用いた「プリマス行き急行列車」「青列車の秘密」「オリエント急行の殺人」の三件です。前二者は同一プロットで、「一等客室」という閉鎖空間での強盗殺人で、アリバイを作るために共犯者の侍女が変装をしました。

「青列車の秘密」「オリエント急行の殺人」はそれぞれ海外を舞台にした豪華寝台列車が舞台となり、旅行要素を強く持ちました。その上で「オリエント急行の殺人」はミステリ界に歴史を残す「容疑者が全員犯人」というプロットを成立させました。

「閉鎖空間」ではあるものの誰かに見られるリスクを伴った飛行機で殺人を行った「雲をつかむ死」もまた、クリスティーならではの「人の認識の死角」を用いた作品です。詳細は別コラム「家事使用人は透明な存在なのか?」で解説しました。かつ、この作品は二件目の毒殺事件が「鉄道の客室」で行われており、複数の交通機関での殺人でした。

こうした交通機関を現場とした作品でも、ポワロの推理劇が同じ乗り物内で行われるものもありました。「海上の悲劇」「ナイルに死す」「オリエント急行の殺人」は事件現場が宿泊先となっており、乗客がそのまま滞在し続けたために乗り物の中で推理も行われました。一方、「青列車の秘密」はあえて関係者が鉄道に集められて、推理劇に参加しました。

まとめ

『名探偵ポワロ』で屋敷は数多く出てきたか、の問いかけに対しては「半分以上も登場した」と言えるでしょう。これらはポワロという探偵が扱う事件のクライアントが屋敷を構えられるような富裕な層に集中していたことと、こうした屋敷を構えられた生活が成立した最後の1930年代の輝きを反映しています。

屋敷という「屋敷の主」がゲストを選ぶ「閉鎖性」と、ホテルや客船など宿泊客が経済力で環境を選ぶ結果生まれる「閉鎖性」は、同一(近しい)の階級の人々が交ざり合う当時の階級社会の状況を描き出していたとも言えます。

この「屋敷の閉鎖性」は、ホテルや交通機関での事件にも拡張しました。

これらの「閉鎖性」は事件があった時に犯人を含めて関係者がその場にいたこと、そしてその証言からアリバイを得ていき、真犯人がアリバイを作るために築き上げたトリックを解明し、追い詰めていく「探偵作品の精髄」を、蒸留したものでした。

第41話 ——グランド・メトロポリタンの宝石盗難事件——

JEWEL ROBBERY AT THE GRAND METROPOLITAN

該当原作作品

「グランド・メトロポリタンの宝石盗難事件」（『ポアロ登場』所収）

主要登場人物

エド・オパルセン
演劇の興行主。

マーガレット・オパルセン
俳優。エドの妻。

セレスティーヌ
マーガレットの侍女。

アンドルー・ホール
エドの興行の劇作家。

ソーンダース
オパルセン夫妻のお抱え運転手。

グレース・ウィルソン
ホテルのメイド。

ガイド

⊙**見どころ**——ポワロは時々体調を崩し、今回は医師ホーカー（第38話「イタリア貴族殺害事件」にも登場）の診断で、静養を余儀なくされます。しかし、旅先で盗難事件に立ち会い、その解決を依頼されると引き受けそうになってヘイスティングスに注意されました。ただ、不幸にも、新聞に掲載された顔の人を見つけて声をかけると賞金をもらえる企画「ラッキー・レン」の対象人物とポワロの顔が似ていたため、休もうにもその人物に間違われ続けて落ち着かないため、結局、事件調査に向かいました（ミス・レモンも動員）。

⊙**海辺の観光地**——原作でポワロが静養地に選んだ海辺の町ブライトンは、有名なリゾート地です。18世紀半ばに海水浴が健康法として広がってから人気を集め、18世紀末には摂政・王太子で後の国王ジョージ四世が別荘ロイヤル・パビリオンを建てさせました。

観光地として発展を遂げ、浜辺から海に突き出た桟橋や、ヘイスティングスとジャップが散策を楽しんだ電飾で照らされた移動式遊園地などで、観光客をもてなしました。

オパルセンの興行が行われた劇場デヴォンシャー・パーク・シアターは、実在する劇場です。ただ、その場所はブライトン近くの海辺の観光地イーストボーンにありました。ポ

あらすじ

医師の勧めに従い、ポワロは静養のためにヘイスティングスと海辺の観光地ブライトンを訪れ、グランド・メトロポリタン・ホテルに滞在する。そこで、演劇の興行主エド・オパルセンの話を耳にする。彼はロシア皇帝が贈ったという由来を持つ高価な真珠のネックレスを買い、妻で俳優のマーガレットが主演する興行で、真珠を身につけさせて話題作りをしていた。

ポワロはホテル支配人からエド・オパルセンを紹介され、その日の舞台に招かれる。

公演後、オパルセン夫妻は鍵つきの宝石箱に真珠をしまい、ホテルに残る侍女のセレスティーヌに預け、パーティーへ出かける。ところが、夫妻が戻ってきてタンスにしまわれた宝石箱を開けると、真珠は消え失せていた。

セレスティーヌは食事を運んできたルームメイドのグレースと裁縫をしながら会話し、2回ほど短い間、席を外しただけ。その間に宝石箱の鍵を開けて宝石を盗み、また鍵をかけるのは不可能と思われた。

ワロたちがセレスティーヌと劇場へ向かって歩くシーンの桟橋もこちらのものでした。

最後はデヴォンシャー・パーク・シアターで、犯人を追い詰める推理劇が披露されました。劇場が最後の真相披露で使われるのは第4話「24羽の黒つぐみ」以来です。

⊙**ポワロの知名度**――興行主のエドはポワロが同じホテルにいることを知ると、彼を劇場に招き、そのニュースをメディアに流して名探偵の名声を利用しようとするなど、ポワロの価値を知る人物でした。セレスティーヌの恋人で劇作家アンドルーも、出会ってすぐにポワロを認識して、驚きました。彼の反応にはポワロもご満悦でしょう。

⊙**ホテルにチェックイン**――ホテルの部屋に入ると、ポワロが真っ先に行ったのは、壁に埋め込まれた暖房器具の確認でした。海辺の保養地とはいえ、スーツの上にコートを羽織るぐらいには寒い季節なので、寒がりのポワロにとって室温は重要でした。

そして第40話「死人の鏡」に続き、ポワロはヘイスティングスにディナー用の正装のジャケットを着るのを手伝ってもらっていました。

⊙**侍女の仕事**――セレスティーヌは夫人付きの侍女でした。侍女は旅行先に同行して衣装や貴重品の管理に加えて、被服のスキルも求められました。このため、待ち時間に裁縫をしていました。侍女にはファッションセンスが良いとされたフランス人が好まれており、その血を引くセレスティーヌの立場は就職に有利だったかもしれません。

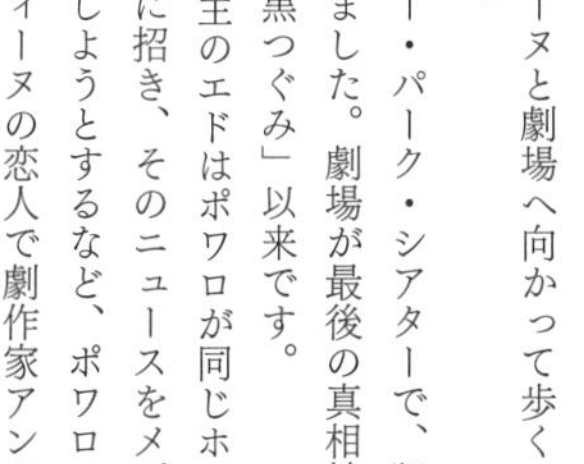

第42話 ポワロのクリスマス

HERCULE POIROT'S CHRISTMAS

該当原作作品

『ポアロのクリスマス』

主要登場人物

シメオン・リー
スォートランドリバー鉱山会社社長。富豪。

アルフレッド・リー
シメオンの息子。画家。妻リディア。

ジョージ・リー
シメオンの息子。下院議員。妻マグダレーナ。

ハリー・リー
シメオンの息子。

ハロルド・サグデン
警視。

ガイド

⊙**見どころ**――タイトル通り「クリスマス」を題材とした作品で、第28話「盗まれたロイヤル・ルビー」に続くクリスマス回です。ところがクリスマスの持つ祝賀的な雰囲気とは裏腹に、わがままで支配的な老人が支配する古風な屋敷に呼びつけられ、かつその老人が鍵のかかった部屋で殺される「屋敷の密室殺人事件」が発生します。

シメオンは大富豪であり、屋敷には過去最大級に使用人がいました。執事トレッシリアンを始めメイドやコックたちに加えて、シメオンの介添え役の従者ホーバリーなどが雇用されていました。原作では稀なことに全使用人の職種と名前があり、9人が働いています。執事の下につくフットマンもいました。

実業家はモダンな屋敷がロケ地になる傾向がありましたが、シメオンの屋敷は彼の雰囲気に合うようにか、17世紀に建築されたチラム・カースルが選ばれました。

⊙**絶妙なポジショニング**――ポワロは寒がりです。シメオンの依頼を引き受ける条件に「(部屋全体を暖める) セントラルヒーティングがあるか」と伝え、シメオンは「ある」と答えました。

あらすじ

街中がクリスマスを祝う空気にあふれる中、ポワロは快適な時間を自宅で過ごす計画を立てていた。そこにシメオン・リーと名乗る人物から電話がある。命を狙われていること、地元のサグデン警視からポワロを推薦されたこと、そして翌日から来て欲しいということを一方的に告げられる。シメオンは鉱山会社の社長で、富豪だった。

ポワロは鉄道で屋敷へと向かい、車の出迎えを受ける。屋敷にはシメオンの一族が集まっていた。

シメオンはポワロに「自分は家族から憎まれている」「これからもっと憎まれることをする」「観察せよ」と告げ、具体的な依頼に触れなかった。言葉通りにシメオンは家族を集めて遺産の内容を変更することを聞かせ、家族に動揺が走る。

そして、ディナーの後に、屋敷中に大きな悲鳴が響いた。シメオンは鍵のかかった自室で殺害されていたのだった。さらに金庫から、彼のダイヤモンドも奪われていた。

ディナーを待つ時間の応接間でポワロはセントラルヒーティングのヒーターに手を当てますが不十分だったようで、リー一族との会話をスキップして暖炉へ移動しました。他の場面でも同様で、シメオンが殺害された現場でその死を確認した後に暖炉の前に立ち、ジャップと行ったパブでも暖炉にすぐ当たるなど徹底しています。

⊙**グルメなポワロ**――クリスマスのご馳走を自ら作るポワロの姿があります。ポワロは好き嫌いが多く、庶民が使うパブとの相性は悪いものでした。労働者向けのビールはポワロの口に合わず、今回もジャップがおごったりんご酒に口をつけなかったようです。

⊙**クリスマスプレゼント**――ポワロとジャップのプレゼント交換もユニークでした。ジャップからプレゼントをもらったポワロはお返しを買いに行った村の雑貨店で、「ホームズ探偵セット」を薦められる一幕がありました。ドラマでホームズが言及されるのは珍しいです。そして、ジャップからの贈り物の手袋をつけるポワロは想像できません……。

⊙**ディナーのプロセス**――シメオンの屋敷ではディナーに見られる一連の流れが描かれます。ディナーを終えた後に女性たちは席を外して応接間へ向かい、男性たちはそのまま残りました（過ごし方や場所にはいろいろな組み合わせがあります）。また、ハリーはひとりだけ普段の格好で参加しており、専用の服を持ち歩いていないようでした。

第43話 ヒッコリー・ロードの殺人

HICKORY DICKORY DOCK

該当原作作品

『ヒッコリー・ロードの殺人』

主要登場人物

ミセス・フローレンス・ハバード
ミス・レモンの姉。学生寮の管理人。

コリン・マクナブ
寮生。心理学を学ぶ。

サリー・フィンチ
寮生。フルブライト奨学生で英文学を学ぶ。

バレリー・ホブハウス
寮生。服飾を学ぶ。

ナイジェル・チャップマン
寮生。中世史と考古学を学ぶ。

シーリア・オースティン
寮生。化学を学ぶ。

ガイド

⊙**見どころ**――学生寮でのいたずらのような盗難事件から始まり、遺産相続を巡ってアリバイを駆使するこれまでの殺人事件とは無縁かと思いきや、最初のシーリアの不審死から殺人事件が連続していきます。さらに作中で報道され続けるデモとその支援者の政治家サー・アーサー・スタンリーの体調悪化、そして密輸事件すべてが繋がるところに、カタルシスがあります。

⊙**デモ行進**――ジャップが呼び出された理由は、1936年の「ジャローの行進」を背景とします。造船所の閉鎖で失業と貧しさに苦しんだジャローの住人が、ロンドンまでの数百キロを行進し、苦境を救う振興策を議会に請願しました。作中、ロンドンへ近づく様子と、支援者の政治家スタンリー卿の病状悪化が合わせて報じられました。

⊙**英語タイトル**――由来は童謡「Hickory Dickory Dock」です。歌詞は、ネズミが時計の上に登り、時計が1時の鐘を鳴らすとネズミが降りるというシンプルなものです。作中でネズミが何度も登場するのも、学生寮の全員を集めてポワロが真相を明かす場で時計が午後1時の針を指す時にネズミが降りてくるのも、この童謡に重ねた表現です。

あらすじ

ポワロはミス・レモンがタイプした書類の一ページに三つもミスがあることに驚き、具合を尋ねる。その原因はミス・レモンの姉フローレンスが管理人として働くヒッコリー・ロードの学生寮で盗難が相次いだことにあった。聴診器や電球、靴片方などが消え、他にも指輪はスープの中で、リュックサックは切り裂かれた状態で見つかるなど、不審な事件が続いていた。

ポワロはミス・レモンの心配を減らそうと彼女の姉と会い、調査に協力することを決める。学生寮でのディナーに参加し、食後の講演会でポワロは失われた靴を取り戻して問題解決力を見せつけ、参加者へこれ以上盗難しないように警告した。

翌日、その場にいた学生のシーリアとコリンが事務所に来て、シーリアが一部を除いて自分の犯行だと告白するが、その日の晩に彼女は睡眠薬をモルヒネにすり替えられて死亡する。モルヒネの経路を追いつつ、学生たちの行動をポワロは調査する。

⊙地下鉄登場―今回は初めて「走る地下鉄車両」がドラマに姿を見せ、学生ふたりが寮へ戻る時に使いました。ドラマに出てきた地下鉄は電化しており、ドアの開閉も手動ではありません。ただ、走らせるのが難しいためか、この回限りの走行でした。

⊙ジャップ、ポワロの家に泊まる―原作からの大胆なアレンジで、ジャップとの関わりがユーモラスに描かれています。長期休暇を妻と取るはずのジャップでしたが、デモ隊の行進で職務に戻らざるを得ませんでした。ひとり暮らしをするジャップは疲労を重ね、見かねたポワロは自宅に来るように申し出ます。

今回は、ジャップとポワロの価値観の違いが各所で際立ちます。ポワロが親切心で紹介した行きつけの肉屋で買った肉の価格がジャップの3日分の食費だったり、寝室が暑すぎたり、ビデの使い方を知らなかったり、食事の量が少なすぎたりとすれ違います。

最後にジャップはお礼にポワロを自宅へ招き、料理を振る舞います。英国らしい毒入りユーモアの込められた会話が繰り広げられ、ドラマは幕を閉じます。

ポワロがジャップに母から教わった「スペシャリテ」を出したり、ミス・レモンが夕食を作ったり（相席もする）とグルメ要素もありましたが、最後のシーンの印象が強すぎます。是非、字幕で見てください。

第44話 ゴルフ場殺人事件

MURDER ON THE LINKS

該当原作作品

『ゴルフ場殺人事件』

主要登場人物

ポール・ルノー
富豪。不動産オーナー・宝石輸入商。

エロイーズ・ルノー
ポールの妻。

ジャック・ルノー
エロイーズの息子。ポールは義父。

イザベラ・デュヴィーヌ
ホテルで見た歌手。

マルト・ドブレイ
ジャックの恋人。ルノー家の隣人。母と住む。

ガイド

⊙見どころ―原作はポワロ作品の刊行年では『スタイルズ荘の怪事件』に次ぐ古さで、ヘイスティングスの一人称で記されています。

ヘイスティングスは、ホテルのレストランで歌を披露した歌手のイザベラに好意を持ち、引き寄せられていきます。ドラマ内では女性の心を理解せずにポワロにたしなめられるシーンが目立ちます。今回は朝の散歩中に海辺で出会ったイザベラをカフェに誘いました。その場でポールの殺人事件を共通の話題にして、ポワロの助手だと誇らしげに話すのも彼らしいです。

さらにそこで終わらず、ヘイスティングスが積極的にもう一度会えないかと声をかけ、ランチの時間を共にします。そこで初めてヘイスティングスの結婚観が披露されると同時に、イザベラが悲しげに歌を歌っていた理由が失恋だと知ることになります。

この後、イザベラはヘイスティングスに迷惑をかけ、ヘイスティングスは利用されていたことにも気づき、さらに彼女の恋人への強い気持ちを知って傷つきます。しかし、それまで女性心理を諭してきたポワロが真価を発揮し、幸せな結末に変えました。

あらすじ

休暇で、ポワロとヘイスティングスはフランスの観光地ドーヴィルへ滞在。ヘイスティングスの目的はゴルフにあった。宿泊する「ゴルフ・ホテル」で、ポワロは富豪のポール・ルノーから、命を狙われており仕事を頼みたいと相談を受ける。引き受けたポワロが翌日にルノーの屋敷ジュヌヴィエーヴ荘を訪問すると、警察が詰め掛けていた。応対に出たパリ警視庁のジローはポワロに、ルノーは誘拐されたと説明する。

寝室で縛られた姿で見つかった妻エロイーズは、二人組の賊の侵入を受けて夫がさらわれたと証言。ルノーは事件の前日に息子ジャックをチリの首都サンティアゴへ出張させたり、運転手に休みを出したりと、不審な行動もあった。

ポワロたちがルノーのメイドや秘書に事情聴取を行っている同じ頃、ゴルフコースを回っていたヘイスティングスは、ボールを探している最中に、造成中のバンカーで背中にナイフを刺された死体を見つける。それは、ポール・ルノーの死体だった。

⊙**圧倒的知名度**―ポワロの名声はフランスに伝わり、ポール・ルノーも地元警察署長もポワロを知っていました。パリ警視庁からやってきて事件捜査を指揮するジローは、ポワロとことごとく見解が一致せず、強い対抗心を持ち、どちらが先に犯人を見つけるかという競争を持ちかけます。ジローはポワロにトレードマークの髭を賭けるように要求し、応じたポワロはジローのシンボル的なパイプを求めました。

その一方で、つくづくポワロの名声の大きさに驚かされます。対抗心を抱くジローさえもポワロの捜査への協力を拒否せず、聴取への同行を普通に許しましたし、現場の警察官も助力しました。

⊙**不幸なメイド**―ルノー家のメイドのレオニーは、朝食を載せたトレイを持って部屋へ入った時に縛られた女主人を発見したり、小屋で別の刺殺体の第一発見者になったりするなど、事件を最初に見つける役目となっていました。

自室のメイド部屋で事情聴取を受ける際に、ポワロは紳士っぷりを発揮し、ベッドに腰掛けるレオニーの横に座って目線の高さを揃え、また安心させるように親切に接します。その結果か、主人たちが留守の際に再訪した時も、屋敷に入れてもらえました。

⊙**原作を**―本書ではドラマと原作の違いを何度か書きました。この作品も原作から決定的に異なる設定があります。しかし、それを書くことは読書の楽しみを奪ってしまうでしょう。ヘイスティングスが大好きな方は、是非、小説をお読みください。

第45話 もの言えぬ証人

DUMB WITNESS

該当原作作品

『もの言えぬ証人』

主要登場人物

エミリー・アランデル
資産家。チャールズの叔母でスポンサー。

チャールズ・アランデル
エミリーの甥。ヘイスティングスの友人。

ベラ・タニオス
エミリーの姪。ジェイコブ・タニオスの妻。

ウィルミーナ・ロウスン
エミリーのコンパニオン。

ジョン・グレンジャー
エミリーの主治医。

ボブ
エミリーの飼い犬。フォックステリア。

ガイド

⦿**見どころ**――「もの言えぬ証人」は、エミリーの愛犬ボブを指します。エミリーが階段から転げ落ちたのは、ボブが遊びで使うボールを階段に置き忘れたからと考えられました。階段の下の自分の寝床で、ボブは殺人未遂の一部始終を見ていたはずですが、犬は話せないので「もの言えぬ証人」とされました。

原作では語り手ヘイスティングスがボブの心理を想像して「ボブの台詞」を勝手に描き、ボブが捜査のパートナーという役割になっています。なお、本書はクリスティーの愛犬ピーターに捧げられており、あとがきの解説によれば、ピーターはボブと同じ犬種でした。湖水地方での捜査に際してポワロとヘイスティングスはボブを連れ歩きました。ボブはポワロの命令には従い、一緒に歩いたり船に乗ったりするシーンは可愛いです。

原作ではチャールズとヘイスティングスは無関係で、ポワロはエミリーから相談の手紙を受け取るものの、その時にはもうエミリーが亡くなっていたという導入でした。ドラマでは相談を受けながらもその死を防げなかったので、ポワロは後悔の念を強めました。

⦿**検死審問**――これまでに何度か見てきた死因特定の検死審問を行うようにというポワロの

あらすじ

ヘイスティングスは、友人チャールズのモーターボートによるスピード世界記録挑戦を見に、会場となる湖水地方のウィンダミアへ旅行する。同行したポワロはチャールズの叔母でスポンサーのエミリーと出会い、彼女の主催するディナーに誘われる。結局、記録挑戦は失敗し、エミリーはチャールズへの支援打ち切りを言い出した。

ディナーの席でも騒動が起こる。記録挑戦の失敗を予言したゲストのイザベル・トリップが、今度はエミリーに危険が迫っていると予言する。その夜、エミリーは階段から転げ落ちる。床に愛犬ボブが遊ぶボールが転がっており、周囲はそれで転んだと考えた。

翌日、ポワロはエミリーから「事故は自分の遺産を狙う誰かの仕業ではないか」と相談され、新しい遺言を書く提案をする。しかし、その後、屋外へ散歩に出たエミリーは周囲の人が見守る中、魂が抜けるようにくずおれて死ぬ。さらに家族を驚かせたのは、屋敷と財産がコンパニオンのウィルミーナへ相続されたことだった。

要請を、地元の警察は死亡証明書があるとして拒否しました。エミリーは埋葬されます。ポワロはタニオスが渡していたという強壮剤を警視庁へ送って調査しますが、ドラマ内では検死審問は行われず、先にポワロの推理と真犯人の自供で解決しました。

⊙**あだな**——チャールズはヘイスティングスのことを「バトラー」と呼びました。ヘイスティングスは、吹き替えでは「執事」（Butler）と、字幕では「軍人と貧乏人をかけたのさ」と説明しました。「軍人」の方はノルマン人が英国を支配する決定的戦い「ヘイスティングスの戦い」（Battle of Hastings）で知られる地名とかけているのでしょう。「貧乏人」の方はオーストラリアでは「Battler」に「労働者階級」的な意味があるのと、英国の古い使い方で「（オックスフォード大学の）カレッジが寮費や食費などを負担する人」を指す「Batteler」（eが一つ多い）という語があり、どちらかを転じて「貧乏人」としたようです。

⊙**謎のトリップ姉妹**——オカルト再びです。トリップ姉妹の姉イザベルはエミリーの亡父ジュリアス・アランデル将軍と交信していると語り、チャールズの挑戦失敗とエミリーの危険を予言しました。後者の予言の際は将軍が降霊したように振る舞い、ポワロの血縁にM.P.のイニシャルを持つ者がいると告げ、ポワロは祖母に「マリー・ポワロ」がいると答えて、信憑性を高める結果になりました。後日、ポワロは姉妹が主催する降霊会を開催させて関係者を集めるなど利用し、最後にボブのために彼女たちの力を借りました。

第46話 アクロイド殺人事件

THE MURDER OF ROGER ACKROYD

該当原作作品

『アクロイド殺し』

主要登場人物

ロジャー・アクロイド
富豪。化学工場経営者。

ヴェラ・アクロイド
ロジャーの義妹。

フローラ・アクロイド
ヴェラの娘。

ラルフ・ペイトン
ロジャーの甥で養子。

ジェームス・シェパード
医師。

ガイド

◉**見どころ**――原作はポワロの長編単行本として三作目で、『スタイルズ荘の怪事件』『ゴルフ場殺人事件』に続きました。前二作はヘイスティングスの一人称で語られましたが、ヘイスティングスはパートナーと出会って結婚し、アルゼンチンの大農場へ渡ってしまい出てきません。犯人推理に必要な情報として、アクロイド邸の間取り、事件があった部屋の死体や家具の配置図、そして事件があった時間帯に屋敷にいた人がどこにいたのかをリスト化しています。この辺りも「読者への挑戦」を感じる作風です。

◉**屋敷作品**――被害者のロジャー・アクロイドは屋敷「ファンリー・パーク」に住んでいました。ロケ地は1930年代建築の「Kit's Close」で、当時最新の建物です。執事パーカーはロジャーがこの屋敷を建てる時にパーカーの意見を聞き、家事使用人用の設備を整えてくれたと語り、公平な主人だとも評しました（遺産はなかったのですが）。

屋敷には執事パーカーと、パーラーメイドのアーシュラ・ボーンが働いていました。家族が多いのでもう少しメンバーが必要そうで、実際に原作では他に5人の家事使用人が働いていました。ハウスキーパーのミス・ラッセルは、原作では物語を複雑化する役割を持

あらすじ

ポワロは探偵業を引退し、小さなキングス・アボット村で畑をいじりながら隠棲生活を過ごしていた。隣家には医師ジェームス・シェパードとその妹キャロラインが住み、村の近くには友人で化学工場経営者のロジャー・アクロイドが屋敷を構えている。

ある日、村の屋敷に住むミセス・フェラーズが自殺した。同日、ポワロはアクロイドの屋敷に招かれる。ロジャーはポワロに、彼女と恋愛関係にあったことと、彼女が夫を毒殺し、そのことで脅迫されたと告げ、脅迫者を突き止めたいと話す。

ポワロは自宅に戻るも気になり、ロジャーに電話をかけるが、彼はディナーを食べていた。アクロイド邸にはロジャーと義妹ヴェラ、その娘フローラ、秘書ジェフリー、そして医師シェパードが、ディナーを共にしていた。折り返しの電話がないことを気にしたポワロが屋敷を訪問すると、出迎えた執事パーカーからロジャーが殺されたと知らされる。

ちましたが、ドラマでは彼女とその伏線はすべて消え、物語はわかりやすくなりました。

第35話「負け犬」で言及した「紹介状」を巡って、メイドのアーシュラの身元を確認するために、ポワロは紹介状を書いた前職の女主人の話を聞きに行きました。アーシュラがユニークなのは、その設定です。ドラマでは二年前に父が借金を残して死に、残された娘たちは自立を迫られ、彼女は結婚した姉の紹介状でメイドに就職しました。原作ではもう少し設定があり、彼女はアイルランドの旧家のお嬢様でした。父の死後は自活のため、あえて普通は選ばないであろうメイドの職に就き、仕事を楽しみました。

⊙**復活のポワロ**――この事件で調査にやってきたジャップと再会して、ポワロは探偵業に復帰します。印象的なのは、引退したポワロが事務所を手放していなかったことです。

調査でロンドンに出てきたポワロはジャップの声かけで、懐かしの事務所に入りました。それは探偵を続けたいポワロの本心でしょう。その事務所にへイスティングスもミス・レモンもいませんが、幸いなことに次のドラマからは無事に戻ってきます。

⊙**結末**――『アクロイド殺人事件』はクリスティーを代表する作品のひとつで、原作を知らない人でもその有名なトリックの手法を知る人が多い作品です。ドラマで再現する難しさもあったためか、壮大なトリックも、犯人との決着のつけ方も、大きく変わりました。

第47話

エッジウェア卿の死

LORD EDGWARE DIES

該当原作作品

『エッジウェア卿の死』

主要登場人物

ロード・エッジウェア
貴族。

ジェーン・ウィルキンソン
俳優。ロード・エッジウェアの妻。

ブライアン・マーティン
ジェーンの俳優仲間。

ロナルド・マーシュ
プロデューサー。ロード・エッジウェアの甥。

ジェラルディン・マーシュ
ロード・エッジウェアと先妻の娘。

ガイド

⊙**見どころ**——ポワロが探偵業を再開して、ヘイスティングス、ミス・レモン、そしてジャップのレギュラーメンバーが集うところがファンに嬉しい展開です。ポワロがグルメである設定は揺るがず、彼ら友人たちをもてなすため牛フィレのパイ（ステーキ・アンド・キドニープディング）を作り、事務所でディナーを開催します。

最後の真相を明かす際、ポワロはカーロッタが公演を行ったレストランに関係者全員を集めました。それぞれがついた嘘や隠し事を暴き、一人一人の無罪を立証しながら、最後に真犯人を追い詰める姿に、衰えはありません。

⊙**貴族**——ロード・エッジウェアの正式な名称は、4代目エッジウェア男爵ジョージ・アルフレッド・セント・ヴィンセント・マーシュです。爵位に付属する名称は領地の名前や家族名となり、男爵としてはエッジウェア、姓がマーシュとなります。爵位を持たない娘のジェラルディンと甥のロナルドの姓がマーシュになっています。ジェーンは貴族夫人ですが、俳優としての立場を優先していたのでしょう。

ロード・エッジウェアの屋敷は重厚な一棟建ての邸宅でした。貴族たちはロンドン滞在時に使うこのような屋敷「タウンハウス」を所持しました。

◉**メイド**――ジェーンはロード・エッジウェアと別居しており、その住居でメイドのエリスを雇用しました。同様に、妹を迎えようとした俳優カーロッタのフラットにも、メイドがいました。「良い生活」をするために、メイドが必要とされた時代の反映です。

◉**離婚**――ポワロが依頼を受けるきっかけとなる「離婚」は、英国では歴史的な事件を生みました。国王ヘンリー八世が離婚を認めない教皇と対立し、ローマ・カトリックから独立した英国王室の宗教・英国国教会を作りました。その後、カトリック弾圧の歴史（第3話「ジョニー・ウェイバリー誘拐事件」）や、非国教会の信徒の公職への就業制限もありました。英国貴族は基本的に王室と同じ英国国教会が主流となっています。

カトリック教徒は教義上、離婚者と結婚できません。離婚の事実を消すために結婚自体が無効だったと教会に申し立てることもできましたが、審査や手続きが複雑で時間もかかりました。この制約事項が、物語の核心へと繋がって行きます。

◉**ポワロの友情**――ポワロは最後に、自らが受け取るはずだった事件解決の謝礼金1000ギニーの小切手をそのままヘイスティングスに渡しました。騙されやすいヘイスティングスを気遣う最後のポワロ、ジャップ、ミス・レモンのやりとりも、友情がありました。

あらすじ

ポワロは引退を撤回し、ミス・レモンとともに同じ事務所で探偵業を再開する。そこにヘイスティングスも急遽アルゼンチンから帰国。投資に失敗して全財産を失い、妻ベラに後処理を任せ、英国で再起の足がかりを作るためだった。

気落ちするヘイスティングスのため、ポワロは招待状を送ってきたアメリカの喜劇俳優カーロッタ・アダムスの公演に行く。

公演後に、ポワロは俳優のジェーン・ウィルキンソンに声をかけられる。彼女は支配的で俳優業に反対する夫のロード・エッジウェアとの離婚を望んでいたが、彼が拒むため、ポワロに離婚の交渉をして欲しいと相談してきた。ポワロは依頼を承諾する。

ところが、面会したロード・エッジウェアは意見を変えて離婚を受け入れ、妻に手紙を既に送ったと語った。

そしてその夜、ロード・エッジウェアが自邸の書斎で殺害される。屋敷の使用人はジェーンが訪問してきたと語るが、ジェーンはその時間、あるディナーに参加していた。

第48話 メソポタミア殺人事件

MURDER IN MESOPOTAMIA

該当原作作品

『メソポタミヤの殺人』

主要登場人物

ウィリアム・コールマン
ヘイスティングスの甥。発掘隊員。

エリック・ライドナー
博士。考古学者。

ルイーズ・ライドナー
エリックの妻。

ラヴィニー
神父。考古学者。

ミス・ジョンソン
エリックの助手。

ガイド

⦿**見どころ**――「古代遺跡の発掘現場を舞台とした作品」である原作の発表年は、ちょうどドラマの年代1936年です。『メソポタミヤの殺人』のまえがきでは「イラク及びシリアの遺跡調査に携わっている多くの友に、この書を捧げる」と記され、同書解説によると本書がオリエント（中東）を舞台にした最初の作品になります。

クリスティーは「オリエント急行に乗ってバグダッドへ旅立たなかったら、そしてメソポタミヤの遺跡を訪れなかったら、この本は生まれなかったに違いない」と語りました。このオリエントへの旅は、二番目の夫になる考古学者のマックス・マローワンとの出会いにも繋がりました。

このバグダッドへの旅を手配したのが、1841年にトーマス・クックが創業した旅行社です。国内、そして次第に国外へとパッケージツアーを広げていました。

鉄道でイスタンブールへ行き、そこからダマスカスを経由し、バグダットへ行く旅行が手軽に準備できたのです。砂漠を横断するバスも運行され、様々な観光地へ行きやすくなりました。

あらすじ

ポワロはロサコフ伯爵夫人からの至急の電報を受け、彼女がいるバグダッドへ向かう。そこでヘイスティングスと彼の甥ウィリアムの案内で、メソポタミアの遺跡発掘隊の拠点を訪問した。

遺跡発掘は考古学者のエリック・ライドナー博士が率いており、妻ルイーズ、付き添い看護師エイミー・レザラン、ウィリアム、リチャード・ケアリー、マーカード夫妻、エリックの助手のミス・ジョンソン、考古学者・哲学者のラヴィニー神父が中核メンバーだった。

現地では作業員が絞め殺される事件が発生していたり、不審者が目撃されたりと、少し騒がしくなっていた。さらにポワロは、ミセス・ライドナーから、死別したはずの前夫フレドリック・ボズナーから「再婚したら殺す」という脅迫を受けているとの相談を受ける。男性と付き合うたびに手紙が来て、数年途絶えていたものの、最近また受け取るようになったと。

そんな相談があってからすぐ、ミセス・ライドナーが殺害された。

⊙**現地でも同じ流儀**——砂っぽい遺跡の発掘にあっても、相変わらずポワロはいつものスーツ姿を保ちました。さすがに薄めの麻ジャケットに着替えたようですが、暑いのかハンカチでよく顔を拭いています。

ポワロたちを出迎えた発掘隊のディナーでも男性はジャケットを着用し、席次も長方形のテーブルの上座に隊長のライドナー博士が、出入口に近い反対側にミセス・ライドナーが座っていました。

本作の名シーンは、調査隊の宿舎でポワロが「蚊帳はないの？」と問うとヘイスティングスが「刺されても平気」と答え、それに「私の肌は特別に弱いのです」と真顔でポワロが応じるところです。快適な環境を好むポワロは、すぐに快適なバグダッドのホテルに戻りました。

⊙**発掘地**——ロケ地はアフリカのチュニジアにあるウディナ遺跡で、発掘品は古代カルタゴや古代ローマのものがメインになっています。こうした遺跡で発掘された品物を国外に持ち出すには、土地の所有者や管轄する国の政府との交渉も必要となりました。登場人物の一人が発掘品を盗み出すのも、コレクターへ高値で売ることができたからでしょう。

第49話 白昼の悪魔

EVIL UNDER THE SUN

該当原作作品

『白昼の悪魔』

主要登場人物

アレーナ・スチュアート
ホテルの滞在客。俳優。

ケネス・マーシャル
ホテルの滞在客。アレーナの夫。

クリスティーン・レッドファーン
ホテルの滞在客。

パトリック・レッドファーン
ホテルの滞在客。クリスティーンの夫。

スティーブン・レーン
ホテルの滞在客。牧師。

ガイド

⊙**見どころ**──海辺のリゾートに滞在し、そのホテルに滞在する二組の夫妻で不倫関係が起きようとして、結婚歴が多く財産を持つ女性が殺されるこの構図は、第6話「砂に書かれた三角形」でも見られたものです。

原作が短編だった「砂に書かれた三角形」よりも、原作が長編の「白昼の悪魔」はトリックが複雑になり、被害者となる女性を巡る環境も大きく変わり、彼女を殺したい人物が多く存在しました。さらに過去に起こった事件も伏線とすることで、話が大きく広がっています。

⊙**海辺のリゾート**──19世紀半ばは鉄道路線も拡大しており、かつての時代よりも国内移動を多くの人々が安価に便利に利用できました。ミス・レモンが医師から取り寄せてポワロに渡したホテルのパンフレットも、現在の旅行に通じる消費が行われていたことを示しています。

原作でクリスティーは「一九二二年になると、例の〝休暇を海で〟の避暑地ブームがやってきて、南西部のデヴォン州やコーンウォール州の海岸も、夏には暑すぎるなどと敬遠

あらすじ

ヘイスティングスはアルゼンチン料理のレストラン「エル・ランチェロ」に出資し、新装開店に合わせてポワロとジャップを招待する。しかし、食事の最中、ポワロが倒れてしまう。医師の診断は不摂生であり、健康のためにミス・レモンが選んだ健康施策が充実するホテルへと送り込まれた。

島にあるホテルには俳優アレーナ・スチュアートと夫ケネス・マーシャル、その子ライオネル、彼らの知人のパトリックとクリスティーンのレッドファーン夫妻、レーン牧師、ドレスメーカーでポワロの知人ロザムンド・ダーネリーなどが滞在していた。

魅惑的なアレーナとパトリックとの距離が近づくように見える中で、扼殺されたアレーナの死体が砂浜で発見される。

されることもなくなった」(『白昼の悪魔』)と当時の状況を記しています。

この「海辺のリゾート」でのホテルを中心にした事件は屋敷での殺人と似た構造があり、(一)宿泊しているので人間関係が固定しやすい、(二)周囲と隔絶した閉鎖環境で容疑者がどのように行動したか把握しやすい、(三)第三者(ホテル従業員・使用人)を証言者にしやすいなど、殺人事件に使いやすかったようです。

⊙**ポワロの健康**——ポワロは健康のためにリゾート地へ送り込まれ、強い食事制限を受けました。そんなポワロを尻目に、ヘイスティングスや同席者はおいしそうなお肉を食べ、ポワロのストレスが蓄積し、ある時、弾けます。ホテルの対岸にあるレストランで、ステーキ、じゃがいも、にんじん、マッシュポテト、さやいんげんというシンプルでボリューム満点のメニューを食べているのです。普段のポワロならば味付けや繊細さを食事に求めるはずですが、とにかく食べたいという欲求がにじみ出ていました。

⊙**ポワロ・ファミリーとの旅の終わり**——ドラマではヘイスティングスやミス・レモン、そしてジャップは、原作では登場しない回にもレギュラーメンバーとして何度も登場しました。ポワロの個性や魅力は、彼らとの交流を描くことで数多く発揮されました。

しかし、この「白昼の悪魔」以降は原作準拠の方向へ舵を切り、この三人は第67話「ビッグ・フォー」まで登場しなくなります。このため、「ポワロ・ファミリー全員で事件の解決に取り組む」最後の回となりました。

第50話 五匹の子豚

FIVE LITTLE PIGS

該当原作作品

『五匹の子豚』

主要登場人物

キャロライン・クレイル
画家アミアスの妻。アミアスを毒殺して死刑。

フィリップ・ブレイク
株式仲買人。

メレディス・ブレイク
フィリップの兄。地主。

アンジェラ・ウォレン
キャロラインの異父妹。

エルサ・グリヤー
アミアスのモデル。

ミス・ウィリアムズ
アンジェラの家庭教師。

ガイド

⊙**見どころ**──「過去の犯罪の真相を解き明かす」構成と、美しい物語の構造をしています。原作は三部構成で、第一部ではポワロは担当弁護士や居合わせた関係者へのヒアリングを積み重ね、第二部では事件現場にいた主要な5人それぞれが事件当日の様子を説明したポワロへの手紙で語られます。第三部ではルーシーとフィリップ、メレディス、アンジェラ、エルサ、そしてミス・ウィリアムズが一堂に会して、彼らの前でポワロは事件当日の様子を再現し、過去の殺人の真犯人を明らかにしました。

語り手の当時の解釈には、思い込みによる事実誤認や、嘘も織り交ぜられていました。こうした「同じ場所・同じ時にいた過去を語る」構造を、それぞれの人物の目から見た「事件があった時のそれぞれの人々の時間」を繰り返し描き出す方法で再現しました。原作を尊重した精緻な回で、彼らが語る思い出の中に、幼いルーシーもいました。

⊙**タイトル**──『五匹の子豚』は、童謡「This Little Pig Went to Market」に基づいています。原作でポワロは、最初にキャロラインの弁護をした勅選弁護士ディプリーチに会い、彼から5人しか事件に関わっていないという話を聞いている最中に、子豚の童謡が浮かんでき

あらすじ

ルーシー・クレイルの母キャロラインは、画家の夫アミアスを殺した罪で14年前に絞首刑に処された。ルーシーは21歳になった時に母が自らに宛てた手紙を受け取り、事件全容を知る。母の無実を信じるルーシーは、14年前の事件の真相解明をポワロに託した。

当時7歳だったルーシーは、両親と屋敷オルダベリーにいた。事件の日には友人のフィリップ・ブレイクとその兄で地主メレディス、若いモデルのエルサ・グリヤー、それにアンジェラとその家庭教師ミス・ウィリアムズ、ハウスキーパーのミセス・スプリグスがいた。

モデルのエルサはアミアスに強く恋し、アミアスも彼女をモデルにした肖像画に没頭していた。アミアスとキャロラインの間では夫婦喧嘩も起こり、事態は悪化していた。

そして、アミアスはビールに猛毒の神経毒コニインを盛られ、死に至った。

ポワロは当時の関係者に話を聞き、それぞれが語る事件当日の様子から真相を探す。

て、それぞれの容疑者に子豚の特徴を対応させました（以下、「」内の歌詞は『五匹の子豚』から）。

「この子豚はマーケットへ行った」↓フィリップ

「この子豚は家にいた」↓メレディス

「この子豚はロースト・ビーフを食べた」↓エルサ

「この子豚は何も持っていなかった」↓ミス・ウィリアムズ

「この子豚は〝ウイー、ウイー、ウイー〟と鳴く」↓アンジェラ

⊙お金持ちのエルサ――アミアスに夢中になったエルサは、自分の絵を描いて欲しい、金を出すと言い、アプローチしました。若い頃の自宅にはメイドが働き、結婚して貴族の夫人となった後も豪勢な邸宅に住みました。ポワロが訪問した際にはコーヒーの給仕にフットマンが姿を見せました。相当に裕福な屋敷でなければ雇えない使用人です。

⊙容疑者にならない家事使用人――ドラマ版ではハウスキーパーのミセス・スプリグスがいました（原作では老父婦の使用人と子守り）。しかし、現場にいた人物ながらも疑われず、作品内でポワロから証言を求められることもなく、完全に蚊帳の外にいました。これまでの物語もそうであるように、クリスティー作品、あるいは探偵小説における多くの場合の家事使用人の立ち位置を示しています。彼らはいわば「透明な存在」でした。

COLUMN 5

殺人は癖になる？事件と動機

※ネタバレ注意

『名探偵ポワロ』は全70話で様々な事件を描きました。ここでは、これまで「屋敷」「家事使用人」で見てきたドラマを、「犯人と動機と事件の手法」にフォーカスして解説します。

私立探偵としてのポワロが直面した事件を犯人の動機別に分類すると、「経済的利益を得るための事件」と「非経済的利益を得るための事件」に大別できます。これに別軸で「殺人を伴うか」「伴わないか」の軸を掛け合わせると、概ねプロットできます。

物語上では単一の話で複数の事件が起こるケースもあるので、まずは個々の事件（主体となる事件がなければ発生しない「便乗犯の犯行」を除く）として見ていきます。

1．経済的利益の事件

❶遺産相続（財産目当て）

経済的利益を得る最も数が多い手段となったのが、遺産相続です。被害者は資産家であり、その死によって利益を得るのがほぼ近親者であるため、犯人は相続できる血縁者または遺言で財産を相続できる血縁以外の関係者となります。

遺産相続が事件のメインテーマとなっている事件は24話（34・2％）と一定の比率を占めています。

【親族による相続のための殺人（関連死を含まない）】

- 第4話「24羽の黒つぐみ」（犯人＝甥：被害者＝叔父：手段＝転落死偽装）
- 第10話「夢」（後妻with秘書：夫：銃での自殺偽装）
- 第20話「スタイルズ荘の怪事件」（夫・コンパニオン：妻：毒殺）
- 第21話「あなたの庭はどんな庭？」（血縁の夫妻：伯母：毒殺）
- 第25話「マースドン荘の惨劇」（妻：夫：病死偽装・銃殺）
- 第30話「猟人荘の怪事件」（甥夫妻：伯父：銃殺）
- 第31話「ＡＢＣ殺人事件」（弟：兄：撲殺）
- 第36話「黄色いアイリス」（義兄・後見人：義妹：毒殺）
- 第45話「もの言えぬ証人」（姪：伯母：毒殺）
- 第49話「白昼の悪魔」（夫with恋人：妻：絞殺）
- 第52話「ナイルに死す」（夫with元婚約者：妻：銃殺）
- 第64話「ハロウィーン・パーティー」（妻with恋人：伯母：毒殺、遺産相続予定のコンパニオン：刺殺）

直接的に資産家を殺すことで遺産相続を行う最もストレートなパターンです。ドラマでは「誰が、その死によって利益を得るか」が真犯人解明に重要な要素となります。そこで最も疑われる遺産の受益者たる近親者は、アリバイ工作やトリックを講じて、事件と無関係であることを示そうとしました。

特徴を抽出するとすれば「共犯が多い（夫婦または恋人と）」ことで、12話中7話が共犯ありでした。日常のパートナーは、殺人で共に利益を得て、相談でき、協力もできる裏切らない共犯者にもなるのでしょう。

遺産相続を巡るもうひとつの特徴には「相続人となったコンパニオンの排除」が見られました。「あなたの庭はどんな庭？」と「ハロウィーン・パーティー」はいずれも近親が引き継ぐべき遺産が、コンパニオンに渡されました。この相続を防ぐため、前者では殺人の罪を着せ、後者では遺言を偽造扱いにして（かつ殺して）相続を無効化しました。

【相続者を経由した遺産相続殺人】

- 第14話「コーンワルの毒殺事件」（犯人＝婚約者：被害者＝婚約者の伯母：手段＝毒殺、相続予定のコンパニオン：刺殺）
- 第32話「雲をつかむ死」（夫：妻・妻の母：毒殺）
- 第34話「エジプト墳墓のなぞ」（友人：資産家：毒殺、資産家の甥：自殺に追い込む）
- 第44話「ゴルフ場殺人事件」（恋人：結婚予定の恋人の父：刺殺、恋人の母：銃殺未遂）
- 第51話「杉の柩」（伯母：資産家・資産家の隠し子：毒殺、相続者：謀殺未遂）

「遺産相続の直接的利益を得ない人物が、利益を得る人物経由で利益を得る」間接的な遺産相続を巡る殺人事件です。個別に見ると「コーンワルの毒殺事件」は、犯人が「毒殺した人物の姪」（2000ポンド相続）の婚約者であり、かつ多くを相続する夫（2万ポンド相続）に罪を着せて謀殺し、より多くを姪経由で相続しようとした事件でした。ポワロが事件を解決しなければ、婚約者たる姪を殺して財産を奪う可能性もあったかもしれません。

「雲をつかむ死」はダイレクトに、金持ちの女性を殺し、その相続者の娘と結婚・殺害して、真犯人がすべて奪い取る事件です。「エジプト墳墓のなぞ」では、学生時代に命を救った友人が書いた「自分に財産を残す遺言書」を軸に、まず資産家である友人の叔父を殺し、その相続者の友人を自殺に追い込み、自分に財産が来る流れを作りました。「ゴルフ場殺人事件」では結婚を邪魔する恋人の父を殺害し、母の殺害も企て、恋人と結婚しての遺産相続を試みました。

このワンクッション入った相続殺人の完成形が、「杉の柩」でしょう。真犯人たる看護師は正体を隠したまま近づいた姪に遺言書を書かせました。そして、その姪が資産家の実子だと知っていたことから、資産家を殺し、次に自分の姪を殺し、かつ資産家の遺言ですべてを相続した女性を犯人にしたてあげ、財産相続を目論みました。

【親族の相続を守るための殺人】

- 第37話「なぞの遺言書」（動機＝財産を子供に独占させる）
- 第40話「死人の鏡」（娘の権利を守る）

こちらはふたつの事件が該当しました。いずれも直接の相続者ではなく、その母（片方は実子と伝えていない）が、実子に遺産相続の機会があるように、不利益となる遺言の執行を妨害し、より多くを得られるように殺人を犯しました。結果は「利益目的」ですが、あくまでも「子供のため」という愛情が引き金となりました。

【イレギュラー】

・第11話「エンドハウスの怪事件」(遺産相続者へのなりすまし)
・第56話「葬儀を終えて」(遺品獲得)
・第57話「満潮に乗って」(遺産相続者へのなりすまし)
・第62話「複数の時計」(遺産相続権の維持)
・第68話「死者のあやまち」(財産保持者へのなりすまし)

遺産を巡る他の形での事件で類型化しにくい事件が、右記となります。分類すると「相続権・財産権」を得るための「なりすまし」があります。これは「エンドハウスの怪事件」と「満潮に乗って」、そして資産を持つ女性から財産を奪い、殺して別人がなりすました「死者のあやまち」が該当します。

変則的な相続の形となる「複数の時計」では「再婚していなければ遺産相続できる」ことを知った真犯人たちが、その遺産相続の条件を満たすか確認しにきた人物を殺しました。

「満潮に乗って」は結婚によって兄を裏切った妹への制裁として、兄がその命と財産を奪うという描かれ方をしました。

こうした分類から外れた作品が、「葬儀を終えて」です。「親族による遺産相続のための殺人事件」があったと思わせ、実はその相続者のひとりコーラに仕えた女性ギルクリストが、コーラの持つ高額な絵画を形見分けとしてもらうために起こした殺人事件でした。「遺産相続の中に殺人を隠す」ため、ギルクリストはコーラに変装して葬儀に立ち会い、死んだ資産家が「殺害された」という疑惑の種をまきました。

❷盗難・強盗事件

次に目立つ事件は、遺産相続を伴わない金目当ての事件です。これは「誰が利益を得るのか」が遺産相続よりストレートで、それこそ「行きずりの犯人」でも成立し、利益を得る人物が絞り込みにくいものでした。

犯人を分類するならば「職業的犯罪者（犯罪を繰り返す）」と「きっかけがあって事件を起こした人々（きっかけがなければしない可能性もあった）」に分けられます。14話中9話で、職業的犯罪者が登場しました。

【盗難】

- 第8話「なぞの盗難事件」（対象＝機密書類：職業的犯行）
- 第12話「ベールをかけた女」（宝石：職業的）
- 第16話「二重の罪」（美術品：職業的）
- 第19話「西洋の星の盗難事件」（宝石：職業的）
- 第22話「100万ドル債券盗難事件」（債券）
- 第26話「二重の手がかり」（宝石：職業的）
- 第35話「負け犬」（機密書類）
- 第41話「グランド・メトロポリタンの宝石盗難事件」（宝石）
- 第52話「ナイルに死す」（宝石：職業的）

「盗難事件」の方は殺人が起こらず、ポワロのミッションは盗品を取り戻すことが主眼となります。盗難品は大まかに「宝石」と「機密書類」で、作品の舞台のコラムで解説したように、屋敷で起こる盗難事件も多くありました。

図らずも身内が偽装盗難に関与したのが、不適切な取引の証拠を取り戻す「なぞの盗難事件」と、不倫の代償として脅迫されて狂言での宝石盗難事件を起こした「西洋の星の盗難事件」です。

作中の職業的な宝石盗難犯として最も華麗な人物は、ポワロの「ファム・ファタール」的な存在であるヴェラ・ロサコフ伯爵夫人（「二重の手がかり」）でした。同じく上流階級に出入りする常習犯では、いとこととともに宝石の模造品を作ってすり替えるティモシー・アラートン（「ナイルに死す」）がいました。どちらもポワロによって機会を与えられ、警察に捕まる危機は回避できました。

【強盗殺人事件】

貴重品を奪うために殺人をする事件を、こちらでは「強盗殺人」とします。

- 第13話「消えた廃坑」（対象＝鉱山地図：殺人は殺し屋が実施）
- 第23話「プリマス行き急行列車」（宝石：職業的）
- 第38話「イタリア貴族殺害事件」（金）
- 第54話「青列車の秘密」（宝石：職業的）
- 第69話「ヘラクレスの難業」（宝石・絵画：職業的）

殺人を辞さない職業的宝石強盗犯が登場するのは「プリマス行き急行列車」、その同一プロットの「青列車の秘密」、そしてポワロがいる屋敷で殺人を起こした「ヘラクレスの難業」です。

一方、「金を得る機会があったので事件を起こした」のが、銀行頭取が起こした「消えた廃坑」と、脅迫者のイタリア貴族を殺して金を盗んだ「イタリア貴族殺害事件」です。どちらも職業犯と比べると罪は軽く見えますが、前者は罪を着せる相手を選び、共犯者に殺人と被害者なりすましを行わせ、後者はミス・レモンに近づきポワロと面識を得て自分の身の潔白の保証を試みるなど、いずれも入念な計画で殺人を行うのも特徴です。

❸持ち逃げ・横領の隠蔽事件

自身に権利がない金を横領して使い込み、行方をくらませたり、その隠蔽を行ったりする事件も描かれました。使い込む対象は「会社の金」と「後見人として預けられた財産」です。

- 第1話「コックを捜せ」（事件＝横領：隠蔽手段＝別人を犯人にする）
- 第15話「ダベンハイム失そう事件」（横領：別人を犯人にする）
- 第36話「黄色いアイリス」（預けられた財産の使い込み：別人を犯人にする）

会社の金を持ち逃げする事件では「コックを捜せ」が銀行の金を盗みました。ただ、この事件は「持ち逃げ」「同僚を殺害し、その死体を隠して失踪扱いにして横領の罪を着せる」「同僚の死体を隠す箱を持つコックを騙して箱を盗む」、そして「国外逃亡」を行うと、次々と犯罪が広がっていきます。

「ダベンハイム失そう事件」では、「銀行からの横領金を宝石へ変換」し、「自身の失踪を殺人に見せかけて取引相手に罪を着せる試み」や、「浮浪者になりすまして行方をくらます」、そして警察に身を隠すために「ジャップ主任警部の財布を盗む」と計画的に身をくらませる方法を講じました。

もうひとつの軸が「後見人による使い込み」です。「黄色いアイリス」では若い財産相続者が一定の年齢を迎えるまで財産を預かる後見人が使い込みを行い、その隠蔽のための殺人を試みました。

被害者が出る事件にならなかった預かり金を巡る騒動では、不況でリネットの財産運用に失敗した「ナイルに死す」（リネットに石像を落とすが意図的ではない）と、養子デズモンドの受託金を着服したために、受託金を受け取る条件の「結婚」を妨害する「象は忘れない」がありました。

なお、「あなたの庭はどんな庭？」では株の投資失敗で伯母の金を使い込み、その発覚を防ぐことが事件のきっかけとなりますが、遺産相続事件としてカウントします。

❹詐欺事件

他者を騙して金銭を得ようとする「詐欺」は、事件として作品内で発生したものを取り上げます。

- 第23話「プリマス行き急行列車」（案件＝株価操作）
- 第36話「黄色いアイリス」（政治的密約での資金流用）
- 第40話「死人の鏡」（土地開発）
- 第49話「白昼の悪魔」（投資）
- 第69話「ヘラクレスの難業」（口止め料）

「プリマス行き急行列車」では大金を得るために、恋人の父親の会社の株価が下がる悪評を流して株を買い、その悪評を覆す結果が出て株価が上がった時点で売却する手法が見られました。この株価操作をジャップは詐欺と断じ、取り調べました。

「死人の鏡」では依頼主から頼まれた詐欺事件の調査で、一万ポンドを投じた土地開発がまったく進んでいない、というものでした。これは依頼主から金を預かった建築デザイナーが関係者に金を持ち逃げされた事件でした。

「ヘラクレスの難業」の場合、スイスのホテルで起こりました。英国の外交官ハロルド・ウェアリングは、ホテルで知り合ったクレイトン夫人が夫からひどい暴力を受けているところを助けた際、夫人が誤って夫を殺す場に立ち会います。善良なハロルドは夫人のため事件揉み消しに金を使いますが、それはハロルドから金を引き出すための詐欺事件でした。死んだ夫は、彼女の姉が化けて死んだふりをしたものだったのです。

❺誘拐事件

身代金要求を伴う誘拐事件は、第3話「ジョニー・ウェイバリー誘拐事件」のみです。実際には父親による狂言誘拐で、被害者は出ませんでした。ドラマ内で過去の身代金誘拐事件がモチーフとなったのは「オリエント急行の殺人」で、誘拐が行われ、かつ犠牲者となりました。

身代金を伴わない誘拐では、後述する「誘拐された総理大臣」と、演劇的犯罪の共演者とするために政党幹部を誘拐した「ビッグ・フォー」があります。人身売買目的での誘拐が計画されたのは「死との約束」でした（未遂で終わる）。

❻部下を潜入させるための殺人

「ヘラクレスの難業」では強盗殺人犯マラスコーが、盗品を隠すホテルに自分の手下グスタフを入り込ませるため、元々いた従業員ロベールを殺害していました。ホテル経営者はロベールが失踪したことに気づきながらも、グスタフを受け入れていました。目的のために人殺しを辞さない強盗犯マラスコーの残忍さが反映されています。

2. 非経済的利益による事件

❶結婚・恋愛

「愛」による殺人も、『名探偵ポワロ』のテーマです。ここでは「遺産相続」の事件に含まれていない、かつ邪魔者を排除することで「新しい未来がある」と考えて行われた事件を扱います。

- 第5話「4階の部屋」（犯行＝妻の殺害：動機＝恋愛）
- 第6話「砂に書かれた三角形」（妻の殺害・夫の排除：恋愛）
- 第27話「スペイン櫃の秘密」（夫と恋人両方の排除：恋愛）
- 第47話「エッジウェア卿の死」（夫の殺害：離婚歴の消去）
- 第63話「三幕の殺人」（既婚を知る親友の殺人：口封じ）
- 第67話「ビッグ・フォー」（国際犯罪組織を演出する殺人：恋愛）
- 第68話「死者のあやまち」（妻の殺害：結婚）

まず「既婚者」であることを隠し、婚姻そのものを解消しようとする殺人が「4階の部屋」と「三幕の殺人」です。前者は離婚の同意が得られず恋人に既婚者だと暴露すると脅されて殺害に及びました。後者は結婚に立ち会った親友の医師を口封じで殺して重婚を試みようとしました。

カトリック独自の離婚の捉え方のため、妻が夫を殺したのが「エッジウェア卿の死」です。宗教的理由で「離婚した女性と結婚できない」恋人マートン公爵と結婚するため、夫のエッジウェア卿に正式な離婚をされる前に、真犯人は夫の殺害に及んだのです。

「砂に書かれた三角形」では二組の夫婦で、片方の妻を毒殺し、もう片方の夫に冤罪を着せて、残ったそれぞれの夫と妻が結婚するために事件を起こしました。

恋するがゆえに決闘し、殺人を犯した真犯人がいるのが「スペイン櫃の秘密」です。マーゲリート・クレイトンに恋するあまり、その夫エドワードを殺害し、かつ恋人のリッチ少佐に罪を着せて排除しようとしたカーティス大佐は手段を選びませんでした。

最も歪んだ殺人が起こったのは「ビッグ・フォー」です。愛する女性が冗談で言った「最高の人」「全世界の記憶に残る男」ならば相手にするとの言葉を受け止め、存在しない国際的犯罪組織をでっち上げ、その幹部として世界を揺るがす存在となるため、殺人が容赦無く遂行されました。

❷感情・嫉妬・復讐（殺すことで完結）

【非計画的殺人】

- 第7話「海上の悲劇」（動機＝抑圧的な妻からの自由）
- 第12話「ベールをかけた女」（報復）
- 第35話「負け犬」（怨恨・口封じ）
- 第39話「チョコレートの箱」（妻への加害）
- 第50話「五匹の子豚」（恋人の裏切り）

・第66話「象は忘れない」（嫉妬）
・第70話「カーテン」（妻への怨恨・教唆あり　未遂）

「非計画的殺人」は、それまで事件を起こす気がなかったのに、殺意が訪れてしまったがゆえに短い時間で殺人を犯したケースです。「海上の悲劇」は拘束されて屈従を強いられた自分に気づかされたことで、妻からの自由を求める夫が殺人を行いました。

「負け犬」では金を生む開発の権利が自分の知らぬところで手を離れていることを知り、かつ書斎に忍び込んだことを被害者に見つかってしまったがゆえに、反射的に殺すことになりました。

「五匹の子豚」も前日まで殺人など思いもよらなかったモデルが、恋人の画家が妻に自分との恋愛が遊びだと語っていたのを聞いてしまい、殺人を決意しました。

「象は忘れない」は主要な事件が現在と過去とであるために分類が難しいですが、過去の事件では双子の姉ドロシアが、一緒に外出した妹マーガレットを崖から突き落として殺しました。その要因は、姉が妹の配偶者を好きだったためです。

扱いが難しいのが「チョコレートの箱」で、政治家ポール・デルラールは、部屋を出て行った妻が階段を転がり落ちて死ぬかもしれないのに、絨毯を引っ張って転落死させました。ポールの母はそれを「殺人」とみなし、後に責任を取ろうとしました。


【計画的殺人】

・第2話「ミューズ街の殺人」（動機＝復讐　謀殺未遂）

・第24話「スズメバチの巣」（嫉妬　ポワロが防ぐ）
・第42話「ポワロのクリスマス」（復讐）
・第48話「メソポタミア殺人事件」（嫉妬）
・第53話「ホロー荘の殺人」（嫉妬）
・第57話「満潮に乗って」（嫉妬）
・第61話「死との約束」（復讐）
・第64話「オリエント急行の殺人」（復讐）
・第66話「象は忘れない」（復讐）
・第70話「カーテン」（夫からの自由・教唆あり　未遂）

計画的殺人は「嫉妬」と「復讐」に分類できます。前者の嫉妬では「スズメバチの巣」で、余命短い哲学者が恋人を奪った婚約者に他殺の罪を着せる偽装を行い、ポワロに阻止されました。「メソポタミア殺人事件」では妻を仕事のパートナーに奪われたことで、「ホロー荘の殺人」では尊敬する夫が他の女性と不倫していたために殺人が生じました。

復讐は時間をかけたものが多く、「ポワロのクリスマス」では母を裏切った父へ息子が復讐を果たしました。前述した「象は忘れない」の復讐はふたつあり、過去にあっては妻マーガレットを転落死させたその姉ドロシアに、夫のアリステアが復讐する心中事件が起こりました。現在にあってはドロシアの娘が、ドロシアが受けた苦痛を伴う精神治療を行った医師を殺し、心中事件で母を殺したアリステアの娘シリアも復讐相手として殺害を試みました。殺人の因果が巡る、というのでしょうか。

もうひとつの長きにわたる復讐劇は「死との約束」で、養子として実子を預けざるを得なかった両親が、その子供が虐待を受け続けていることを知り、虐待の命令者ボイントン卿夫人と実施者の乳母を殺害しました。ただ、この殺害は娘の未来を得るためのものでもあり、復讐して完了する他の事件と異なりました。

短期間での計画的復讐計画は「ミューズ街の殺人」で、脅迫によって自殺を選んだ友人の死を他殺に見せかける工作を行い、脅迫者を殺人犯にしようとしました。

【過失致死】

- 第9話「クラブのキング」
- 第57話「満潮に乗って」

本来殺害の意図も計画もない人物が、感情的になって相手を殴り、転倒した相手が頭を打って死亡してしまう過失致死は、「クラブのキング」と「満潮に乗って」で起こりました。ポワロは過失致死を犯した人物にはあまり厳しく接しない傾向があり、前者は罪を問わない、後者も追い詰めずに別の計画的殺人犯を追い詰めることに注力しました。原作では後者の事件も見逃し、罪を問われなかった青年が婚約者とやり直す機会を与えました。

【正当防衛】

- 第44話「ゴルフ場殺人事件」
- 第55話「ひらいたトランプ」

犯人に命を狙われるも、抵抗時の正当防衛で犯人が死ぬ結果となった事件は2件あります。「ゴルフ場殺人事件」では恋人が遺産相続の権利を失うと宣言されたため、その宣言をした母を殺そうとマルト・ドブレーが夫人殺害を企て、返り討ちに遭いました。

「ひらいたトランプ」では、友人アンを支配下に置きたいローダが、恋人との暮らしを考え始めたアンをボートから落として溺死させようとします。しかし、アンが抵抗した際にローダも船から転げ落ち、結局、ローダが溺死する結果となりました。

❸政治・軍事・宗教のための事件

1930年代という国際情勢と、大英帝国という支配する側にあるために、政治・軍事目的での事件もドラマ内で描かれ、その調査に名探偵たるポワロが投入されました。ここで起こるそれぞれの目的は、英国国家へダメージを与えるものとなりました。

そしてもうひとつ、政治が宗教に与える影響を防ぐための殺人も行われました。

- 第8話「なぞの盗難事件」（犯行＝機密書類盗難）
- 第17話「安いマンションの事件」（米軍の機密書類盗難）
- 第18話「誘拐された総理大臣」（誘拐）
- 第28話「盗まれたロイヤル・ルビー」（宝石盗難）
- 第33話「愛国殺人」（殺人）
- 第39話「チョコレートの箱」（殺人）

・第62話「複数の時計」（機密書類盗難）

シンプルに言えば、「誘拐された総理大臣」は英国に長く支配されるアイルランドから、「盗まれたロイヤル・ルビー」は同じく実効支配されるエジプトから、英国へ向けられた政治的攻撃となりました。

機密書類の盗難事件で特に興味深いのが「複数の時計」で、予期されるドイツとの戦争を避けるという目的のため、主体的に機密を流す人々が描かれていた点です。ある意味では、犠牲を出さないための愛国的行為なのです。ただ、その秘密を守るため殺人が起こりました。

唯一の信仰心に基づく殺人が、「チョコレートの箱」です。政治家の息子がその政治活動によって母国の宗教カトリックへダメージを与えると判断した母は、過去に息子が妻を殺したことへの責任を取ることも含めて、毒殺を行いました。

3．秘密を守るため・口封じの殺人

「経済的利益のための事件」と「非利益のための事件」が起きる中、そもそも「事件を顕在化させないため・秘密を守るための殺人」も行われました。自身の「不都合な過去」を知られると現在に不具合があるという点で、この殺人は「秘密を暴く他者」が事件発生のトリガーになりました。

ここで解説する事件はあくまでも「口封じが殺人の主目的」で、「主目的となる事件の目撃者を殺す従属的・突発的な口封じとしての殺人」は、次の「副次的殺人」にて扱います。

・第4話「4階の部屋」（秘密の内容＝結婚していること）
・第29話「戦勝舞踏会事件」（麻薬取引）
・第33話「愛国殺人」（重婚）
・第36話「黄色いアイリス」（違法な取引）
・第46話「アクロイド殺人事件」（恐喝の秘密）
・第55話「ひらいたトランプ」（過去の殺人）
・第58話「マギンティ夫人は死んだ」（殺人鬼の息子という過去）
・第59話「鳩のなかの猫」（スパイであること・行動が怪しいこと）
・第60話「第三の女」（別人になりすまして会社を経営していること）
・第62話「複数の時計」（機密書類の盗難）
・第63話「三幕の殺人」（結婚していること）
・第64話「ハロウィーン・パーティー」（過去の殺人）

他者がトリガーになることでの殺人は、まず「今の立場の喪失」を防ぐために行われました。恋人ココの麻薬利用を止めさせようとしたクロンショー卿とココが口封じで殺された「戦勝舞踏会事件」、アルゼンチンでの不正な取引を告発するといった妻を殺した「黄色いアイリス」、重婚の秘密を知られれば財産と地位を失う「愛国殺人」、養子の立場を失う「マギンティ夫人は死んだ」、死んだ友人アンドリュー・レスタリックになりすまして相続を目論む「第三の女」、継続的スパイ活動を行うために秘密を知った女性を殺した「複数の時計」があげられます。

「第三の女」は複合的事件で、なりすましの共犯者フランシス・キャリーは、なりすまされたアンドリュー・レスタリックの隠し子で、財産を相続した義理の姉ノーマ・レスタリックに恨みを抱き、彼女を自殺に追い込んでの遺産相続も図っていました。

もうひとつの秘密の軸は「別の事件の口封じのための殺人」が、「ポワロが解決する主要な殺人事件」となるものです。言い方を変えれば、口封じの殺人を行ったがゆえに、ポワロによって他の隠したい事件を見つけ出されてしまうのです。

恐喝の秘密を隠すためにトリックを駆使した「アクロイド殺人事件」、過去の殺人の秘密を握られたことで口封じの殺人をした「ひらいたトランプ」、学園内での怪しい動きを見つけられたことで脅迫者・接触者を殺した「鳩のなかの猫」が該当します。

これら「今の立場の喪失」と「別の事件の口封じ」両方に該当するのが、「ヒッコリー・ロードの殺人」です。真犯人は密輸の発覚を防ぐため目撃者と共犯者を殺害しました。かつ、過去に真犯人が起こした母の毒殺に起因して「もう一度事件を起こせばすべての立場を失う」ことから、自分の正体を知った友人をも殺害しました。

4. 副次的殺人・殺人未遂

副次的殺人・殺人未遂は、主要な事件が発生することで、連鎖的に起きる事件です。別の言い方をすれば最初の事件がなければ、この事件は起こりません。

これは『名探偵ポワロ』で発生する殺人事件件数の多くを占めるものでした。真犯人が事件を目撃された・知られたことでの反射的な殺人で計画性がなく、この口封じの行動が事件の真相への近道となっていきます。

既に言及した作品も多いため、重複を省き、リストのみ掲載します。

❶口封じ

- 第42話「ポワロのクリスマス」（犯行＝撲殺未遂：被害者＝正体・証拠に気づきかけた親族の娘）
- 第43話「ヒッコリー・ロードの殺人」（盗難事件への関与・密輸の秘密・過去の秘密）
- 第45話「もの言えぬ証人」（ガス殺：毒殺に気づいた医師）
- 第46話「アクロイド殺人事件」（轢殺：トリックに気づいた執事）
- 第47話「エッジウェア卿の死」（毒殺：アリバイ協力者、刺殺：トリックに気づいた劇作家）
- 第48話「メソポタミア殺人事件」（毒殺：犯人に気づいた助手）
- 第52話「ナイルに死す」（刺殺：脅迫したメイド、銃殺：目撃者の作家）
- 第56話「葬儀を終えて」（撲殺未遂：親族の癖に違和感を持った女性）
- 第58話「マギンティ夫人は死んだ」（絞殺：義母）
- 第60話「第三の女」（撲殺未遂：オリヴァ）
- 第62話「複数の時計」（絞殺：部下の秘書、轢死：死者の妻を演じた血縁）
- 第64話「ハロウィーン・パーティー」（刺殺：偽造協力者、溺死：目撃者の兄、毒殺未遂：殺人の目撃者）
- 第67話「ビッグ・フォー」（爆殺未遂：ポワロ）
- 第68話「死者のあやまち」（溺死：正体に気づいた祖父、絞殺：孫娘）

❷便乗

・第11話「エンドハウスの怪事件」（犯行＝遺言の偽造）
・第47話「エッジウェア卿の死」（窃盗）
・第56話「葬儀を終えて」（土地権利書の窃盗）

5. 冤罪・真犯人を別に用意

殺人や事件を起こした真犯人が、その事件の責任を他者に着せて自らの罪を免れるための試みを計画的に行った事例です。ここでは、ポワロが真犯人を誘き出すためにわざと警察に逮捕させた案件は除きます。

❶計画的（特定の犯人を用意・容疑を向ける）

・第6話「砂に書かれた三角形」（罪を着せる相手＝共犯者の夫：手段＝毒を入れた瓶をポケットに）
・第11話「エンドハウスの怪事件」（友人：凶器の銃をポケットに入れる）
・第13話「消えた廃坑」（阿片窟に通う男性：殺害現場に放置）
・第14話「コーンワルの毒殺事件」（被害者の夫：毒を入れたと証言）
・第16話「二重の罪」（バスの同乗者：トランクを持ち出そうとしていたと証言）
・第21話「あなたの庭はどんな庭？」（被害者のコンパニオン：犯罪の証言）
・第22話「100万ドル債券盗難事件」（銀行の部長と債券の運び役：自身のアリバイをつくり容疑を向ける）
・第26話「二重の手がかり」（被害者の知人：その手袋を落とす）

・第27話「スペイン櫃の秘密」（被害者の恋敵：その家で殺人を行う）
・第30話「猟人荘の怪事件」（駅で目撃された髭の男：変装）
・第31話「ＡＢＣ殺人事件」（被害者宅を訪問させられた行商人：現地にいさせる・凶器をポケットに入れる）
・第33話「愛国殺人」（真犯人宅の庭師：庭師として雇用し、銃撃したと証言）
・第36話「黄色いアイリス」（同席した男性：毒を入れた瓶をポケットに入れる）
・第37話「なぞの遺言書」（被害者の主治医：毒殺に使われた薬瓶の管理者）
・第41話「グランド・メトロポリタンの宝石盗難事件」（宝石を預かるメイド：事件現場にいた）
・第50話「五匹の子豚」（死刑執行：死刑となった女性が盗んだ毒を利用）
・第51話「杉の柩」（被害者の恋敵：毒殺の容疑を向ける）
・第60話「第三の女」（被害者がナニーをしていた女性：思い込まされる）
・第62話「複数の時計」（被害者宅を訪問した派遣秘書：犯人に呼び出される）
・第65話「オリエント急行の殺人」（車掌の制服を着た人物：存在しない犯人の目撃情報を用意）
・第68話「死者のあやまち」（妻のまたいとこの男性：怪しいと証言、彼のヨットの近くに妻の帽子を残す）

冤罪の結果死刑となった「五匹の子豚」で罪を着せられたキャロライン・クレイルは、本来は否定できました。しかし、妹アンジェラが毒殺犯だと錯覚し、妹をかばうために死刑を引き受けました。同じく死刑が確定した「杉の柩」の場合、ポワロが真相解明に間に合い、真犯人を見つけ出したことで死刑を防ぐことに成功します。

❷結果的（警察による誤認逮捕）

こちらは真犯人が「誰か明確に特定個人を犯人として用意した」わけではなく、結果として警察の思い込みや残された証拠で真犯人以外が逮捕された事件です。いずれもポワロが真相を解明しました。

- 第13話「消えた廃坑」
- 第20話「スタイルズ荘の怪事件」
- 第35話「負け犬」
- 第44話「ゴルフ場殺人事件」
- 第58話「マギンティ夫人は死んだ」

「マギンティ夫人は死んだ」は誤認逮捕で死刑が確定したケースですが、こちらは真犯人が誰かの仕業にしようと計画はしたものの、誰に罪を着せるかは決めていないものでした。結果として被害者宅に下宿していたジェームズ・ベントリーが自分から罪を認めました。

6. 殺人の手法

ドラマで描かれた事件の傾向を解説します。なお殺害手段の描写がない作品は、省いています。

作品内で行われた殺害が登場した話数と実際に行われた件数とをカウントし、回数上位トップ5を抽出しました（未遂と自殺は含まない。過去の追憶の殺人は含む）。

❶直接的殺人

- 1位：毒殺21話／27回
- 2位：刺殺21話／25回
- 3位：銃殺14話／15回
- 4位：撲殺11話／12回
- 5位：絞殺6話／7回

1位は毒殺です。薬剤師の経験があり、毒をよく用いたというクリスティーの名に恥じない毒殺の数です。毒殺は飲料・食品に混入して服毒が16件、薬品（病原菌を含む）を注射で注入するものが5件、他に睡眠薬や麻薬などの分量を変えて過剰摂取で死に至らしめるパターンが見受けられました。同一犯による最多毒殺は「三幕の殺人」のチャールズ・カートライトで、3名を毒殺しました。

2位の刺殺は毒殺と大差がない件数で、身近なナイフが凶器になるためでしょう。最も多く刺殺したのは「ヘラクレスの難業」の強盗殺人犯マラスコーで、英国内の屋敷で令嬢、警護の警官、そして絵画を守る警官の三名を惨殺しました。

3位の銃殺は、銃の入手が難しいにもかかわらず上位に入りました。最も銃殺が多かったのは「ナイルに死す」の2件で、最後に犯人が心中を行うことも加えれば4人の死をもたらしました。銃は自殺への偽装もしやすいため、「夢」「愛国殺人」「死人の鏡」で自殺に偽装するトリックが用いられました。

❷ドラマ内の登場人物の最多殺人数

作品内の個人または同一目的を持つ共犯者による殺人数トップ3を見ていきます。

- 1位：「満潮に乗って」：7名

犯人：デビッド・ハンター

被害者：執事、フットマン、メイド2名、ゴードン夫妻、出産前の自分の子供

最も殺人を犯したのは、ハンターです。彼は上述した執事からゴードン夫妻までの6名がいたタウンハウスを爆発させ、殺しました。さらにメイドのアイリーン・コリガンが妊娠した自分との間の子供を堕胎させました。

- 2位：「ハロウィーン・パーティー」：6名＋1名の殺人未遂

犯人：ロウィーナ・ドレイク&マイケル・ガーフィールド

被害者：夫、伯母、オペア、事務員、少女、少年＋少女1名の毒殺未遂

殺人の規模としてハンターに次ぐのが、庭園のことしか考えていないマイケルとその恋人ロウィーナです。二人の殺人は様々な事件が混在しており、まず邪魔となる夫を車で轢死させ、ロウィーナの遺産相続のために伯母を毒殺し（作中でポワロが指摘）、かつ伯母の相続人となったオペアも刺殺して死体を隠しました。

さらにオペアの遺言偽装に協力した法律事務所事務員の口を封じ、ドラマ冒頭に描かれるハロウィーン・パーティーの会場で事件を目撃したと語った少女を溺死させ、それに気づいた少女の兄も同じく殺し、最後には事件の目撃者でマイケルの実の娘の殺害も試みました。

目撃者がいたがゆえに、口封じで殺人が拡大していく典型的事例です。

3位は、単独犯で4名を殺害した以下の事件が挙げられます。

- 3位：「ＡＢＣ殺人事件」：4名
  犯人：フランクリン・クラーク
  対象：商店主、ウェイトレス、兄、映画を見ていた人＋冤罪

「殺人の中に殺人を隠す」という有名な事件を実施したフランクリンの犯行で、手口は撲殺、絞殺、撲殺、刺殺とバリエーションに富んでいます。また、自分の代わりの容疑者を手配する周到さも発揮しました。

- 3位：「ヒッコリー・ロードの殺人」：4名
  犯人：ナイジェル・チャップマン
  対象：学生寮の友人、学生寮の女主人、学生寮の友人、母（過去）

ナイジェルは密輸事件に関わり、その口封じのために友人と共犯者の女主人を殺害した上に、過去に母を殺害

したことで事件を明るみに出したくないがため、自分の正体を知った友人も殺害しました。強盗殺人犯マラスコーに並ぶ、作中で最も殺人をためらわない人物のひとりだったと言えます。

・3位：「ビッグ・フォー」：4名
犯人：クエンティン医師（アルバート・ウォリー）
対象：チェスマスター、伝記作家、浮浪者、外交官＋爆殺未遂（ポワロ）

愛する女性に認められる存在になるために事件を起こしたアルバートも、目的のために手段を選ばない人物として殺人を粛々とこなしました。他の殺人者と違って「演出」のための殺人が多く、ポワロ爆殺も企てました。他にも2名の有力者を誘拐しました。

7．事件の広がり

『名探偵ポワロ』で描かれた事件は事件が「その事件で終わっているのか」「事件は拡大していくのか」にも分けられます。また、ひとつだと思っていた事件が複数の事件に広がっていくことも起こりました。この事件の広がりは、ともすればドラマのわかりにくさにも繋がりますので、簡単に整理して、代表事件をそれぞれ三つほど挙げます。

❶捜査開始時に事件は完結しており、ポワロが犯人を探すだけ

・完結した事件↓犯人を探して真相を明かせば終了（前半に多い）。
「二重の手がかり」「クラブのキング」「ホロー荘の殺人」
・回想の事件↓過去に完結している事件で広がらない
「チョコレートの箱」「五匹の子豚」
❷事件が進行形で起き、ポワロが巻き込まれる
・単独の事件
「ジョニー・ウェイバリー誘拐事件」「イタリア貴族殺害事件」「ゴルフ場殺人事件」
・事件が進行形で連続して被害が広がる
「なぞの遺言書」「ＡＢＣ殺人事件」「ビッグ・フォー」
・口封じで被害者が増える
「ヒッコリー・ロードの殺人」「死者のあやまち」「エッジウェア卿の死」
・事件に派生する便乗事件が起こる
「海上の悲劇」「エンドハウスの怪事件」

・真犯人による偽装または警察の誤認逮捕で無実の人間が捕まる
「スペイン櫃の秘密」「マギンティ夫人は死んだ」「杉の柩」

❸複数の事件が混在する
・一見すると別々の進行中の事件が同一犯による犯行としてリンクする
「コックを捜せ」「ベールをかけた女」「西洋の星の盗難事件」
・現在の事件と過去の事件のつながりが可視化される
「白昼の悪魔」「ひらいたトランプ」「オリエント急行の殺人」
・まったく別の真犯人による事件が同居する
「メソポタミア殺人事件」「複数の時計」「ヘラクレスの難業」

まとめ

このコラムでは「殺人事件」を中心にデータを見ていきました。『名探偵ポワロ』にあっては遺言相続を巡る事件も多く、また毒殺や刺殺も殺害手段として大きな比率を占めました。人が人を殺すという罪には、死という罰が待っていました。失うものが大きいにもかかわらず、ドラマで描かれた人々は、リスクを冒してでも金銭や愛情を得るために、殺人の道を選びました。

ただ、今回のコラムを書いていて、「計画的な犯行」を行ったとしても、目撃者や真相に気づく人物は登場してしまい、なし崩し的な口封じ殺人を起こさざるを得ない事件が一定数あったことにも気づかされました。

こうした口封じは際限がないもので、特にそれまでほとんど事件の被害者にならなかった「子供」の犠牲者が生まれる「ハロウィーン・パーティー」「死者のあやまち」といった事件にも繋がりました。

また、マラスコーのような職業的強盗殺人犯に加え、殺人を繰り返すことにためらいを覚えなくなる人物たちも登場しました。「ハロウィーン・パーティー」「ビッグ・フォー」など上位の殺人者に匹敵する印象的人物は「エジプト墳墓のなぞ」に登場した医師ロバート・エイムズで、遺産相続のための殺人だけではなく、利害関係のまったくないシュナイダー博士に病原菌を注射した上、ポワロの毒殺も試みました。

本コラムのタイトル「殺人は癖になる？」は、ポワロが原作の『メソポタミヤ殺人事件』で述べた、探偵として学んだという最も恐ろしい言葉を指し、実際にドラマの中ではその殺人を繰り返す人々の姿が描かれました。

第51話

杉の柩

SAD CYPRESS

該当原作作品

『杉の柩』

主要登場人物

ローラ・ウェルマン
富豪の未亡人。

ロディ・ウィンター
ローラの甥。

エリノア・カーライル
ローラの姪。

メアリ・ジェラード
ローラの屋敷の庭師の娘。

ホプキンズ
ローラの看護師。

ガイド

⊙**見どころ**――冒頭、殺害容疑でエリノアが裁判にかけられているシーンから始まります。原作も同様にエリノアの裁判から始まり、第一部ではメアリが死ぬまで、第二部でポワロが登場して事件の捜査を行い、第三部で再び最初の裁判のシーンに戻り、エリノアの容疑を巡る裁判が進行して、裁判だけで物語が完結します。

緊迫した裁判の中で、エリノアは死刑の判決を受けました。視聴者は、エリノアが有罪なのか、無罪なのか、最後までわかりません。

タイトル「杉の柩」はシェイクスピアの『十二夜』第2幕第4場で道化フェステが歌う歌に由来し、作中ではローラが病床の自身を重ねてその一節を歌いました。

⊙**豪華な屋敷と使用人**――ローラが住んでいた屋敷ハンタベリー邸は大きな屋敷で、ハウスキーパーのミセス・ビショップなどの家事使用人と、付き添い看護師のホプキンズ、オブライエンのふたりが働いていました。

この使用人たちが活躍するのは屋敷のテラスで開催された、大勢のゲストを招いたエリノアとロディの婚約を祝う園遊会でした。ポワロも招かれたこの会で、ミセス・ビショッ

あらすじ

屋敷ハンタベリー邸に住む病身のローラ・ウェルマンには、姪のエリノア・カーライルと、義理の甥のロディ・ウィンターがいた。婚約するエリノアとロディの下に、ローラがもうすぐ死ぬという不審な手紙が来たため、不安に思ったふたりは叔母に会いに行く。

屋敷には幼馴染のメアリ・ジェラードがおり、ローラの看病をしていた。屋敷で働いた庭師の娘で、久しぶりの再会だった。そして、エリノアたちはローラの主治医で信頼するピーター・ロードに、手紙のことを相談する。ピーターは近くに知人のポワロが来ていたので、その力を借りた。

しばらくして、ローラが急逝する。遺言はなく、最も近い親族のエリノアが遺産20万ポンドをすべて相続した。しかし、ロディはメアリに心を奪われ、エリノアとの婚約が解消される。

メアリへの殺意が募る中、エリノアはメアリと、叔母を世話した看護師ホプキンズにサンドイッチを振る舞うが、その席でメアリが死亡し、毒殺の容疑をかけられた。

プは目を光らせて、場を取り仕切っていました。

存在感あるミセス・ビショップは事件が起こる日にエリノアから休むように指示を出されていましたが、「あなたの指示でコックとメイドは休暇を取っていますが、私には必要ありません」と職業意識の高さを見せました。なお、原作ではこのシーンがありません。エリノアは屋敷の売却を決め、使用人を解雇したからです。

屋敷のロケ地「Joyce Glove」は、撮影時はホスピスとして用いられていました。二度の大戦を経て、屋敷を維持するのは難しくなり、学校や病院への転用は珍しくないことでした。

⦿**紅茶を飲む**——屋敷の近くの村には、19世紀末から英国でチェーン店を展開する大手資本のLyonsのチェーン店が出ていました。日本の最初期の喫茶店「カフェー・ライオン」の名前の由来にもなり、その特徴的なメイド服は有名なものでした。

このドラマでは「紅茶を飲むシーン」が多く、メアリは冒頭で村の青年テッドとLyonsから出てきて、その後も看護師ホプキンズとオブライエンの二人組と屋敷の庭やLyonsでお茶を楽しんでいます。エリノアがサンドイッチを振る舞う際や、ポワロがホプキンズ宅を訪れた際にも（2回）、紅茶が出てきました。

紅茶はこの物語で重要な位置を占めていますが、ポワロは作中ではティザンを嗜み、ドラマのクライマックスでも紅茶を巡るいつもの態度を示しました。

第52話 ナイルに死す

DEATH ON THE NILE

該当原作作品

『ナイルに死す』

主要登場人物

リネット・リッジウェイ
大富豪。

ジャクリーン・ド・ベルフォール
リネットの親友。

サイモン・ドイル
リネットの夫。ジャクリーンの元婚約者。

ティモシー・アラートン
リネットの友人。

ジョアナ・サウスウッド
リネットの友人。

ガイド

⊙**見どころ**——エジプトのナイル川を舞台に船上で起こる殺人事件は、めまぐるしく進みます。大勢の乗客がいる中で行われたリネットの殺人では、殺害を予告したジャクリーンはアリバイを持ち、リネットの死で遺産を相続するサイモンも足を撃たれて動けずにいたため、ポワロは乗客たちのアリバイや利害関係の情報を丹念に集めていきます。

同じ船の上での殺人では、第7話「海上の悲劇」が想起されます。交通手段となる鉄道での殺人は第23話「プリマス行き急行列車」と第54話「青列車の秘密」、第65話「オリエント急行の殺人」があり、第32話「雲をつかむ死」では飛行機と鉄道で殺人が起こりました。

⊙**屋敷と領地管理人**——ドラマ版ではあっという間にエジプトの旅行が始まります。原作はリネットが屋敷に強い愛情を持ち、費用をつぎ込んでいる描写が長く書かれています。結婚相手として噂されたウィンドルシャム卿との結婚をためらったのも、屋敷を持つ彼と結婚して、リネット自身の屋敷を手放すことを望まなかったからでした。

こうしたリネットの屋敷の手伝いをしてくれたのが、領地管理人になったサイモンです。領地管理人は家事使用人を超える立場のビジネスパートナーで、主人の財産となる領地内

あらすじ

美しさにも財産にも恵まれたリネット・リッジウェイは、親友ジャクリーン・ド・ベルフォールから、失業した婚約者のサイモン・ドイルをリネットの領地管理人にして欲しいと頼まれる。リネットは快諾するが、しばらくしてサイモンはジャクリーンと別れ、リネットと結婚した。

リネットとサイモンは新婚旅行で各国を周遊しエジプトまで来るが、ジャクリーンが姿を見せる。休暇でその場に居合わせたポワロに、リネットは「ジャクリーンの逆恨みを受け、行く先々で追いかけ回され殺すと言われた」と解決を依頼する。しかし、ポワロはリネットに同情できず断った。

ポワロはサイモンから、ジャクリーンをまくためにナイル川のツアー船に乗ると打ち明けられる。ポワロは同じ船に乗るが、ジャクリーンは船に乗り込んできた。そしてツアーの途上、ジャクリーンがラウンジで銃を持ち出し、サイモンの足を撃ち大騒ぎになる。その翌朝、リネットが自分の客室で頭を銃で撃ち抜かれた姿で発見された。

を統括しました。高い教育や専門性を求められた職業で、年収も執事などよりも圧倒的に高く、事務スタッフを抱えて使用人を雇える立場でした。シティ（金融街）で仕事をして、不動産にも詳しいサイモンは適格者でした。

リネットは自分の地所にある非衛生的な家の住人を立ち退かせようとしていました。彼らの家が、屋敷の新しいプールを上からのぞくような位置にある、という理由で。目的のためには他人がどう思うかは構わない性格が出ています。このような交渉にもサイモンは駆り出されたことでしょうし、リネットが屋敷を愛する分だけ、すぐ近くにいるサイモンと接する機会は多くなったことでしょう。

⊙若者へのまなざし——クリスティー作品は殺人事件が物語の中心となりながらも、事件を通じてカップルが生まれる作品があります。ヘイスティングスがパートナーと出会った第44話「ゴルフ場殺人事件」が最たる例で、第51話「杉の柩」でも同様です。

人間関係の機微を卓越した観察眼で捉え、また、年長者としての優しい気持ちでポワロは仲を取り持ちました。今回は、船の乗客で秘密を抱える青年ティモシー・アラートンの未来を潰さず、彼に好意を持つロザリー・オタボーンとの間を取り持ちましたし、若いファーガスンにも、彼の印章指輪から正体に気づいたポワロは機会を与えました。

そしてその優しさは、無謀な賭けに挑んだ結果に失敗し、自ら決着をつけようとする真犯人にも向けられました。

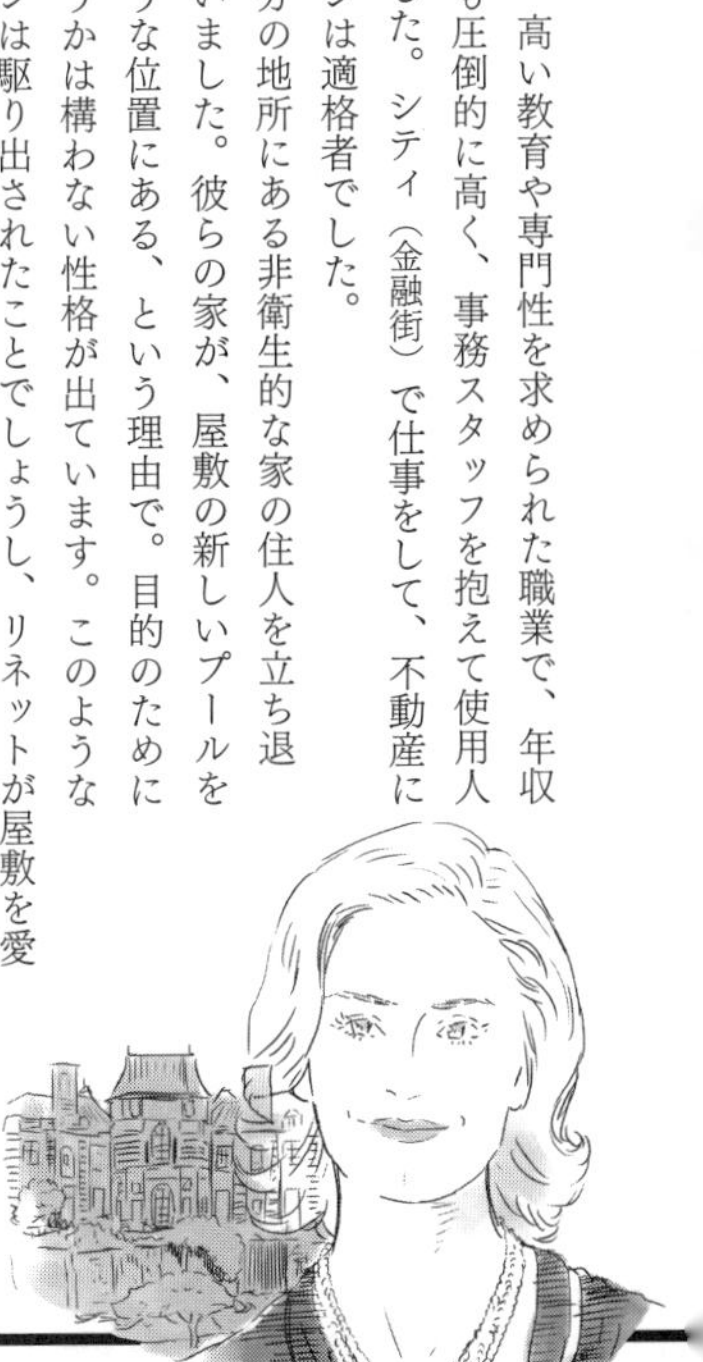

第53話

ホロー荘の殺人

THE HOLLOW

該当原作作品

『ホロー荘の殺人』

主要登場人物

ルーシー・アンカテル
レディ。ホロー荘の女主人。

ヘンリー・アンカテル
サー。元バグダッド高等弁務官。

ジョン・クリストウ
医師。

ガーダ・クリストウ
ジョンの妻。アンカテルの血縁。

ヘンリエッタ・サバナーク
芸術家。アンカテルの血縁。

エドワード・アンカテル
地主。ルーシーのいとこの子。

ガイド

⊙**見どころ**――新しい製作方針に変わってから、大人向けでシリアスな雰囲気の描写が強まっていきます。今回も男女関係が中心となりました。殺害されたジョンは妻ガーダと子供たちがいる立場ながら、アンカテル家の血縁で美術家ヘンリエッタ・サバナークと不倫関係にあり、親密さを隠そうともしません。元婚約者ヴェロニカがホロー荘にやってきた時にはあっさりと誘いに乗り、一夜の関係を結びます。

そのジョンを中心にした愛憎劇に、ヘンリエッタに一途な親戚で大地主の青年エドワード・アンカテルも加わります。エドワードが結婚せずに子供を残さなければアンカテル家は途絶え、彼の領地エインズウィックは切り売りされるだろうとルーシーは嘆きました。これは女性は相続できず、相続できる男子が今はエドワードしかいないことを示しています。その一族への責任はエドワードも感じたことでしょう。いつまでヘンリエッタに報われない恋をするのか、と。彼の恋は自由ではありませんでした。

⊙**捜査に非協力的な執事**――これまで登場した家事使用人たちはポワロや警察の捜査に対して、自身が事件に関わる場合を除き、誠実な対応を見せてきました。一方、ガジョンは警察か

あらすじ

週末の休暇のため、緑豊かな田舎のコテージにやってきたポワロは、近所のホロー荘に住むレディ・ルーシー・アンカテルからディナーの招待を受ける。夫のサー・ヘンリー・アンカテルがバグダッドで高等弁務官をしていた時の知り合いだった。

屋敷ホロー荘にはアンカテル夫妻の親戚やその配偶者が集まっており、翌日のランチにもポワロは誘われた。ディナーの後にポワロは辞去して、一同が応接間でゲームや会話をして時を過ごしていると、近くの別荘に滞在する俳優ヴェロニカ・クレイが不躾な訪問をし、マッチを融通して欲しいと頼んでくる。彼女は滞在客の医師ジョン・クリストウの元婚約者だった。

翌日、ポワロはランチに参加するためホロー荘を訪問。出迎えた執事ガジョンが主人たちがいる敷地内のプールサイドの離れへと導くが、そこではジョンが銃で撃たれて倒れており、傍にジョンの妻ガーダが銃を手に立ち尽くしていた。ジョンは死に、居合わせたヘンリエッタは銃をプールに投げ込んだ。

ら女主人を守るために、警察に非協力的でした。女主人が疑われるような証言をしなかったり、女主人が持ち出した銃の指紋を拭き取ったり、家に不利な証言をしたメイドを叱りつけたりと、その立場は一貫しました。捜査に来たグレンジ警部がガジョンとの会話後に「家事使用人は虫が好かない」と語ったのも頷けます。

殺人事件の解決よりも主人を優先するガジョンの存在は、「家事使用人が全員で口裏を合わせたら、主人の殺人事件を隠蔽できる」可能性も示しました。もちろん人間はミスを避けられず、証言の矛盾をポワロは崩すでしょう。これに類似した題材の物語を、クリスティーは『ホロー荘の殺人』の発表前に書いています。

⊙条痕――ポワロは銃から撃たれた弾丸に刻まれる「線条痕」の捜査手法が一般に普及していると示唆しました。この手法は1920年代のアメリカで比較顕微鏡を導入することで飛躍的に進み、比較顕微鏡による科学捜査が英国を含めヨーロッパ各地へ広がりました。第4話「24羽の黒つぐみ」に出てくるスコットランドヤードの「最先端」科学捜査班が顕微鏡を使ったり、ライフルの銃口を調べたりする描写も、この流れによるものでしょう。

⊙変わらぬポワロ――朝食は小さく正方形に切ったトーストを食べ、ゲストが来た時には紅茶を出すが自分はティザンを飲むポワロの姿勢は続きました。若者への優しさも、そのあり方を見守ったヘンリエッタに向けられ、彼女に新しい道を進ませました。

第54話 青列車の秘密

THE MYSTERY OF THE BLUE TRAIN

該当原作作品

『青列車の秘密』

主要登場人物

キャサリン・グレイ
元コンパニオン。遺産相続する。

ルーファス・ヴァン・オールデン
アメリカの石油王。

ルース・ケタリング
ルーファスの娘。

デレック・ケタリング
ルースの夫。

ド・ラ・ロッシュ
伯爵。ルースの愛人。

ナイトン少佐
ルーファスの秘書。

ガイド

⊙**見どころ**——タイトルの「青列車」は、英国に近いフランス北部の港湾都市カレーからパリのリヨン駅を経由し、地中海に面した南部沿岸のリゾート地帯のリヴィエラまでを結ぶ高級寝台列車でした。青列車を運行したベルギーの国際寝台車会社（ワゴン・リ社）は「オリエント急行」も運行しており、さらに1928年には英国の旅行社トマス・クック社の株式を取得しました。クリスティーの海外旅行小説を支える一大企業と言えます。

英国からの客は英仏海峡に面したドーバーまで向かい、そこから船で対岸のカレーまで渡りました。その豪華列車で旅をしていたのは、生まれながらの富豪ルースと、コンパニオンの立場から遺産を相続したキャサリンでした。短編を原作とした第23話「プリマス行き急行列車」と重なる筋立てに加え、舞台はフランスの豪華寝台列車やリゾート地へと移り、そこにルースと対照的なキャサリンが加わって話が大きく広がりました。

⊙**夫人の称号**——ルースは店の予約に「英国流で言えば、ミセス・デレック・ケタリングを使った」と語りました。これは「子爵・男爵の子息の夫人が口頭で呼ばれる」または「称号のない既婚女性が書面で書かれる」場合です。原作のレディ・タンプリンは若い夫と再婚

あらすじ

アメリカ人の石油王の娘ルース・ケタリングから、ポワロは彼女の誕生会へ強引に招かれた。レストランでポワロは、ソムリエを相手に困っていたキャサリン・グレイに助け舟を出す。遺産を相続した彼女は、フランスに別荘を持つ従姉レディ・タンプリンに招かれたので、恥をかかないように上流階級の作法を身につけようとしていた。ポワロも旅行で同じ豪華列車「青列車」に乗る予定があり、保護者役を務めることになる。

同じ列車には、キャサリンを驚かせようとした従姉のレディ・タンプリン夫妻や娘、さらにルースやその侍女、夫のデレック、愛人のド・ラ・ロッシュ伯爵も乗っていた。

旅の途中のマルセイユ駅でレディ・タンプリンはキャサリンの客室で死体を見つけ、悲鳴を上げる。しかしそれは、キャサリンと部屋を交換したルースだった。さらに彼女が所有した世界最高峰のルビー「炎のハート」も消えていた。

した後も、死別した一つ前の夫タンプリン子爵の姓と儀礼称号を使い続けました。

⦿リヴィエラ――フランスのリゾート地リヴィエラにあるレディ・タンプリンの別荘は、太陽で照らされた華やかさにあふれ、色鮮やかな景色に囲まれました。英国の上流階級はこの地を愛し、王冠を捨てた恋をしたエドワード八世（1936年即位・退位）や、大富豪で知られた二代目ウェストミンスター公爵なども別邸を構えました。

⦿侍女メイソンはどこに?――女主人ルースの世話をするため、侍女メイソンが同行しました。「プリマス行き急行列車」で侍女は二等車に乗ったように見えましたが、クリスティーが『青列車の秘密』を発表した1928年時点で青列車はすべて一等客室のため、原作では女主人ルースと続く客室に泊まれました。1936年には青列車に二等客室、三等客室も導入され、ドラマのデレックや伯爵は四人席の三等客室で寝ていました。

⦿コンパニオンと相続――キャサリンの父が元々は会社経営者だったことが示すように、コンパニオンという職業は雇用主の身辺を世話して話し相手になるため、一定の教育を受ける機会を持った女性の適職でした。

遺産相続をして事件に巻き込まれたコンパニオンは、第21話「あなたの庭はどんな庭?」と第45話「もの言えぬ証人」で描かれました。ポワロが今回も「若者」キャサリンを見守ったのは、相続したばかりの立場への心配も強かったことでしょう。

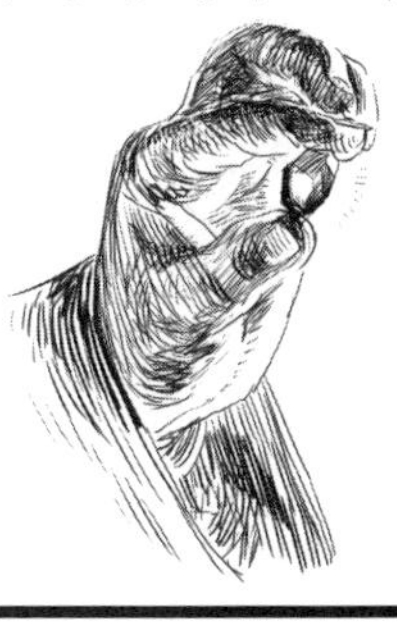

第55話 葬儀を終えて

AFTER THE FUNERAL

該当原作作品

『葬儀を終えて』

主要登場人物

ジョージ・アバネシー
リチャードの甥。

ティモシー・アバネシー
リチャードの弟。

コーラ・ガラチオ
リチャードの妹。

ギルバート・エントウィッスル
弁護士。

ギルクリスト
コーラのコンパニオン。

ガイド

⊙**見どころ**―リチャード・アバネシーの遺言が変わったことで、多くの親族が多くの利益を得る構図が生まれました。さらにリチャードが殺害された可能性がコーラの発言と直後の死で強まりました。これまで見てきたように、「富豪の死で、経済的利益を得る人」が事件を多く起こしており、今回もそうした遺産相続を巡る話となります。

ただ、その遺言で屋敷と土地を処分するというのは極めて珍しいです。元々、甥に相続すると語ったこともあり、残された親族が処分を検討するのに当惑するのも頷けます。

⊙**大勢の家事使用人**―葬儀を終えて親族一同が屋敷エンダビー・ホールへ向かうシーンでは、彼らを出迎えるために屋敷の前に家事使用人たちが立ち並びました。これまでで、最も多く家事使用人が同時に姿を見せました。

統括者たる執事ランズコムは一列になって並ぶ彼らの前を歩きました。列は、ハウスキーパーから始まり、コック、フットマン3名（フットマンは横縞のベストを着用したと言われる）、ハウスメイド、それに腰エプロンの女性（立場不明）、そして庭師の男性がいたと考えられます。1930年代にこれほど使用人を雇用できているのは非常に裕福な証であり、

あらすじ

屋敷エンダビー・ホールに住むアバネシー家の当主リチャードが死に、彼の葬儀に親族たちが集まる。遺言を託された弁護士ギルバート・エントウィッスルが公開した内容は家と土地を売却し、かつ多くを相続すると思われた甥ジョージが相続人から外され、リチャードの弟ティモシー、妹コーラ、姪ロザムンド、スザンナ、ジョージの母ヘレンに均等に分けるものだった。リチャードは屋敷を含めてジョージを相続人にすると弁護士や周囲に語っていたが、心変わりをしていた。

さらに葬儀に参加したコーラが「兄は殺されたのでしょう?」と語った翌日、自宅に強盗が入り、斧で惨殺された。加えて、エンダビー・ホールの権利書も葬儀の日に屋敷から盗まれていた。弁護士のギルバートはポワロに調査を依頼する。

コーラの家で働くコンパニオンのギルクリストは、リチャードが3週間前に来ていたことを語り、そこに残された彼の手紙から、毒殺の可能性が示唆される。

これに親族たちを乗せた車の運転手たちも加えれば相当な数です。

アバネシー家はリチャードの父が膏薬で財を成してから屋敷を建て、これまで見てきた実業家よりも古い時期になります。ロケ地も19世紀前半に竣工した屋敷でした。

⊙使用人への遺言と年金——アバネシー家では家事使用人にも一定の分配が行われ、長く仕えた執事ランズコムにも年金が約束されました。英国では１９０８年に老齢年金法（無拠出）が成立し、70歳以上の貧困高齢者に週5シリングを支給する制度が作られました。１９２５年の改正で拠出制度に変わり、年齢は65歳に引き下げられています。

ランズコムのような、裕福な屋敷で引退できるほんのわずかな家事使用人は、主人から年金が支給されたり、領地内の家に無償で住めたりしました。屋敷が遺言通りに売却されるとランズコムは領地内に住む権利を失うことになりました。

⊙遺言のないコンパニオン——ギルクリストは「話し相手」に程遠い、料理も掃除もする立場で、原作の人物紹介では「ハウスキーパー」となっています。本人が自身を「家事使用人ではない」「大変な仕事は通いの人がした」「コンパニオンだ」と主張するのは、彼女が元々は喫茶店経営者で、大手資本 Lyons の出店（第51話「杉の柩」既出）で潰れるまでは使用人より上の立場だったからでしょう。

第56話

ひらいたトランプ

CARDS ON THE TABLE

該当原作作品

『ひらいたトランプ』

主要登場人物

シェイタナ
正体不明の富豪。

アン・メレディス
シェイタナのゲスト。

ロバーツ
医師。シェイタナのゲスト。

ミセス・ロリマー
シェイタナのゲスト。

ジョン・デスパード
シェイタナのゲスト。少佐。

アリアドニ・オリヴァ
小説家。ポワロの友人。

ガイド

⊙**見どころ**——シェイタナは過去に殺人をした疑惑をかけられていた人物を集め、自らの身をさらして「殺人可能な状況」を作り上げ、殺人をさせました。その犯人による殺人が可能な環境を作ったのが、トランプの「ブリッジ」です。

4人がペアに分かれて行うブリッジでは、展開の中でチームに攻守の役割が振られ、攻めるチームのひとりが手札を全て卓上にさらしてパートナーに委ねる「ダミー」と呼ばれる状態になります。ドラマでヒューズ大佐が手札を机に開いて席を立って歩き回るのは、ダミーになったからです。離席できるダミーには、殺人の機会がありました。

さらに、卓の参加者がそれぞれ記したブリッジの得点表の書き方・ゲームの進め方から参加者の性格を推測し、得点表と証言から犯人の行動と心理を読むという緻密なポワロらしさが出ている展開となっています。

今回でポワロの事務所兼自宅は転居してリニューアルし、内装が大きく変わりました。

⊙**複数の探偵**——シェイタナの「コレクション」は殺人をさせるだけではなく、犯人を見つけて完結させる必要がありました。そのために探偵役が集められたのです。原作では彼ら4

あらすじ

ポワロは作家で友人のアリアドニ・オリヴァと出かけた芸術展で、人種不明・謎の富豪で知られるシェイタナと出会う。シェイタナは「犯罪における一級品＝本物の殺人者」を見せると言い、彼主催のディナーに招待された。

シェイタナ邸に集まったのはポワロ、マダム・オリヴァ、ウィーラー警視、そしてヒューズ大佐といった人々と、ロバーツ医師、探検家のデスパード少佐、ロリマー夫人、若いアン・メレディスだった。

ディナーの後、トランプ「ブリッジ」が行われるが、後者の4人のテーブルに背を向けた大きなソファにいたシェイタナがナイフで殺害される。

人がひとりずつ、容疑者に話を聞きに行くという展開でした。

探偵役の中心人物は、推理小説家オリヴァです。ドラマシリーズ後半の探偵助手的な彼女は、フィンランド人の探偵スヴェン・ヤルセンを主人公とする作品を書いている設定で、クリスティー自身をパロディ化させた人物と言われています。クリスティーがポワロに愛着と苛立ちを覚えたように、オリヴァも自身の探偵への似た感情を吐露したり、執筆中にリンゴをかじるクリスティーと同じ習慣を持っていたりしました。

本作にはクリスティーの別シリーズの人物が出ています。オリヴァは『パーカー・パイン登場』（ミス・レモンもパーカーの秘書）に登場したキャラクターです。加えて原作ではバトル警視（『七つの時計』）、レイス大佐（『茶色の服の男』）がいましたが、ドラマでは警視も大佐も名が変わりました。なお、レイス大佐は第52話「ナイルに死す」に登場しました。

⊙**屋敷**──シェイタナの邸宅は、外観をロンドンの「ピーコック・ハウス」（第47話「エッジウェア卿の死」）、邸内の鮮やかな色彩のホールは、ヴィクトリア朝の画家フレデリック・レイトンの屋敷を用いた「レイトン・ハウス博物館」をロケ地としました。レイトンは英国王立美術院の会長になるなど美術界を代表する人物で、功績から画家として唯一貴族（男爵）に叙せられました。しかし、授爵翌日に逝去して子供もないため、男爵家は一日で断絶しました。「芸術コレクター」のシェイタナにふさわしい邸宅と言えるでしょう。また彼独自の美意識を示すように、邸内のフットマンは派手派手しい衣装を着せられていました。

第57話 満潮に乗って

TAKEN AT THE FLOOD

該当原作作品

『満潮に乗って』

主要登場人物

ゴードン・クロード
大富豪。

ロザリーン・クロード
元俳優。ゴードンと再婚。

デビッド・ハンター
ロザリーンの兄。

リン・マーチモント
ゴードンの姪。

ローリー・クロード
リンの婚約者。

ガイド

⦿**見どころ**――ロザリーンが財産を独占した結果、ゴードンの財産から恩恵を得ていた一族には経済的負担がのしかかりました。それぞれ職業を持つ立場であるものの、贅沢な習慣が消えなかったのでしょう。邸宅に住む弟ジェレミー・クロードは経済的に困窮しながら、ポワロとの会員制クラブでの食事を止めていません。血縁のキャサリンやローリーは「ロザリーンの結婚が無効だった」との証明に躍起になり、ポワロに調査を依頼しました。

原作ではゴードンの財産をロザリーンは自由にできずに一定の収入を得るだけの立場で、ロザリーンが死ねば財産は一族に戻りました。ドラマではロザリーンが二万ポンドを銀行からすぐ融通できていたので、財産を巡る状況は異なっていたようです。

今回もまた若者たちの愛があり、ローリーと結婚を約束していたリンは、デビッドに惹かれていきます。そのリンと旧知のポワロは彼女と再会した際に優しい笑顔を見せ、行く末を見守ります。リンを巡る結末は、原作と大きく異なりました。

この物語では家事使用人が最も多く殺され、また最も重要な役割を果たしています。

⦿**タイトル**――「満潮に乗って」はシェイクスピア作『ジュリアス・シーザー』のブルータス

あらすじ

ゴードン・クロードのロンドンの屋敷で爆発が起こり、ゴードンと使用人たちが爆死、奇跡的に妻ロザリーンとその兄デビッド・ハンターだけが生き残った。ゴードンの財産を相続したロザリーンに代わり実権を握ったデビッドは、クロード一族に金を出そうとせず、強く恨まれる。ロザリーンも、嫌がらせの電話を受け続けた。

爆発事故から二年後、ゴードンの妹キャサリンは、ポワロに「ロザリーンの前夫ロバート・アンダヘイ」を探して欲しいと頼む。前夫の生存を証明できればゴードンとの結婚を無効にできると主張した。

ポワロは事前にクラブで会った知人でクロード一族のジェレミーから、ポワロと面識のある姪のリンが帰国していとこのローリーと結婚するとの話を聞き、誘いも受けてロザリーン主催のカントリーハウスでのパーティーへ赴く。

さらにアーデンという近くの村に姿を見せた男が殺される。アンダヘイ本人との憶測を抱くローリーから、ポワロは調査を依頼された。

の台詞に由来します。原作でポワロは「〝人間の動きにも潮時というものがある。満ち潮に乗りさえすれば運は展けるのだ……〟」（『満潮に乗って』）と引用した台詞をつぶやき、そのブルータスの境遇を真犯人へ重ね合わせました。

⊙村の宿に泊まるポワロ——ポワロはゴードンが有した地方の屋敷に滞在する際、近隣の村に宿をとりました。経営者と顔見知りなのは、過去にリンと会った時に利用したのでしょう。そして親族の誰も屋敷に宿泊していないのは、彼らを嫌うデビッドが許さなかったからと考えられます。

⊙ジョージと事務所——ポワロの忠実なヴァレットにして優秀なる探偵助手のジョージがようやくドラマに姿を見せます。ポワロは早速、隙間風と本棚の本の高さの違いという細かいことで不満を伝えますが、ジョージにとっては慣れたものでしょう。

今回は新しい事務所に数多くゲストが来訪し、新事務所に変わった第56話「ひらいたトランプ」以上に、事務所の間取りや家具が描かれることになりました。

⊙殺人と過失致死——ドラマ内で起こったある死について、ポワロは「計画的殺人ではない」としてその犯人を明らかにした後、別の「計画的大量殺人」の方を徹底的に追い詰めました。前者の「過失致死」へのポワロの厳しくない態度は、第9話「クラブのキング」でも見られるものでした。

第58話 マギンティ夫人は死んだ

MRS McGINTY'S DEAD

該当原作作品

『マギンティ夫人は死んだ』

主要登場人物

ジェームズ・ベントリー
死刑囚。ミセス・マギンティの家に下宿。

モーリン・サマーヘイズ
ゲストハウス経営者。ミセス・マギンティを雇用。

イヴ・カーペンター
実業家の妻。マギンティを雇用。

ロビン・アップワード
劇作家。マギンティを雇用。

シーラ・レンデル
医師の妻。マギンティを雇用。

ガイド

◉**見どころ**──有罪視される人物の無罪をポワロが証明する、これまでに見られた作品でありつつ、最も重要な事件の「被害者」は下宿主でかつ通いの掃除婦でした。これは富裕層を相手とする仕事が多いポワロには異例の事件で、家事使用人探しをした第1話「コックを捜せ」と重なります。

舞台は田園地帯の寒村で、洗練された暮らしを好むポワロには縁遠い場所でした。宿泊先の屋敷ロング・メドウズは素人夫婦が営むゲストハウスで、ポワロをして女主人へ「家事使用人を紹介しましょうか」と言わせるほど、料理も設備もひどいものでした。

この村では、訪問者のポワロを正面玄関から迎えて、コートや帽子を預かって、居間に通してくれる人にすぐ出会えません。訪問先家庭の一軒目でも二軒目でも、女主人はキッチンでポワロを出迎え、かつ料理をする手を休めずに会話しました。

この大きな変化の要因は、「通いの家政婦を雇う人たち＝メイドを雇えない経済レベル」というポワロのこれまでから遠い生活圏になったこともあるでしょう。

そして今回も、若者を巡る新しい始まりをポワロが祝福する結末となります。

あらすじ

ジェームズ・ベントリーは、下宿先の家主ミセス・アビゲール・マギンティを殺害した罪で死刑を言い渡される。全ての証拠は彼の有罪を示したが、捜査に当たったスペンス警視は引っかかりを感じ、独自の視点を持つポワロに事件の再捜査を依頼した。

ポワロは、ミセス・マギンティが死ぬ前に村の郵便局で手紙を出したこと、故人の部屋にあった新聞からある記事を切り抜いたことを突き止める。それは殺人事件に関わったふたりの女性が、今どこで何をしているかを問う記事だった。

一人目は、妻を殺して死刑となったクレイグ事件。クレイグの恋人だったエヴァ・ケインは事件後、身重のまま国を去って娘を産んだ。二人目は、映画を観に行くのに反対したおばを殺した少女リリー・ガンボール。ミセス・マギンティは新聞社に、記事に掲載された写真を見たと手紙を送っていた。掃除婦として仕事先の家庭に入り込む彼女は、どこかの家でその写真を見つけ、それゆえに殺されたのだろうとポワロは推測する。

⊙**タイトル**──「マギンティ夫人は死んだ」は子供たちの遊戯で使われるフレーズです。原作ではスペンス警視がこの言葉を想起してポワロに説明し、ポワロは真相を解明する際に、被害者の死んだ姿とそのフレーズを重ね合わせました。

「マギンティ夫人は死んだ。どんなふうに死んだ？
あたしのようにひざついて、マギンティ夫人は死んだ。
マギンティ夫人は死んだ。どんなふうに死んだ？
あたしのように手を伸ばして、マギンティ夫人は死んだ」
（『マギンティ夫人は死んだ』）

⊙**家政婦を巡る事情**──ミセス・マギンティは生活費を稼ぐために複数の家の家事を通いで手伝いました。第一次世界大戦後は四六時中拘束される住み込みの家事使用人になりたがる人の減少や給与上昇で、雇用が減ります。家政婦は自由度が高いので選びやすく、副業として行いやすく、さらに雇用主も低コストで雇用できることから、増加していきます。

⊙**ポワロと車**──車を運転しないポワロにとってはタクシーの姿はほとんどなく、出迎えのお抱え運転手の車もなく、公共交通機関の選択肢が少ない田舎は不便でした。これまではヘイスティングスや警察の車でポワロの行動範囲が広がりましたが、今回は移動がほぼ徒歩でした。車に乗るオリヴァも、探偵助手ではないのです。

第59話

鳩のなかの猫

CAT AMONG THE PIGEONS

該当原作作品

『鳩のなかの猫』

主要登場人物

オノリア・バルストロード
メドウバンク学園校長。学園創立者。

レティス・チャドウィック
学園の数学教師。学園創立者。

アン・シャプランド
校長秘書。

シャイスタ
中東の王女。

エリーズ・ブランシュ
学園のフランス語教師。

ガイド

⊙**見どころ**——ドラマで初となる「閉鎖的な学園」を舞台とした殺人事件と、中東の王国での革命と秘密工作員を巡る事件を結びつけた、サスペンスの要素を持つ作品です。

原作では、「学園生活」と「革命が起こるラマット国」を舞台に物語が同時に進み、後半になってようやくポワロが登場します。原作でポワロへ事件調査を依頼したのは学園の生徒ジュリア・アップジョンでした。彼女がポワロを頼ったのは、母が「マギンティ夫人は死んだ」に登場したモーリン・サマーヘイズ（ポワロが宿泊したゲストハウス経営者）と親しく、事件を解決した話を聞いたからでした。ジュリアからは、前作でポワロがモーリンに教えたというオムレツの焼き方をマスターしたことが語られます。作品をまたいだ珍しいエピソードです。

ドラマでポワロが校長の旧友として登場するのも、最初からポワロを事件にかかわらせるためでしょう。度々、ドラマでは物語の主要人物をポワロやヘイスティングスの友人・知人として設定を改変しています。

⊙**英語タイトル**——「鳩の中に猫を投げ入れる」という意味で、騒ぎを起こすものを引き入れ

あらすじ

英国一とも言われる名門女子学校メドウバンク学園では、休みを終えた生徒たちが戻ってきていた。ポワロは、その学園の校長で友人のオノリア・バルストロードから、生徒のための挨拶を依頼される。校長職からの引退を考えるオノリアは、あわせて、誰を後継者にすべきかを見極めたいので、学園寮に滞在して欲しいとポワロへ願い出た。

学園には中東のある国の王女シャイスタも入学してきた。彼女の婚約者は同じ中東のラマット国王子アリ・ユースフだったが、王子は最近、国の革命で命を落としていた。

そんな折、学園内で生徒や同僚へ加虐的に接した体育教師グレース・スプリンガーが殺害される事件が起こり、ポワロは捜査に乗り出す。そこで見えてきたのは、ラマット国で革命を先導した秘密工作員「エンジェル」の存在だった。正体不明の「エンジェル」は王子が友人のボブ・ローリンソンを通じて海外に持ち出させた王国の貴重な宝石の数々が学園にあることを突き止め、潜入していた。

て生じる波乱や、騒動を引き起こすことを表しました。学園という「鳩」の集団に秘密工作員の「猫」が紛れ込んだ物語の展開を示しています。

⦿描かれざる寄宿学校の友情と結末——ラマット国の場面がほぼなかったため、王子アリ・ユースフとその親友ボブ・ローリンソン（意図せずに宝石を英国に運んだ学園生徒、ジェニファー・サットクリフの叔父）の友情が割愛されました。ふたりは同じ英国の名門寄宿学校「パブリック・スクール」に通い、王子が上級生、ボブは上級生の身の回りの世話をする下級生（ファグ）として友情を育みました。この設定故に、クリスティーらしいロマンスの話が最後に盛り込まれ、宝石の行方は美しいものになりました。

⦿ショーファー——車に乗せられた生徒たちが学園に戻ってくる最初のシーンでは、家族が運転する車と、お抱え運転手が運転する車とが混在しました。「学費が世界一高い」と愚痴を言って車を運転するお父さんは中流階級の人でしょう。

学園がどれぐらいの名門校か作中ではわかりにくいですが、「ロールス・ロイスの乗り方の作法だの、女王陛下の昼食のご相伴にあずかったときの作法だのばかりを、教えているんだって」（『鳩のなかの猫』）という生徒の言葉にその一端が見られます。

そうした学園に車が集うシーンに、ポワロも交ざります。ポワロはお抱え運転手が運転する車で来たのです。この車は第55話「葬儀を終えて」と第60話「第三の女」にも登場します。

第60話 第三の女

THIRD GIRL

該当原作作品

『第三の女』

主要登場人物

アンドリュー・レスタリック
有力な実業家。

ノーマ・レスタリック
アンドリューの娘。ポワロに相談に来る。

クローディア・リース＝ホランド
アンドリューの秘書。ノーマと同居。

フランシス・キャリー
女優。ノーマと同居。

デビッド・ベイカー
画家。

ガイド

◉**見どころ**――相談に来た女性が「誰を殺した可能性があるのか」を調査するという、事件捜査作品としてやや異質な始まりです。その調査を一緒に行うのが、オリヴァです。

オリヴァはクリスティーが扱いに手を焼いた「名探偵ポワロ」を、「作家が作品内で翻弄しかえす」代理人だったかもしれません。「「女がもしも警視総監だったら（すぐに事件を解決するだろう）」」はオリヴァの口癖で、彼女は第56話「ひらいたトランプ」に続いて積極的に探偵役となり、ポワロに諫められていたのに捜査を続け、怪我をしました。

タイトル「第三の女」は、ルームシェアで三番目に住む女性を指します。フラットを借りた「第一の女」は一番いい場所に入って同居人を募集し、それに応じた「第二の女」が次に良い部屋を、まだ部屋が空いていたら「第三の女」を募集しました。

◉**ポワロの著書**――『探偵小説作家たち 批評的考察』は、『第三の女』刊行前の『複数の時計』の原作でポワロが披露した探偵小説の批評に由来します。様々な作家の作品――オリヴァの作品も――に触れたポワロは、最後に『シャーロック・ホームズの冒険』を愛読書にあげ、作者サー・アーサー・コナン・ドイルへ敬意を表し、ワトソンの創造を大成功と評価

あらすじ

『探偵小説作家たち　批評的考察』と題した「高名なる探偵エルキュール・ポワロ」による書籍を手に、ポワロは事務所で朝食の時間を迎える。そんな朝の時間に、マダム・オリヴァに紹介された若い依頼人のノーマ・レスタリックがやってくる。ノーマは「人を殺したかもしれない」と話すが、その内容は要領を得ないもので、最後には「あなたは歳をとりすぎている」と捨て台詞を浴びせて出て行ってしまう。

　傷つけられたポワロは原因を作ったマダム・オリヴァを訪ねる。依頼人の女性ノーマはマダム・オリヴァの住むマンションの住人だった。「人を殺した」とのノーマの言葉からポワロは「このマンションで殺人があったのか?」と質問した矢先、マンションにネルソン警部補率いる警察がやってくる。住人の女性ラビニア・シーグラムが手首を切って自殺した姿で見つかったとのことだった。ラビニアは幼き日のノーマのナニーだった。

しました。それらをまとめたものが、本になったのです。

⊙**公共交通機関と階級と**――ノーマを尾行したオリヴァは、ロンドン名物のダブルデッカーバス（二階建てバス）に搭乗します。意外にもドラマで初めて二階建てバス内部が描かれます。ポワロは基本的にタクシーか車で移動し、公共機関のバスや地下鉄といった、階級が入り混じる乗り物を好まなかったのかもしれません。よく使う公共交通機関の鉄道は一等客室、二等客室など区別がありました。

⊙**ポワロの寝室と食事**――ポワロは突然事務所にやってきて泣き崩れたノーマを保護し、彼女を寝室に寝かせました。ポワロの新居での寝室、ドラマ初登場です。意識を取り戻した彼女にはジョージが料理を振る舞いました。ポワロは「ジョージはシェフとしても優秀ですよ」とノーマに紹介しました。

⊙**屋敷と結末**――ノーマの大伯父の屋敷クロスヘッジスに、ポワロは車で二度、行きました。ロケ地の屋敷ルータム・パークは、第3話「ジョニー・ウェイバリー誘拐事件」の地主の屋敷で、ここでも複数の男性使用人やメイドたちが働いており、裕福さが伝わります。

　二度目の訪問の目的は、屋敷での園遊会でした。屋敷の主はそこで秘書との結婚を発表します。この祝いの会の夜、ポワロは真犯人を欺き招いた推理劇で真相を明かしました。

　今回もポワロは若者を助けました。不安定なノーマを信じ、保護し、新しい人生を進めるように導いたのです。最後に彼女へ向けたその眼差しは、優しいものでした。

COLUMN 6

『名探偵ポワロ』の探偵像

※ネタバレ注意

国家的な危機や富裕層の案件を扱い、「名探偵」を自負するポワロが、どのように事件と関わり、犯人と対峙していたのかを解説します。これまで「事件現場」「犯人・事件」にフォーカスしましたので、最後に「探偵像」がテーマとなります。

1. 事件への関わり方

ドラマで最も気になったのは「ポワロは意外と報酬が発生する正式の依頼を受けていない」ことでした。殺人事件に立ち会っていつの間にか調査を始めていたり、ジャップから気軽に事件を知らされて協力したり、相談を受けた案件が始まる前に依頼主が死んでいたりと、「きちんと稼げているのか」も心配になるほどでした。

そこで全70話の関わり方を依頼別に分類して見ていきます。

❶依頼を受ける

ポワロの依頼主（相談を含む）が存在する案件は45話あり一見すると多く思えますが、「私立探偵」という職業性にもかかわらず、残り25話が依頼がない自発的な事件へ関わるという点では、「居合わせたら解決せずにはいられない職業病」にも感じられます。心底、天職でもあったのでしょう。

「依頼主から依頼された内容を額面通りに完了する」という職業探偵としての事件解決は33話で、途中で依頼内容が変化したり、調査開始前に依頼主が死んだりと、依頼内容の変質がありました。また事件解決の報酬を受け取れたと思われる案件は20件です。

○依頼達成・報酬あり：9話

正式な依頼を受け、その事件を解決しているものです。報酬は受け取っているものとみなします。

- 第7話「海上の悲劇」（解決内容＝客船での殺人事件）
- 第19話「西洋の星の盗難事件」（盗難事件・恐喝事件）
- 第22話「100万ドル債券盗難事件」（護衛：失敗、債券盗難：解決）
- 第23話「プリマス行き急行列車」（監視・殺人事件）
- 第34話「エジプト墳墓のなぞ」（依頼主の息子の命を守る）
- 第50話「五匹の子豚」（過去の事件の真相）
- 第51話「杉の柩」（女性の無罪証明）
- 第56話「葬儀を終えて」（資産家の死の真相・消えた権利書を取り戻す・強盗殺人）
- 第66話「象は忘れない」（依頼人の父の死の真相）

○依頼達成・報酬不明：4話

こちらは依頼・相談を受けるも、相手が親しい人であったり、報酬をもらう契約になっていない案件です。

- 第20話「スタイルズ荘の怪事件」（依頼内容＝毒殺犯の捕捉）
- 第60話「第三の女」（人を殺してしまったかもしれない懸念の解明）
- 第64話「ハロウィーン・パーティー」（少女を溺死させた犯人の捕捉）
- 第65話「オリエント急行の殺人」（殺人犯の捕捉）

「スタイルズ荘の怪事件」はヘイスティングス経由（殺人の容疑者となって命を救われたジョン・カヴェンディッシュから謝礼はあったはず）、「第三の女」は依頼主がポワロを罵って出て行ってしまい無報酬（これも遺産相続者なので謝礼はあったと思われる）、そしてオリヴァからの「ハロウィーン・パーティー」（「死者のあやまち」は殺人事件が依頼後なので別枠）となります。

「オリエント急行の殺人」は急行を運営する会社の重役ブークの依頼で、事件解決を試みました。但し、この件は警察に真犯人を告げず、「別の事件の真相」を伝えました。

○依頼達成・報酬発生・警察的に未解決：4話

依頼を達成し、報酬も発生しながらも、クライアントのために同じ事件を捜査する警察に真相を伏せた案件もいくつかあります。

- 第3話「ジョニー・ウェイバリー誘拐事件」（事件＝狂言誘拐）

・第8話「なぞの盗難事件」（脅迫に応じる狂言盗難）
・第9話「クラブのキング」（過失致死）
・第39話「チョコレートの箱」（転落死・毒殺）

これら案件ではクライアントの立場を尊重し、事件の真相を表沙汰にしていません。無論、依頼主に対して報酬を求める案件となります（警察として臨んだ「チョコレートの箱」を除く）。

〇警察からの依頼：8話

・第2話「ミューズ街の殺人」（依頼主＝ジャップ：依頼理由＝雑談からの成り行き）
・第10話「夢」（ジャップ：相談・ポワロが被害者の依頼を受けていた）
・第15話「ダベンハイム失そう事件」（ジャップ：賭けの対象）
・第25話「マースドン荘の惨劇」（地元警察：ポワロと出会って）
・第26話「二重の手がかり」（ジャップ：ポワロと再会して）
・第46話「アクロイド殺人事件」（ジャップ：解雇の危機）
・第58話「マギンティ夫人は死んだ」（スペンス警視：犯人の無罪を確信）
・第67話「ビッグ・フォー」（ジャップと判断：ポワロが現場にいた）

警察からの依頼がトリガーとなって事件に関わる案件は、あまり多くありません。警察と一緒に捜査をしているものの、必ずしも直接依頼ではないのです。地元警察がポワロに自発的に頼んだ数少ない事例は「マースドン荘の惨劇」で、事件の結果に納得できずに再調査をスペンス警視が依頼する「マギンティ夫人は死んだ」は異例の依頼となるでしょう。

○国家からの依頼・報酬あり：3話

- 第18話「誘拐された総理大臣」（依頼主＝外務省・ジャップの推薦：依頼内容＝総理の救出）
- 第28話「盗まれたロイヤル・ルビー」（外務省：盗難品の奪還）
- 第62話「複数の時計」（海軍：機密を盗み出したスパイ事件の解決）

ポワロの業界内での名声と信頼を高める案件は総理大臣を救出した「誘拐された総理大臣」と、エジプト王家を助けた「盗まれたロイヤル・ルビー」、海軍の機密情報を持ち出したスパイ事件解決に協力した「複数の時計」が挙げられます。

○依頼主がキャンセル・報酬あり：2話

- 第1話「コックを捜せ」（依頼内容＝失踪したコックの捜索）
- 第10話「夢」（自殺する夢を見る不安の解決）

依頼主が途中で依頼をキャンセルした事件は2件あり、いずれも報酬は発生しました。ただ、「コックを探せ」についてはポワロが本来引き受けたくなかった事件であり、意地になったポワロは無報酬で捜査を継続し、横領事件との繋がりを見出しました。

「夢」に関してはポワロが依頼を聞いた翌日に自殺があったため、話を聞いたジャップから協力を求められる形へスイッチしました。

○依頼内容が変質（依頼解決扱い）34話

・第43話「ヒッコリー・ロードの殺人」（学生寮の盗難→密輸と口封じ殺人）
・第59話「鳩のなかの猫」（楯の授与→後継者見極め→殺人事件の解決）
・第68話「死者のあやまち」（事件の懸念→殺人事件の解決）

ポワロが当初依頼された内容が大きく変わっていくもので、「ヒッコリー・ロードの殺人」はミス・レモンの姉が働く学生寮の盗難事件を調べたら密輸事件の真犯人を警戒させ、口封じ殺人が連続します。「鳩のなかの猫」はポワロと関係ないところで学園に潜入していた工作員が自身の秘密を守るための殺人を行い、そこにポワロが居合わせた形です。

○依頼主が真犯人（依頼解決扱い）：6話

・第3話「ジョニー・ウェイバリー誘拐事件」（事件＝狂言誘拐）
・第12話「ベールをかけた女」（手紙の奪還）
・第13話「消えた廃坑」（行方不明者の捜索）
・第16話「二重の罪」（美術品の盗難・売却）
・第47話「エッジウェア卿の死」（離婚調停）

・第57話「満潮に乗って」(死んだ男の正体調査)

依頼主から受けた依頼を額面通りに達成するものの、その真犯人が依頼主という展開で、「消えた廃坑」「二重の罪」が該当します。「ベールをかけた女」は少し変化球で、取り戻した手紙の入った箱に盗み出した宝石が隠されており、強盗犯たちがポワロを利用した結果となりました。

一方、「エッジウェア卿の死」では「離婚しようとしているのに離婚してくれない」夫との交渉を行うという依頼を妻ジェーン・ウィルキンソンから受けるも、夫は離婚に了承しており、すんなり依頼は解決します。しかし、その後、夫が殺害される事件が発生し、最終的に最初の依頼主ジェーン・ウィルキンソンが殺人犯だったという案件となりました。

○依頼主の死(想定外:依頼未解決扱い):4話

・第21話「あなたの庭はどんな庭?」(依頼のきっかけ=株運用の疑惑:依頼主のその後=毒殺)
・第37話「なぞの遺言書」(遺言書き換え相談:毒殺)
・第40話「死人の鏡」(詐欺の調査:銃殺)
・第44話「ゴルフ場殺人事件」(内容不明の依頼:刺殺)

依頼された後に、依頼と別の事件(想定される案件も含む)で依頼主が死ぬ事例は、「ポワロへ依頼せざるを得ないほどに危険な状況だった」こと(依頼がなくても死ぬ)と、「ポワロへの依頼・相談が死の引き金となった」ケースに分かれます。

前者は「コーンワルの毒殺事件」「ゴルフ場殺人事件」「アクロイド殺人事件」（これは相談のみ）で、後者は「あなたの庭はどんな庭？」「なぞの遺言書」「死人の鏡」となります。

正式な依頼遂行のために依頼主が住む家へ行ったら依頼主が死んでいたのは「コーンワルの毒殺事件」と「あなたの庭はどんな庭？」、「ゴルフ場殺人事件」です。こちらはポワロが事件に取り組む前の話のため、後述する失敗には含めていません。

○失敗：4話

- 第14話「コーンワルの毒殺事件」（依頼内容＝夫へ疑惑：依頼主のその後＝毒殺）
- 第42話「ポワロのクリスマス」（命を狙われているので防ぐ：刺殺）
- 第45話「もの言えぬ証人」（殺人未遂の相談：毒殺）
- 第69話「ヘラクレスの難業」（囮役の令嬢の護衛：刺殺）

ポワロが「依頼主と接触した上で、その依頼内容に関する事件を解決できなかった」事件で、「ポワロがその事件を防げなかった」ことを意味しています。ポワロにとってはやや厳しい基準となりますが、「コーンワルの毒殺事件」と「ポワロのクリスマス」では命を狙われているとの依頼に対して、犯人の行動が早かったために事件が起こりました。

一方、「もの言えぬ証人」は殺人未遂があったことへの提案として遺言の書き換えを進言して暫定的に解決しましたが、犯人は殺人を諦めずに毒殺を行い、ポワロの提案が有効ではなかったと結果的に判断せざるを得ません。

そして、ポワロが自覚する失敗となったのは「ヘラクレスの難業」です。強盗殺人犯から守ると約束した令嬢ルシンダ・ル・メスリエの命を、守れませんでした。そのショックは大きく、ポワロは長く探偵業の休業に追い込まれるほどでした。

❷依頼のない事件への関与

探偵としてのポワロは、依頼がない事件にも積極的に関わりました。大きく分けると「事件に居合わせる（主に殺人）」場合と、「関わらなくてもいいのに自分から事件に関わる」場合です。

❶事件現場すぐ近くにいた・殺人事件に遭遇

ポワロがいる場所の近辺で事件が起こり、調査へ関与していくパターンです。殺人が起こると警察へ通報が行われて、多くの場合はジャップが姿を見せ、自然な形で捜査に加わります。正式な依頼主がいないため、報酬も無いと思われます。

［現場にいた・現場の近くにいた］

- 第5話「4階の部屋」（事件現場＝ポワロの住むマンションの別の階）
- 第27話「スペイン櫃の秘密」（訪問した屋敷）
- 第29話「戦勝舞踏会事件」（訪問した舞踏会会場）
- 第30話「猟人荘の怪事件」（訪問した屋敷）
- 第32話「雲をつかむ死」（飛行機の座っていた席の近く）
- 第33話「愛国殺人」（事件発生直前に治療を受けていた歯科）

・第35話「負け犬」（訪問した屋敷）
・第38話「イタリア貴族殺害事件」（一緒にいた医師が電話で呼び出され、同行したフラット）
・第52話「ナイルに死す」（乗っていた客船）
・第53話「ホロー荘の殺人」（再訪問した屋敷）
・第54話「青列車の秘密」（乗っていた寝台列車）
・第55話「ひらいたトランプ」（訪問した屋敷）

この中でポワロが最も殺人現場に近く、かつ原作では検死審問の際に陪審員から犯人とみなされたのは「雲をつかむ死」です。また、「ひらいたトランプ」はポワロを招いた屋敷の主があわせて殺人犯たちを招き、自らを殺させる事件を誘発させ、その解決にポワロと居合わせた「探偵役」の人々を強制的に巻き込んだ事件でした。ポワロが事件の容疑者としての可能性を持つ事件としては、「愛国殺人」も該当します。自殺した医師が死ぬ直前までの時間に治療を受けていた患者の中にポワロも含まれたためです。

【滞在先】
・第6話「砂に書かれた三角形」（ポワロが居合わせた滞在先＝ホテル）
・第41話「グランド・メトロポリタンの宝石盗難事件」（ホテル）
・第48話「メソポタミア殺人事件」（発掘現場の宿舎）
・第49話「白昼の悪魔」（ホテル）
・第61話「死との約束」（発掘現場・ホテル）

・第63話「三幕の殺人」（屋敷）

滞在先で起こった死を巡る事件の解決にポワロが乗り出すケースです。こちらも依頼も利害関係もないため、ポワロが事件に関与しなくても問題がないものです。

［ポワロによる自発的関与］

・第4話「24羽の黒つぐみ」（関与した理由＝レストランで見かけた人物の転落死への興味）
・第17話「安いマンションの事件」（安くマンションを借りられた出来事への興味）
・第24話「スズメバチの巣」（再会した知人から、事件の予兆を感じて）
・第36話「黄色いアイリス」（過去に起こった殺人事件が繰り返す予兆を感じて）
・第69話「ヘラクレスの難業」（恋人が姿を消したお抱え運転手の力になるため）
・第70話「カーテン」（殺人教唆者による殺人を防ぐため）

このカテゴリは、事件に関心を持っただけで関与する場合と、あるいは何か心配するところがあってポワロが行動を変えたことで事件に遭遇する場合があります。その多くは、ポワロが何もしなければ事件があったことを知らない可能性もあるものでした。

純粋な興味関心から事件に関わったのは「24羽の黒つぐみ」です。レストランで見かけた常連客が、普段と違う食事を食べていると店員に教えられ、その後でその常連客が死んだと知ると興味を持って調査を始めるからです。原作ではポワロの好奇心が強く出ており、「名前も住まいも知らない」常連客だったのをジョージに突き止めさせました。

解決すべき事件が多い「ヘラクレスの難業」では、お抱え運転手の下を去った恋人を捜すために、彼女が仕えるバレリーナがいるというスイスのホテルに赴きました。そこではポワロが失敗した事件の主犯・強盗殺人犯マラスコーの逮捕と盗品の奪還、そして外交官が巻き込まれた詐欺事件も合わせて解決しました。

起こっていたかもしれない殺人を防ぐ点では、暗殺者の身代わりに殺されるかもしれなかった夫妻を救った「安いマンションの事件」、自分の死を、婚約者を奪った青年の他殺にしようとした犯行を防いだ「スズメバチの巣」、そして一件目の毒殺は防げなかったものの二件目を防いだ「黄色いアイリス」があります。「黄色いアイリス」の二件目の事件についてはポワロに事件の予兆の暗示（アイリスの花が事務所へ届けられる）があったことも、事件の予防に役立ったことでしょう。

そして最終話「カーテン」では、自身では手を汚さずに人の殺意を巧妙に操り、殺人を犯させる「真犯人」の正体を突き止めたポワロが、その殺人を防ぐために「真犯人」がいる屋敷に滞在しました。ただ、この事件で「真犯人」を止めることができず、一つ目の事件で死者が出た後、ポワロ自らが「真犯人」を断罪する結果となりました。


【真犯人がポワロを関与させる】
- 第11話「エンドハウスの怪事件」
- 第31話「ＡＢＣ殺人事件」

依頼がないままにポワロを事件に関与させる巧妙な犯罪者もいました。「エンドハウスの怪事件」ではニック・

バックリーが銃撃されたふりをしてポワロに近づき、命を狙われていると心配したポワロを巻き込み、「従妹が自分と間違って殺害された」という印象を作り上げました。

もうひとりが「ＡＢＣ殺人事件」のフランクリン・クラークで、ポワロを挑発する手紙を送って「見立てによる連続殺人」を示唆し、本命となる遺産相続のための兄殺害を、他の殺人の中に隠すことを目論みました。手紙の宛先をスコットランド・ヤードではなくポワロにしたのは、自分が関わる三番目の殺人の手紙を誤送・遅配させるためでした。

「カーテン」も、ある意味では真犯人がポワロを事件に関与させたと言えます。そのことについては、本コラムの最後で解説します。

❷最初の依頼を断った後での事件への関与

ポワロが依頼を断った後に、結局、事件と関わることになったケースを挙げます。

- 第52話「ナイルに死す」
- 第57話「満潮に乗って」
- 第65話「オリエント急行の殺人」

「ナイルに死す」は付きまとってくるジャクリーンをなんとかして欲しいとのリネットの要求を退けました。結局、同じ客船には乗りました。

不躾な時間に訪問してきた依頼主キャサリン・ウッドワードの依頼を断ったのは「満潮に乗って」です。ただ、これもそのまったく同じ内容（遺産相続した若い妻ロザリーン・クロードの元夫が生きていることを証明して結婚・相続を無効にしたい）を、別人が依頼した時には引き受けましたし、そもそもその前にロザリーンの屋敷を訪問し、旧知の人々に会うという段取りを踏んでいました。

そして、「オリエント急行の殺人」です。大金を積まれても依頼主サミュエル・ラチェットが気に入らなかったポワロは、依頼を断ります。その後、ラチェットが殺される結果となり、鉄道運営会社のブークの依頼で事件に巻き込まれます。

2．犯人を騙す

探偵としてのポワロは論理に基づく心理分析と優れた観察力で容疑者たちの背景を徹底的に洗い出し、証拠探しも丹念に行い、事件を解決へ導きます。ただ、それだけでは犯罪が立証できない、あるいは決定的な証言を引き出す必要がある場合には、犯人を騙しました。

❶別人の逮捕・容疑を向ける

- 第27話「スペイン櫃の秘密」
- 第37話「なぞの遺言書」
- 第41話「グランド・メトロポリタンの宝石盗難事件」
- 第46話「死人の鏡」

別人を逮捕させて真犯人を動揺させる手法で、ジャップ主任警部との信頼関係があればこそ成立しました。偽装であっても身体の拘束を伴う逮捕がかなり簡単に行われているようですが、警官が「重罪を犯したと疑いがあるもの」と判断すれば、令状なしに逮捕できました。但し、取り調べるための逮捕はできないため、証拠がなければすぐ釈放することになりました。

「スペイン櫃の秘密」では真犯人が容疑を着せたかった人物を釈放し、代わりに真犯人が恋する相手を逮捕して、おびき出しました。「グランド・メトロポリタンの宝石盗難事件」では犯人が首尾よく盗んだ真珠が「実は偽物だった」として持ち主を拘束し、真犯人が宝石の真贋を再確認せざるを得ない状況を作ります。そして、「死人の鏡」でも真犯人が実子にとって有利な遺産相続をさせるため、残された相続人の自殺教唆を行い、ポワロに見つかりました。

❷死んだふり・死者の復活作戦

- 第11話「エンドハウスの怪事件」（命を狙われた人物に死んだふりをさせ、後で推理劇に呼ぶ）
- 第25話「マースドン荘の惨劇」（殺害された被害者に扮した人物を推理劇に呼ぶ）
- 第34話「エジプト墳墓のなぞ」（ポワロが犯人の盛った毒を飲んだふりをする）
- 第36話「黄色いアイリス」（命を狙われた人物に毒殺されたふりをさせ、後で推理劇に呼ぶ）
- 第51話「杉の柩」（ポワロが犯人の盛った毒を飲んだふりをする）
- 第60話「第三の女」（犯人に狙われた人物に自殺したふりをさせ、後で推理劇に呼ぶ）
- 第67話「ビッグ・フォー」（ポワロが犯人に爆殺されたふりをする）

真犯人が殺したい人物が死んだと伝え、真相を明かす場に登場させて驚かす手法です。これも真犯人を油断させてからその虚をつくもので、一定の成果をあげました。そして、その「死」の偽装には、ポワロも含まれました。

特に効果を発揮したのは「エンドハウスの怪事件」と「黄色いアイリス」、「杉の柩」、「ビッグ・フォー」です。「エンドハウスの怪事件」では遺言書の内容を偽装した夫婦が馬脚を現し、捕まりました。「黄色いアイリス」では誰もが「死者」に気づかぬままコーヒーの給仕を受け、真犯人が給仕人に変装して毒を盛ったトリックの有効性を証明しました。

ポワロ自身が危険に身を晒して真犯人の素顔を暴いたのが、「杉の柩」です。毒を飲んだふりをして真犯人を油断させました。

そして「ビッグ・フォー」ではポワロの葬儀までも行われましたが、それゆえに真犯人は自由に行動し、最後の場面でのポワロの劇的な復活で追い詰められました。自身を囮にした実にポワロらしい「死んだふり」です。なお「カーテン」では睡眠薬に耐性があることから真犯人に睡眠薬入りのチョコレートドリンクを飲ませ、また歩けることを隠しておいて、被害者を演じてアリバイを作りました。名探偵が犯人であることも、読者への究極の「騙し」です。

❸会話で騙す

- 第14話「コーンワルの毒殺事件」（証拠があるように振る舞い、犯人に自供書へ署名させる）
- 第31話「ABC殺人事件」（犯行予告に使われたタイプライターに、犯人の指紋があったと嘘をつく）
- 第32話「雲をつかむ死」（毒殺に使われた瓶に、犯人の指紋があったと嘘をつく）

・第44話「ゴルフ場殺人事件」（相続者との結婚を望む犯人を、偽の情報でおびき出す）

推理を披露する場で犯人に失言をさせることで、決定的な有罪を示す一撃を与える手法です。真犯人ジェイコブ・ラドナーを警察に突き出す証拠がなかった「コーンワルの毒殺事件」では、有罪の証拠を握ったふりをしながら「ラドナーを愛していた被害者の心に寄り添い、24時間の逃亡時間を与える」ので、犯行を自白する供述書への署名を求めました。ヘイスティングスも演技に付き合い、ラドナーは騙されて署名しました。

「証拠品に指紋が残っていた」というのもポワロのハッタリで、「ABC殺人事件」ではヘイスティングスが好きだろうと、場を盛り上げるために用いました。もちろん、それは犯人に容疑を認めさせる結果を引き出しました。巧みだったのは「雲をつかむ死」で、「指紋が残っていた」と嘘をつき、真犯人に「手袋をしていた（ので残っているはずがない）」と失言させました。

3．ポワロ劇場～真相解明の方法～

『名探偵ポワロ』の各回のクライマックスといえるのが、真相解明の瞬間です。この時、ポワロは巧みに論理展開し、先述した犯人を騙す手法も時に交えながら、真犯人を追い詰めます。その様子は「推理劇」「ポワロ劇場」と言えるほど緊張感を持ち、複雑な事件を解きほぐして真相を明らかにしました。

なぜ、このような推理劇が必要だったかといえば、もちろん推理小説としての面白さがあります。誰が犯人かわからない中で、ポワロが証拠や事実を積み重ねて、ひとりひとりにスポットを当て、無実を証明していき、最後に真犯人にフォーカスしてその動機や犯行時の行動、トリックを白日に晒すことで大きなカタルシスが生まれました。

加えて、作品内の登場人物たる真犯人に罪を認めさせ、裁判の場で抵抗しないように心を折り、決定的証言を引き出す意味もあったでしょう。これらの推理劇の結果がそのまま、有罪か無罪かを決定する陪審員の心証を左右するからです。

こうした真相解明後に、犯人が抵抗するケースもありましたので、あわせて推理劇に立ち会った人々がどう振る舞ったかも解説します。

全70話と多いので、一部の分類は代表例を中心に挙げます。

❶真相解明（分類、会場、そのほか）

ポワロが事件の真相を明かす場面は、参加者によってその性質を変えました。分類すると「犯人不明のまま真犯人を含む容疑者・関係者を集めて犯人確定」、「真犯人のみ追い詰める（他に容疑を向けない）」、「犯人逮捕と真相説明」の形です。

これらに含まれない決着は3話しかありません。

真犯人のみを追い詰める：19／70話

「真犯人のみを追い詰める」展開をポワロは何度も行いました。基本的には序盤の「ミューズ街の殺人」や「ジョニー・ウェイバリー誘拐事件」、「クラブのキング」など、真犯人のみを特定して「犯人対ポワロ」の構図で決着をつけました。

ドラマ内でこの様式が際立ち始めたのが、第7話「海上の悲劇」です。客船で起きた殺人事件の真相解明のため、乗客を広い部屋に集めて座らせて、さながら「劇」を見せるかのように、ポワロが舞台に立つような形で観客たちへ事件を説明し、少女の協力を得て容疑者が使ったトリックを披露し、真犯人を追い詰めました。真犯人退場後は、関係者に向けての真相解明も行われました。

この真犯人との対峙を「劇場」で行ったのが第4話「24羽の黒つぐみ」です。真犯人が劇場支配人だったこともあり、劇場へやってきた真犯人を舞台に招き、わざわざ警察庁の科学捜査班に実験器具のセットを組んで役者にもなってもらい、科学的な検証まで行いました。加えて犯人が逃亡を試みて舞台を飛び降りるも、劇場のあちこちから警官が姿を見せて逃亡を断念する演出まで行いました。

同様に第41話「グランド・メトロポリタンの宝石盗難事件」で劇場が使われました。これは真犯人が盗み出した真珠を海外に持ち出す手段として、舞台道具に盗品を紛れ込ませたのを利用し、「そもそも真珠が偽物だった」とニュースを流して、再確認に劇場へやってきたところを押さえました。

第10話「夢」では、演出にヘイスティングスを起用しました。関係者を事件現場に集め、推理を披露しながら誘導し、どのように銃声を聞かれずに銃殺したかのトリックを、ヘイスティングスに銃を撃たせることで証明したのです。

「演劇」として推理の場をそのままラジオに流したのが、第29話「戦勝舞踏会事件」です。ヘイスティングスの友人の働くBBCのラジオ生放送の場で、事件関係者を集めた推理劇が披露されるのです。しかも、現場には着替えのトリックを証明するため、当日に犯人が扮した仮装をした役者まで待機していました。

ここで取り上げた「劇場的演出」の代表例は、どの話でも犯人が「他人」を演じました。「海上の悲劇」では自身が殺した妻を、「24羽の黒つぐみ」でも殺した伯父を、「グランド・メトロポリタンの宝石盗難事件」では宿泊客を、「夢」では殺した社長を、そして「戦勝舞踏会事件」でも殺したクロンショー卿を演じました。

演劇の集大成

作品に備わる演劇性の集大成と言える作品が、第67話「ビッグ・フォー」です。あらゆる「人物」になりすまして誘拐や殺人を実行した天性の役者アルバート・ウォーリーは、存在しない秘密組織を存在するかのように演出し、勝手に平和党を巻き込み、その幹部を誘拐して自身の劇のメンバーに加えました。ストーリー自体がすべて、愛する俳優フロッシーに「自分が人々の記憶に残る存在」だと証明するための「演劇」でした。そして自分を誇示する場として、愛する人との再会と告白の場に選んだのが、二人に共通する舞台となる「劇場」でした。

しかし、この愛の告白はポワロの介入を受けます。アルバートが爆殺したはずのポワロは生き延び、新聞を用いて「死んだ」と情報を流して油断させ、決定的な場面でアルバートの劇に割り込んで、舞台に登場しました。ジャップ警視監を伴って。

追い詰められたアルバートは最後まで抵抗し、銃でポワロを撃とうとしましたが、最後は文字通り「幕を落とされて」死亡しました。そしてポワロの探偵事務所で、ポワロの死を含めて事件すべての真相が関係者に明かされるのです。

真犯人との決闘

後述する「容疑者が他にいる中での推理劇」と異なり、この形式は「真犯人との決闘」のようなものでした。

第14話「コーンワルの毒殺事件」では真犯人に自白の供述書のサインをさせ、第24話「スズメバチの巣」では嫉妬で他者に殺害容疑をかけようとした友人を思いとどまらせました。第27話「スペイン櫃の秘密」では犯人から深夜に呼び出されて、あやうくフェンシングの剣で殺されかけました。

極め付けは、第51話「杉の柩」です。真犯人の看護師ホプキンズは、紅茶に毒を入れて自分も飲み、ポワロにも飲ませました。ホプキンズが解毒剤を持ち、同じ手口で殺人を行ったのです。しかしポワロは紅茶を飲んだふりをして、ホプキンズのトリックを証明し、控えていた警察へ引き渡します。面白いところは、このドラマでは何度もポワロがホプキンズにお茶を入れてもらっているのですが、一度も口をつけた様子がない点です。冒頭では「ティザン」をポワロが念入りに入れる描写もあり、紅茶を好まないポワロの個性を、この演出に繋げていたのでしょう。

この「杉の柩」の推理劇は特殊な流れで進みました。まずポワロは事件の関係者である「医師ピーターと容疑者の元婚約者ロディ」、「看護師オブライエン」のところへ順番に訪問して、彼らに関しての事件の「推理劇」を行いました。その最後に、真犯人ホプキンズとの直接対決に臨んだのです。

真犯人を含む容疑者と関係者を追及：35／70話

最も多いパターンの真相解明で、同一の場所で複数の参加者の秘密を明かし、そこから真犯人が最後に突き止められる進行です。容疑をかけられている人が嘘をついている場合、ポワロは容赦無くその場で指摘してすべての判断材料を提示させました。無実の人間が隠しておきたい秘密に対してもメスが入るので、時に残酷に思えるほどです。

劇場へのこだわり

前述した「劇場性」は、こちらの複数の容疑者を含めた真相解明の場でより際立ちました。いわば役者の数が増え、誰が犯人か最後になるまでわからないからです。

まず第47話「エッジウェア卿の死」では俳優カーロッタ・アダムスがポワロのモノマネを披露し、依頼主となった俳優ジェーン・ウィルキンスンと出会ったレストランが会場に選ばれました。「舞台に立つポワロ」と「それを眺める観客」の構図が作られ、ポワロが舞台から「観客」へ推理を向け、情報を突きつけ、推理劇へと巻き込みながら、真犯人を突き止めます。

この「劇場性」を極大化したのが、第63話「三幕の殺人」です。舞台には実際の「劇場」が選ばれ、明確に「ポワロ劇場」の言葉が本人から使われました。最初はポワロだけが舞台に立ち、そのすぐ後から「役者」として容疑者・関係者全員が舞台に上げられ、ポワロの推理を聞き、追及を受けました。警察もこの劇に加わり、パスポートや結婚証明書などの小道具が使われました。

この「三幕の殺人」の素晴らしい点は、劇が終幕するまでを描いた点です。最初に真犯人たる名優チャールズが舞台を降り、関係者のひとりひとりが舞台を去っていき、舞台の灯りが消え、最後にポワロの全身像が映り、画面が暗転しました。

犯人確保・判明と真相説明：9／70話

ポワロの事件にあって、真犯人が不在のまま全真相が明らかにされるパターンもあります。途中で真犯人が逃亡しようとしたり、真相を明らかにしたりしました。

こちらが最もシンプルなケースで、様々な証拠を積み上げていく中で真犯人を確定させ、逃亡する真犯人を追いかけて捕まえるものです。真犯人は罪を自覚して逃亡しているので、あくまでもポワロの推理の披露は身内に向けた説明的なものとなります。

- 第1話「コックを捜せ」（犯人の行動＝海外に出る客船へ乗船しようとする：結果＝逮捕）
- 第5話「4階の部屋」（逃走：逮捕）
- 第6話「砂に書かれた三角形」（ボートで逃走：逮捕）
- 第8話「なぞの盗難事件」（容疑者の追跡：狂言盗難だったと真相解明・犯人不在）
- 第18話「誘拐された総理大臣」（隠れ場を見つかる：ひとりは自殺、もうひとりは逮捕）
- 第19話「西洋の星の盗難事件」（犯人が盗難した宝石を取引相手に売ってからの逃亡を企図：逮捕）
- 第28話「盗まれたロイヤル・ルビー」（宝石を盗んで逃走：逮捕）
- 第38話「イタリア貴族殺害事件」（船と車で逃走：逮捕）
- 第66話「象は忘れない」（被害者への襲撃時に見つかる：逮捕）

続く推理劇：4話

推理劇と真相解明が2回行われ、「2回目ですべてが明確になる」ものです。第40話「死人の鏡」では関係者を集めた推理劇を行い、その結果に納得できない真犯人による次の犯行を誘導して捕まえ、真犯人を相手とした真相解明が行われました。

第42話「ポワロのクリスマス」が個人的には一番好きなタイプで、真犯人を除く関係者を相手に徹底して個々を追及する真相解明を行ってそこにいる全員が無罪だと証明してから、現場となった屋敷を出て近くの村の旅館まで徒歩で全員を連れて行き、そこに滞在する真犯人とその母に対して、真犯人の追及と真相解明を行いました。

第46話「アクロイド殺人事件」も同様の二部構成でした。第一部でかなり情報を開示して関係者の容疑を晴らして行き、真犯人をわかっていて、翌日に真相をジャップ警部に明かすと告げて一同を解散させます。続く第二部では居残っていた調査助手役のジェームス・シェパードを真犯人として、追い詰めました。

第44話「ゴルフ場殺人事件」の場合、被害にあった富豪ポール・ルノーが行おうとした計画の解明と、その後、富豪の妻エロイーズが息子ジャックの遺産放棄を公言して犯人をおびき出し、犯人が正当防衛で死んだ後に、すべてが関係者に説明されました。

それ以外：3話

これまでに挙げてきた分類に該当しないものが、3話あります。第17話「安いマンションの事件」は機密書類を持って逃げ、かつ安いマンションの貸し出しをした歌手を追い詰めつつも、同時に歌手を追跡してきた暗殺者と対峙することとなりました。

第68話「死者のあやまち」はポワロが真相を解明した話をする相手は真犯人の母親であり、その母親が家族の恥として息子を自殺させ、その後、自ら死を選ぶ結末となりました。このため、推理劇は行われていません。

そして第70話「カーテン」はポワロ自身が犯行を犯し、真相解明はポワロからヘイスティングスへの手紙の形で行われており、これまでに挙げたすべてと異なりました。

❷ポワロの危機

事件を巡るいわば「犯人とのコミュニケーション」で、ポワロは何回、殺される可能性があった場面に立ち会ったのか列挙します。

- 第6話「砂に書かれた三角形」（危機の内容＝ダイナマイトを投げられる）
- 第17話「安いマンションの事件」（暗殺者の銃　弾丸を抜いておくことで回避）
- 第27話「スペイン櫃の秘密」（呼び出し・フェンシングで刺殺未遂）
- 第34話「エジプト墳墓のなぞ」（毒殺未遂）
- 第46話「アクロイド殺人事件」（犯人が銃を撃つ）
- 第49話「白昼の悪魔」（絞殺未遂）
- 第51話「杉の柩」（毒殺未遂）
- 第57話「満潮に乗って」（爆殺未遂：脅しのみ）
- 第58話「マギンティ夫人は死んだ」（鉄道への衝突死・転落死未遂）
- 第59話「鳩のなかの猫」（犯人が銃を撃つ）
- 第63話「三幕の殺人」（運が悪ければ毒殺されていた）
- 第67話「ビッグ・フォー」（爆殺未遂・犯人が銃を出す）
- 第69話「ヘラクレスの難業」（犯人が銃を出す）

この中でポワロの努力で回避できないものは、「マギンティ夫人は死んだ」でポワロが背中を押されて走ってくる鉄道への衝突死・転落死しかけたものと、「三幕の殺人」でカクテルに毒を入れてランダムな殺人リハーサルに遭遇したものになるでしょう。

犯人の銃撃や銃を突きつけられる場合にも危険があり、特に「ビッグ・フォー」では現場にいたローレンス・タイソーが機転を利かせて幕を落として犯人を止めなければ、どうなっていたかわかりませんでした。

一方、ヘイスティングスが死の危険に瀕したことは、あまりありません。かなりの怪我をしたのが、第26話「二重の手がかり」です。ポワロが雇った探偵が浮浪者に扮して屋敷へ入り込んだのを見とがめた際、ヘイスティングスは銃撃を受け、転倒した際に頭を怪我しました。

4．ポワロの犯罪者への価値観

最後に、探偵としてのポワロが犯罪者とその罪とどのように向き合ったのかを、解説します。ポワロは警察ではなく、犯人の逮捕を必ずしもゴールとしませんでした。このため、時に犯人を見逃し、警察へ情報を流さないこともありました。

ひとつだけ確実なことは、「殺人は許さず、殺人には罰を与える」という立場です。警官だったバックグラウンドや探偵としての立場だけではなく、カトリックとしても殺人は罪でした。ポワロはどのような形にせよ、殺人者を見逃そうとしませんでした。

しかし、ポワロは犯人が死をもって自らを裁く機会を容認することもありました。カトリックの立場では自殺も悔い改める機会を奪うものであり、裁きを免れるものでしたが、このあたりはポワロも相手がどうするかを決める機会を尊重しているようにも見えます。

事例をあげながら、『名探偵ポワロ』というドラマで描かれたポワロ像を、最後に見て行きましょう。

❶「自殺する可能性」を見逃す

ドラマの時代、殺人という罪への罰は死刑（絞首刑）でした。それがゆえに必死に犯罪を隠し、その罪から真犯人たちは逃れようとしました。その社会的な罰としての死刑を逃れて、自ら決着をつける「自殺の可能性」を、ポワロは時に見逃しました。

・第11話「エンドハウスの怪事件」（見逃した内容＝自殺用の麻薬の入った時計持ち出し）
・第52話「ナイルに死す」（銃を所持している可能性）

こうしてみると、あくまでも「自殺の可能性」であって、それを行わない可能性も当然あり、そこまで積極的に死を防ぐべきか、との考え方もあります。ただ、こちらに挙げた人々に対して、ポワロは同情的な態度を示していました。

一方で、自殺の機会を明確に与えたのが、第68話「死者のあやまち」です。前述したように母に真相を明かし、息子が自決する機会を作り、警察の突入を遅らせました。

原作では「犯人の自殺を許さない」ケースもありました。「ABC殺人事件」の犯人はドラマでは自殺しませんでしたが、原作では銃で自殺を試みます。しかしポワロはあらかじめ弾丸を抜いておいて自殺を失敗させ、「あっさり死なせるわけにはいかない」と、その罪にふさわしい罰を受ける時間を与えました。

結果として犯人の自殺を招くこともありました。自殺の意図が見えた場合、ポワロは積極的に止めようと試みました。

・第21話「あなたの庭はどんな庭?」(服毒自殺未遂)
・第46話「アクロイド殺人事件」(銃で自殺)
・第54話「青列車の秘密」(鉄道での自殺)
・第61話「死との約束」(毒を注射して自殺)
・第69話「ヘラクレスの難業」(飛び降り自殺)

❷罪を問わない

ポワロが作中で基準を持って犯罪者を見逃したケースは、2種類あります。

盗難事件の場合

「二重の手がかり」ではロサコフ伯爵夫人、「ナイルに死す」ではティモシー・アラートンのふたりの職業的宝石盗難犯を見逃しました。但し、いずれも宝石を返却させ、かつ伯爵夫人については英国内からの退去を求めて、確実な履行のために探偵を「護衛」として同行させる念の入れようでした。

過失致死

もうひとつの例外事例が「クラブのキング」で生じた過失致死です。卑劣な脅迫をヘンリー・リードバーンから受けた映画俳優バレリー・サンクレアが弟を連れて訪問した際、弟に殴られたヘンリーが頭を打って死にました。ポワロは元々、バレリーと婚約するポール王子の依頼で事件に関わっていたこともあり、本件を見逃し、警察にも隠しました。

また、「満潮に乗って」ではローリー・クロードが殴った相手を誤って殺してしまった際にはあまり追及しませんでした。かつ、原作では彼が婚約者と結婚して再起できるように、罪を問いませんでした。

❸罪を黙っておく

事件の真相を知りながら、真相を明かさずに犯罪者を見逃すケースもあります。これはポワロにとっては難しい選択を迫られるものでした。「チョコレートの箱」では実子を毒殺した母を見逃しました。これは別のコラムでも書きましたが、母国ベルギーの信仰を破壊しようとする政治家の息子の行いと、過去に妻を殺したことを責める殺人でした。ポワロは犯人が高齢で病を抱えており、余命が短いということもあって告発しませんでした。

また、「アクロイド殺人事件」では真犯人の妹のため、そして友情のため、真犯人が残していた日記を一時的に封印する選択を行いました。

❹法で罰せられない犯罪者との対峙

『名探偵ポワロ』全70話の中で、これまでのポワロ自身を最も大きく揺るがす決断を強いられたのが、「オリエント急行の殺人」と「カーテン」です。

「オリエント急行の殺人」

「オリエント急行の殺人」では鉄道に居合わせた全員が殺人の加害者であり、それまで犯罪を思いもつかなかった普通の人々である彼らを殺害に踏み切らせたのは、幼児の誘拐・身代金要求・殺害事件でした。

その犯人として起訴された主犯カセッティは裁判で無罪を勝ち取り、身代金を持って名前を変え、行方をくらませました。英国やアメリカの法では「ある刑事裁判で確定した判決を、再度、同じ罪で問うことができない」という「一事不再理」の原則がありました。この原則はクリスティーのデビュー作「スタイルズ荘の怪事件」で真犯人が罪を逃れるために使おうとしてポワロに防がれましたが、まさにカセッティはこの原則を活用して、法の裁きを逃れたのです。

法の裁きを逃れた相手に、どのような罰を下せるのか？

ドラマ版では、この「罪と罰」を丁寧に描きました。まず冒頭ではある事件の真相を解明して真犯人を追い詰め、その自殺を招きました。真犯人に同情してポワロの在り方に疑問を投げかけた相手には、「自殺は逃げ」で「自身が選択した」もので、「法を免れようと嘘をついた」ことを非難しました。

また、鉄道に乗る前に「不貞を働き、妊娠した女性」が現地の人々の手で石を投げつけられ、裁きを受ける様子を目の当たりにした際には、現地の法を尊重し、そのありように批判的な英国女性に対してポワロは「正義」が執行されたとも言いました。

こうした「法の裁き」をカセッティは逃れました。

ドラマ版ではカセッティが「ゆるしの秘跡」を通じて神の赦しをも得ようとする行動が追加されており、「この世の法」と「あの世の法」のいずれでも赦されようとしているとの指摘もありました（「名探偵ポワロ」データベース）。

この事態に、ポワロは直面しました。これまではどの犯罪者も、自殺や法の裁きを受ける機会を持ちました。しかし、今回の殺人は法の裁きを逃れた相手に対して無効化した「法」を代理しての「罰」でした。

さらに、もしもポワロが復讐者全員を犯人とすれば、刺殺に加わった12人が裁かれることになります。「殺人には死刑を」の観点で言えば、ポワロが見逃さなければ、さらにより多くの死が生まれることになります。

物語上の重要なもうひとつの問いかけは、「カトリックの償いと許しは間違っていないか？」「聖職者が神の名のもとに、許されざる者を許しても良いのか？」とのグレタ・オルソンの言葉でした。罪を犯した者が神に許される状況は、果たして放置されるべきなのか？　しかし、この問いかけはまた、彼ら自身が「殺人」という罪を犯したことを否定するものではなく、五年の間もカセッティの存在を神が見逃してきたことへの告発のようでもあります。

神が何もしないから、あるいは神が許しの機会を与えるならば、殺すしかないと。

原作ではかなりあっさりと、彼らを無罪とする「別の真実」に同意しましたが、ドラマでは殺人を犯した人々が抱えている苦悩と、それに対峙するポワロの深い懊悩とがあわせて描かれました。厳密な正義を貫けば、彼らを殺すことになる。しかし、法が機能していれば、彼らが殺人を犯すこともなかったのです。

敬虔なカトリックとして神に祈るポワロの姿がこのドラマでは何度も描かれ、最後に「彼らの罪を問わない」決断をする際もロザリオを手にして、普段の推理の場ではほとんど見られないタバコを口にし、「殺人を見逃す」道を選びました。

「カーテン～ポワロ最後の事件～」

「法で罰せられない犯罪者」と、ポワロは最後の事件で対峙しました。しかもそれはカセッティのように法で無罪を勝ち得て二度と罪に問われない相手ではなく、犯行の立証ができない「他人の殺意を操作して罪を犯させ続ける殺人教唆者」でした。

その「殺人教唆者」スティーブン・ノートンは人の心理を操ることに長けていました。ゲストハウスになった

「スタイルズ荘」にヘイスティングスが姿を見せてから、様々な形で標的を煽り続け、ゲストハウスの主が妻を銃撃したり、ヘイスティングスが娘可愛さにいけすかないと思う相手を殺そうと考えたり、夫から自由になりたかった妻が夫を毒殺しようとして誤って自ら毒を飲んで死ぬ事件まで引き起こしました。

ポワロがこの犯罪の連鎖を止めるには、相手を改心させるか、殺すしかありません。それは「オリエント急行の殺人」で「この世の法」を逃れたカセッティを罰した彼ら加害者の立場に、今度はポワロが立たされる構図をもたらしました。

しかし、ポワロは「殺す」という準備は覚悟を決めて進めており、迷いがあったとしても、行動にブレはありません。ノートンを殺害するため、部屋の合鍵を用意しておき、自らが歩けることを隠すために完璧な使用人だったジョージを遠ざけ、自身の拳銃をノートンの部屋に置いて目撃させ、彼が自身の銃で自殺したように見せました。ノートンの衣装を着て歩き、目撃させ、彼が生きているかのようにも錯覚させました。

準備自体はヘイスティングスが来る前から整えられていたのです。

ノートンは殺人教唆の中毒となっており（「殺人は癖になる」）、止められず、咎められず、罪過を広げようとしました。

本文中の解説と重なりますが、この状況下でヘイスティングスを「スタイルズ荘」に呼んだのは、最愛の友と再会するためだけではなく、ヘイスティングスを探偵助手にするためだけではなく、結果的にヘイスティングスにさえも殺人を犯させようとするノートンに対する自身の「殺人」を決意させる決定打としたようにも思えるのです。

ドラマ版が非凡なのは、殺害される際に原作では描かれなかった、「ポワロに射殺される直前にノートンが目を開けて、微笑む」シーンを追加したことです。「あのポワロにさえ殺人を犯させたことで、ノートンは最大の成功を収めた」と言えるかもしれません。

殺人の結果についてポワロは悩みの中にあり、神にすべてを委ねました。

原作では、次のように述べます。

さて、もうこれ以上言うことはありません。ヘイスティングズ、自分のしたことは正当化できることなのか、できないことなのか、私にはわかりません。そう――わたしにはわからない。ただ、人は自分の手で法の裁きを下すべきだとは思いませんが……

しかし、その一方で私は法なのです！　若かりし日、ベルギーの警察にいた頃のことです。自暴自棄になって屋上から路上の人々に発砲していた犯罪者を撃ち殺したことがあります。非常事態では戒厳令が敷かれるものです。

ノートンの命を奪うことで、私はほかの人々の命を救いました――なんの罪もない命を。しかし、それでもわかりません……おそらくわからなくていいのでしょう。私は常に自信を持ってことにあたってきました――ときに持ちすぎるぐらいの自信を持って……

しかし、今の私はなんともつつましいものです。小さな子供のように〝わかりません……〟としか言えないのですから。

シェラミ、いよいよお別れです。硝酸アミルのアンプルはもう枕元から遠ざけました。自らを善き神の手に委ねたいと思います。願わくは、神の懲罰、あるいは慈悲の速やかならんことを！

友よ、もうふたりで狩りに出ることはありません。初めての狩りがここでした――そして最後の狩りもまた……

思えばすばらしい日々でした。

はい、ずっとすばらしい日々でした……

（『カーテン』pp.367–368）


このポワロの考え方の上に、ドラマ版は重なっていつつ、「オリエント急行の殺人」での苦悩を踏まえて、最後は迷いつつも神に委ねているような穏やかなポワロのモノローグが続きます。原作でヘイスティングスへの手紙として書かれたテキストはポワロが手紙を書くシーンと共に再現されており、そこでポワロが十字架に口付けて神の慈悲に自らを委ねる姿が、織り込まれました。

ドラマでは神の手に自らを委ねるニュアンスが強まっているように見えます。


もはや、何も言うことはありません。

私は自分の成したことを、正当化できるでしょうか？　わかりません。

私は、法が機能しなかったからといって、人が自らの手で裁きを下すべきとは信じていません。しかし、ノートンを裁くことで他の人々の命を救えているのです。

私はいつも確信を持っていました。しかし今は……

（ここでロザリオに口づけ）

その瞬間が来た時、私は自分の命を永らえさせようとは思いませんが、私の魂を神の御手に委ね、神の慈悲を乞うて祈ります。神のみが、判決を下すのですから。

あぁ、ヘイスティングス、わが親しき友よ。

すばらしい日々でした。

ええ、すばらしい日々を過ごしてきました
（ドラマDVD英語字幕から翻訳）

「カーテン」において、ヘイスティングスが聞いたポワロの最後の肉声は「わが友よ！（シェ・ラミ）」でした。

第61話 死との約束

APPOINTMENT WITH DEATH

該当原作作品

『死との約束』

主要登場人物

グレヴィル・ボイントン
発掘隊の隊長。ロード。

レオノラ・ボイントン
グレヴィルの再婚した妻。レディ。

レナード・ボイントン
グレヴィルの息子。

ジニー・ボイントン
レディ・ボイントンの養子のひとり。

テオドール・ジェラール
精神科医。

セリア・ウェストホルム
旅行家・作家。デイム。

ガイド

⊙**見どころ**――雄大な自然に囲まれたオリエントのシリアを舞台にした作品で、発掘現場で起こる殺人事件と、幾重にも折り重なる「家族」を巡る物語が描かれます。舞台設定は第49話「メソポタミア殺人事件」と同様です。

レディ・ボイントンはサディスト気質で、大人になっている自分の養子たちを周囲に置き続け、精神的虐待を繰り返しました。養子たちは過去の苦しい記憶にも悩まされ、母親からの解放を願っていました。

そうしたレディ・ボイントンの振る舞いに異議を唱えたのはロード・ボイントンの実子レナードでした。彼は義理の母から「ミスター」と呼ばれる他人行儀な関係でした。先方の子供達への継母の冷酷な仕打ちを父に伝えたり、妻を失った後の父の面倒を見たりしました。そんな優しい彼も、成果が出ない発掘に溺れてレディ・ボイントンの資金に頼る父へ複雑な感情を抱き、ある事件を起こしました。

原作ではロード・ボイントンは存在せず、発掘隊もありません。ドラマは話の筋を広げ、レディ・ボイントンを中心とした家族劇にロード・ボイントン親子を足し、さらにもう一

あらすじ

滞在するシリアのホテルで、ポワロは気になる一団を目撃する。彼らは近くの遺跡の発掘隊を率いるロード・ボイントンの家族だった。ロードの後妻で企業経営者のレディ・ボイントンとその子供のジニー、キャロル、レイモンド、そこにロード・ボイントンの実子レナードも加わる。

居合わせたポワロの知人で医師のテオドール・ジェラールは、夫婦と双方の連れ子が和解するためのイベントだと、解説した。

発掘現場へと赴く一行に、途中で旅行家のセリア・ウェストホルムも加わる。翌日は周囲の観光へ出かける人々と、現場に残る人々とに分かれた。

ところが、現場で日光浴をしていたレディ・ボイントンが、刺殺された姿で見つかる。

さらに発掘現場ではジニーの誘拐未遂事件と修道女アニエシュカが殴られる事件が起こり、引き返したホテルでもボイントン家の元ナニーのテイラーが水死する事件も続いた。

組、メイドだった過去を持つある女性とその家族関係を加えました。そしてこの多面化によって、それぞれの家族の親子関係、あるいは親としての姿を対比して見ることができ、多様な形の家族とその愛憎が浮き彫りになっていきます。

なお、デイム・セリア・ウェストホルムの「デイム」はナイトの叙勲を受けた女性の敬称です。クリスティーも「デイム」と呼ばれる立場でした。

⊙**発掘現場**――クリスティーは二番目の夫の考古学者マックス・マローワンの発掘現場に同行しました。自伝『さあ、あなたの暮らしぶりを話して』では、いくつもの発掘候補地を調査しながら絞り込み、本命の発掘を行う地域を決める様子が描かれています。その中心となった現場の一つはシリアのチャガル・バザールで、現地での労働力の手配、発掘現場での宿泊施設建築などが自伝に記されています。発掘に夢中なロード・ボイントンのあり方も、当時出会った考古学者たちの反映にも見えます。

⊙**ナニー**――上流階級では、子供が幼いうちは手元でナニーやナースメイドに育児を任せ、親は自分たちのために時間を使いました。歳を重ねると家庭教師が学問を教え、一定の年齢になると寄宿学校へ送り出しました。成長してもナニーには頭が上がらないという話もあるほどです。ナニーが主人に隠れて子供を虐待する場合も稀にありました。

⊙**希望ある未来への祈り**――事件の真相解明を通じて、ポワロはボイントン家の子供たちが未来に目を向ける環境を整え、祝福しました。本作で祈りを捧げる姿が描かれた熱心なカトリック教徒たるポワロは、最も傷ついたジニーにロザリオを贈りました。修道女とよく一緒にいたジニーは、敬虔な教徒でもあったのでしょう。

第62話

複数の時計

THE CLOCKS

該当原作作品

『複数の時計』

主要登場人物

コリン・レース
海軍大尉。ポワロの旧友の息子。

シーラ・ウェブ
派遣秘書。

ミリセント・ペブマーシュ
写真館勤務。

マーティンデール
秘書派遣所経営。

ブランド夫妻
ペブマーシュの隣人。

ガイド

◉**見どころ**──久しぶりに第二次大戦直前の雰囲気あふれる回です。フランスの対岸にあるドーバーは海軍の要衝で、ドイツとの戦争になれば侵略が予想される地区となりました。そこの秘密情報部で働くコリンは、盗まれた機雷の配置図を探していました。そうした軍に関する機密を探す中で遭遇したのが、身元不明者の殺人事件でした。

複数の事件の真相が明らかになる中で、事件を通じて出会った若い男女のコリンとシーラが関係を深めていく展開も、クリスティーならではです。

事件を通じて、第一次世界大戦の傷も語られます。コリンの上司ハムリング海軍中将はドーバーの激戦を、殺人現場となった家の住人ペブマーシュは戦争でふたりの息子を失ったことを語りました。ドイツの侵攻を受けて疎開したポワロに加え、ドイツの迫害と現在の英国で受けた差別から国籍を隠す人々もいました。これまでの作品で最も強く「来るべきドイツとの戦争を避けるために、ドイツに味方する」勢力が描かれています。

原作のポワロは安楽椅子探偵としてほぼ現地に赴きません。前半はコリンと地元警察のハードカッスル警部が捜査にあたり、後半も彼らから情報を得て、最後の最後にようやく

あらすじ

マダム・オリヴァ原作の舞台劇を見に来たポワロは、幕間の時間を過ごしていたバーで、旧友の息子コリン・レースと再会する。自分に相談があると察したポワロは、劇の続きを見ずにコリンと話すことを選ぶ。

ドーバーで働くコリンは、タイピストを派遣する会社で働くシーラ・ウェッブと知り合ったという。シーラは派遣依頼を受け、午後3時に依頼主の女性ペブマーシュの家に行った。そこで1時間以上進んだ四つの時計を見た彼女は、すぐに床に転がる死体に気づく。驚いて玄関から飛び出したシーラに、コリンは出会った。

コリンがそこを歩いていたのには、理由があった。コリンは秘密情報部（MI6）のメンバーで、基地に入り込んだスパイを追いかけた恋人フィオナを失ったばかりだった。彼女が残した「三日月の絵」「M」「61」のメモから、コリンはクレセントの名がつく場所を探し、その名を冠する通りを歩いていた時にシーラが飛び出してきたのだった。

真相を告げるために現地入りします。「鳩のなかの猫」同様、ドラマの場合はポワロが最初からいないとお話にならないためでしょう。

作中では、架空の作家ギャリー・グレグソンが何度か言及されます。秘書派遣所を経営するミス・マーティンデールが秘書をしていたこの作家は、第60話「第三の女」に登場したポワロの著作での批評対象として言及されていました。

⊙**テラスハウスと検死審問**――殺害現場となったペブマーシュの住む家は、三日月形をした通りに面したテラスハウスの「ウィルブラハム・クレセント」にありました。こうした三日月形で「クレセント」の名を冠したエリアは各地にありました。

ポワロたちは事件があった家の両隣りと正面の住人たちの証言を聞きました。警察へ重要な証言をした者は、殺人事件の検死審問での証言を求められることになります。これまで見てきた村の小さな施設での審問と違い、今回は開催地が都市ドーバーのため、証言台もある立派な裁判所で行われました。

⊙**容赦なきポワロ**――ポワロは上流階級の嗜好を持つため、地元の旅館を使うのは他に選択肢がない場合です。今回、地元警察のハードカッスル警部がポワロに紹介したのはこの旅館で、警部は1階のパブでポワロにビールをおごりました。しかし、ポワロはカクテルを求め、かつパブで借りた電話から別のホテルのスイートを予約して、去りました。これがポワロです。

第63話 三幕の殺人

THREE ACT TRAGEDY

該当原作作品

『三幕の殺人』

主要登場人物

チャールズ・カートライト
元俳優。サー。

バーソロミュー・ストレンジ
精神科医。サー。チャールズの親友。

エッグ・リットン・ゴア
チャールズの友人。

オリバー・マンダーズ
エッグの友人。

ジョン・エリス
ストレンジ家の執事。

ガイド

⦿**見どころ**――屋敷で起こる殺人事件が2回もあります。1回目はコーンウォールにあるチャールズの屋敷クロウズネスト（カラスの巣）で、モダンな建築様式をして、最新設備を備えたものでした。2回目はヨークシャーにあるストレンジの屋敷メルフォート・アビーで、オーソドックスな英国屋敷でした。敷地内に療養所が建てられており、ストレンジの患者のために活用されました。

そんな屋敷でのもてなしという「ゲストが複数名参加してかつ同じ場に給仕の使用人もいる」中で、毒を盛るところを見られずに人を殺すのは至難の技です。その毒殺のトリックは人の心理を知り尽くしたクリスティーならではのものでした。

タイトルの「三幕」は三部構成の劇を指し、原作では「疑惑（牧師の死）」「確信（医師の死）」「真相（もうひとつの死）」の三章構成でした。劇にまつわるため、最後のポワロの推理劇も、本物の劇場で関係者を舞台上の席に座らせて行いました。その終幕はそれまでの登場人物たちに光を当てた見せ場を作り、退場させていく見事なものでした。

⦿**使用人が犯人か**――ストレンジの殺人について、珍しく家事使用人が容疑者となりました。

あらすじ

ポワロは友人の元俳優サー・チャールズ・カートライトの屋敷へ招かれる。著名人や地元の名士を集めたディナーの前に、ホールで参加者同士が会話とカクテルを楽しむ席上で、参加者のバビントン牧師が急死した。グラスに毒物はなく、ポワロの見立ても検死審問での検死官の判断も、高齢による自然死だった。

事件から一ヶ月後、チャールズの親友でパーティーに参加していた高名な精神科医サー・バーソロミュー・ストレンジが、自邸でゲストを招いたディナーを開催する。ゲストはチャールズの屋敷でのパーティーに参加した人々と重なっていた。そこで挨拶をしてワインを飲んだ途端、バーソロミューが突然死する。屋敷にいた執事エリスも姿を消した。

その頃、ポワロはモンテカルロのマジェスティック・ホテルに滞在していた。その彼のところにチャールズが姿を見せ、ストレンジの死を伝える。ふたりはストレンジの死の真相を明かすべく、帰国する。

その執事エリスは姿を消し、警察は彼を屋敷に紹介した使用人紹介所に確認を行い紹介状を取り寄せましたが、雇用主が海外にいて確認できず、偽造とされました。屋敷に入り込むために紹介状を偽造する事例は第35話「負け犬」、第46話「アクロイド殺人事件」があります。その執事を雇用せざるを得なかったのは、元々屋敷で働いていた家事使用人のベイカーが、二ヶ月の長期休暇を与えられたからでした。

⊙**「アビー」**――屋敷メルフォート・アビーのアビーは「修道院」を意味します。ヘンリー八世が英国国教会を立ち上げた際に、カトリックの修道院を解体・没収し、多くの建物と土地を貴族たちへ売却したことが由来となり、その跡地に建てた屋敷の名に利用されました。原作に記されたこの建物の建築時期も、ちょうどその頃に重なります。執事エリスが逃走に使ったという秘密の通路の噂があるのは、第3話「ジョニー・ウェイバリー誘拐事件」の屋敷に登場した秘密通路の由来と同じだったかもしれません。

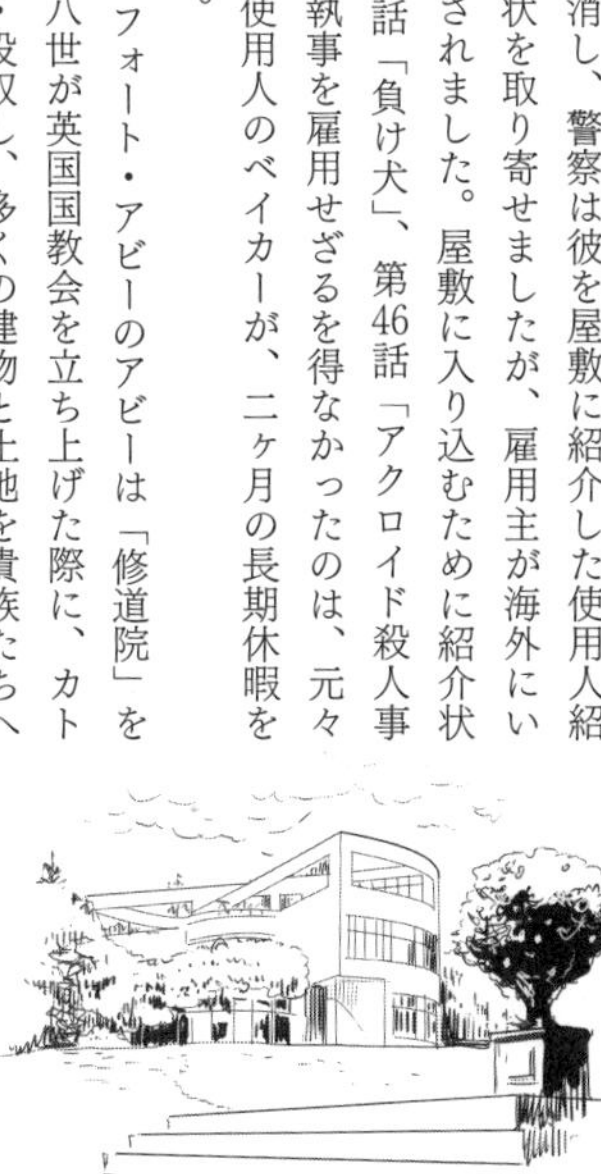

⊙**鉄道作品**――屋敷での殺人事件ながら、鉄道がよく利用されました。ポワロは毎年滞在するリヴィエラへ行く際、第54話「青列車の秘密」登場の青列車に乗りました。ストレンジの屋敷はイングランド北部ヨークシャー、最初の事件があったのもイングランド西部コーンウォールのため、乗車時間を考えると若くないポワロには厳しかったでしょう。

第64話 ハロウィーン・パーティー

HALLOWE'EN PARTY

該当原作作品

『ハロウィーン・パーティ』

主要登場人物

ジュディス・バトラー
マダム・オリヴァの友人。

ロウィーナ・ドレイク
ジュディスの隣人。

ミセス・グッドボディ
村の事情通の家政婦。

マイケル・ガーフィールド
ドレイク家の造園デザイナー。

ガイド

⊙**見どころ**──英国で行われるガイ・フォークス・デー、クリスマスのイベントに続き、今度は10月31日のハロウィンがタイトルになりました。そんな祭りの日に10代の子供が溺死させられる事件は凄惨であり、子供が殺人の犠牲者になるのは初めてです。

地元警察でポワロの応対に出た警部は、ポワロの名声を知りつつも、警察は新しい科学捜査手法を取り入れたと述べ、ポワロの心理・論理を駆使した捜査手法に対抗意識を示しました。ポワロの存在は警察捜査の否定でもあり、また1930年代に科学捜査班が登場したことも背景にあるでしょう。ジャップも時々、この態度を示しました。

ポワロは捜査で村中をエナメルの靴で歩き回ったがために足を痛め、オリヴァから他の靴を履くようにたしなめられます。それでもポワロは意地でも止めません。そんな村の捜査と相性が悪いポワロは、様々な家で掃除をするミセス・グッドボディから多くの情報を得ました。この辺り、第58話「マギンティ夫人は死んだ」と重なります。

⊙**ハロウィン**──ドラマではカボチャで作ったランタンが飾られ、子供達もお化けや海賊や歴史上の人物や悪魔、ミツバチなどの仮装をしました。この祭りの日は、元々はケルトの文

あらすじ

ハロウィンの日、友人ジュディス・バトラーの家に滞在していたオリヴァは、隣家のロウィーナ・ドレイクの誘いで、彼女の屋敷で開催された子供たちを集めたパーティーに参加する。子供たちは仮装し、ハロウィンの遊びで水に浮かべたリンゴを口だけで取る「リンゴくわえ」などに興じていた。

その最中、参加者の少女ジョイス・レイノルズは、オリヴァが殺人を書く小説家だったことから、「数年前に殺人を見たことがある」「見たときは殺人だとわからなかった」と言い始める。周りは作り話と気にかけなかったが、パーティーが終わった時、ジョイスはリンゴを浮かべたバケツに顔をつけたまま、水死していた。

事件に衝撃を受けて寝込んだオリヴァに呼び出され、ポワロは捜査に乗り出す。ジョイスが殺されたのは、「殺人を目撃した」と話したからだろうと考え、「魔女」とも呼ばれる村の情報通ミセス・グッドボディに会い、彼女から近年起こった三件の事件の詳細を聞く。

化では一年の区切りの日のため、様々な占い遊びがありました。

ポワロはこの祭りに否定的でした。これは彼が敬虔なキリスト教徒で、キリスト教では11月1日に諸聖人を祝う万聖節が、11月2日に全ての死者に祈る万霊節があるためでしょう。事件翌日に現地入りしたポワロは、ドラマで初めて教会の朝の礼拝に参加しました。

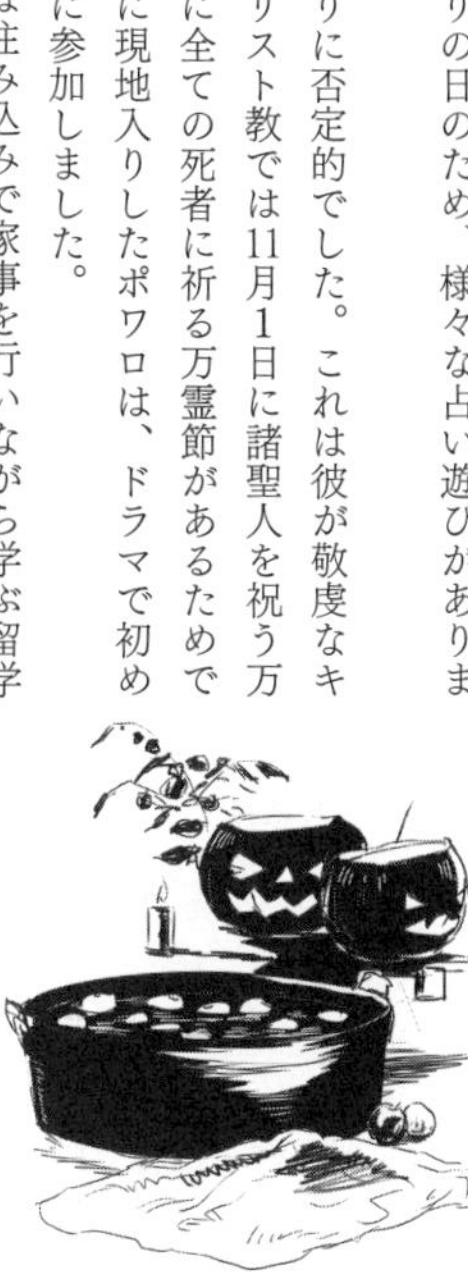

⊙**オペア**――オペアは住み込みで家事を行いながら学ぶ留学制度で、この村では牧師が推進しました。村の富豪の未亡人スマイスは遺言で、姪のロウィーナ・ドレイクではなく、オペアのオルガ・セミノフに全てを残しました。しかし、遺言書が偽造だと騒ぎになり、オルガは姿を消しました。親族ではない立場で老人の相続者になったことは、これまでのコンパニオンたちと重なりますし、不幸を呼びました。

⊙**美しい庭園を作る人**――ポワロが鉄道で乗り合わせたマイケル・ガーフィールドは、庭師（ガーデナー）と異なり、屋敷から見える眺めや庭園を土台からデザインして、必要に応じて地形を変える造園デザイナーでした。原作ではルウェリン・スマイスからの要望で、マイケルは石切り場を美しい庭園に作り変えました。

⊙**ポワロの格闘**――基本的にポワロは頭脳労働で、格闘を一切しません。それが今回に限り、いつも手にしている愛用のステッキで犯人を殴りつけ、今にも殺されようとしていた少女の命を守りました。元々は警察官で不思議はないのですが、歴史に残る瞬間です。

第65話 オリエント急行の殺人

MURDER ON THE ORIENT EXPRESS

該当原作作品

『オリエント急行の殺人』

主要登場人物

サミュエル・ラチェット
富豪。

ミセス・ハバード
アメリカ人。

メアリ・デベナム
家庭教師。イギリス人。

グレタ・オルソン
宣教師。スウェーデン人。

ジョン・アーバスノット
大佐。イギリス人。

ガイド

⊙**見どころ**――この作品は「鉄道」という閉鎖空間での殺人事件と、「雪で外部と遮断されて犯人は逃亡できずに同じ場所にいる」という、クリスティー作品を代表する要素を備えていて、画期的トリックはご存知の方も多いことでしょう。多様な人種が乗り合わせる国際色豊かな鉄道を舞台に、かつて屋敷に集った家族・血縁など上流階級の人々とその使用人たちの「絆」を通じて、屋敷の時間を再演した作品でもあります。

1934年に発表されたこの作品は、実際にあった二つの出来事がベースになっています。一つ目は1929年の記録的大雪でオリエント急行が動けなくなって6日間外界から孤立したこと、二つ目は1932年に当時のアメリカの国民的英雄で飛行家のチャールズ・リンドバーグの子供が誘拐された身代金要求・殺人事件です。

『オリエント急行の殺人』を発表した1934年1月にはまだ誘拐事件は未解決だったので、作品の発表は真犯人への憤りもあったことでしょう。同年9月になって、ようやく身代金に使われた紙幣を利用した人物が容疑者として逮捕されました。

⊙**ドラマ版の新ラチェット解釈**――日本で最も詳しくこのドラマの考察を行うサイト〝「名探偵

あらすじ

時は1938年。パレスチナでの事件を解決し、イスタンブールへ戻るポワロ。そこに滞在するはずが、ある事件で呼び出しを受け、急遽、帰国しなければならなくなる。オリエント急行を予約しようとしたポワロは席がなく困っていたが、オリエント急行を運行するベルギーの国際寝台車会社の重役ブークの助けを得て、帰国の便に乗ることができた。

ポワロのオリエント急行での旅は順調に進むが、その途上で殺人事件が起こる。殺害されたのは乗客ラチェットで、彼は車内でポワロに護衛を依頼してきた人物だった。部屋に残された遺留品から、ポワロは彼がランフランコ・カセッティだったと確証を得る。

カセッティは、アメリカに住んでいた英国人アームストロング大佐の娘デイジー誘拐・殺害事件の容疑者だった。さらに鉄道は、大雪で線路が塞がり停車を余儀なくされていたため、犯人はまだ車内にいることになる。

ポワロ」データベース〟(http://www5f.biglobe.ne.jp/~hokotate/poirot/)では、ドラマ版は「ラチェットがオリエント急行に乗った理由」を「カトリックのゆるしの秘跡による免罪」と英語の台詞から考察しました。「ゆるしの秘跡」は「洗礼」「結婚」などのキリスト教の秘跡に該当し、罪を悔い改めて告白して償い、司教・司祭の許しを得るものです。

同サイトは新描写として①ラチェットが許しを得ようとしていること、②その償いのために金を返そうとしていること、③「神はわたしのことを、守ってくれる銃なんだ」と銃と同列に身を守る手段として神に頼ること、④敬虔なカトリックのポワロと重なる形で上辺の祈りを捧げることなどを挙げました。さらに「ラチェットの告解＝神による罪からの許しという手続きの不完全さ」を許さないことも、犯人の動機として解説しています。ドラマ視聴後に是非、同サイトの徹底考察をご一読ください。

◉**罪と罰**——ドラマシリーズは「殺人犯を見逃さず、罰する」ことが大きなテーマでした。そのポワロが、殺人犯を見逃す選択を迫られます。

ポワロは正義感が強く、敬虔なカトリック教徒としても殺人を許さない自身の信念と、「法では罰せられないカセッティが『告解』による償いと許しで神からも救われて良いのか」「その彼を罰した殺人は許されるのか」との問いかけに悩みました。そしてロザリオを左手に握り、右手に持ったタバコを口にして、決断を下しました。この「オリエント急行の殺人」での問いに、ポワロは最終話「カーテン」で再び向き合います。

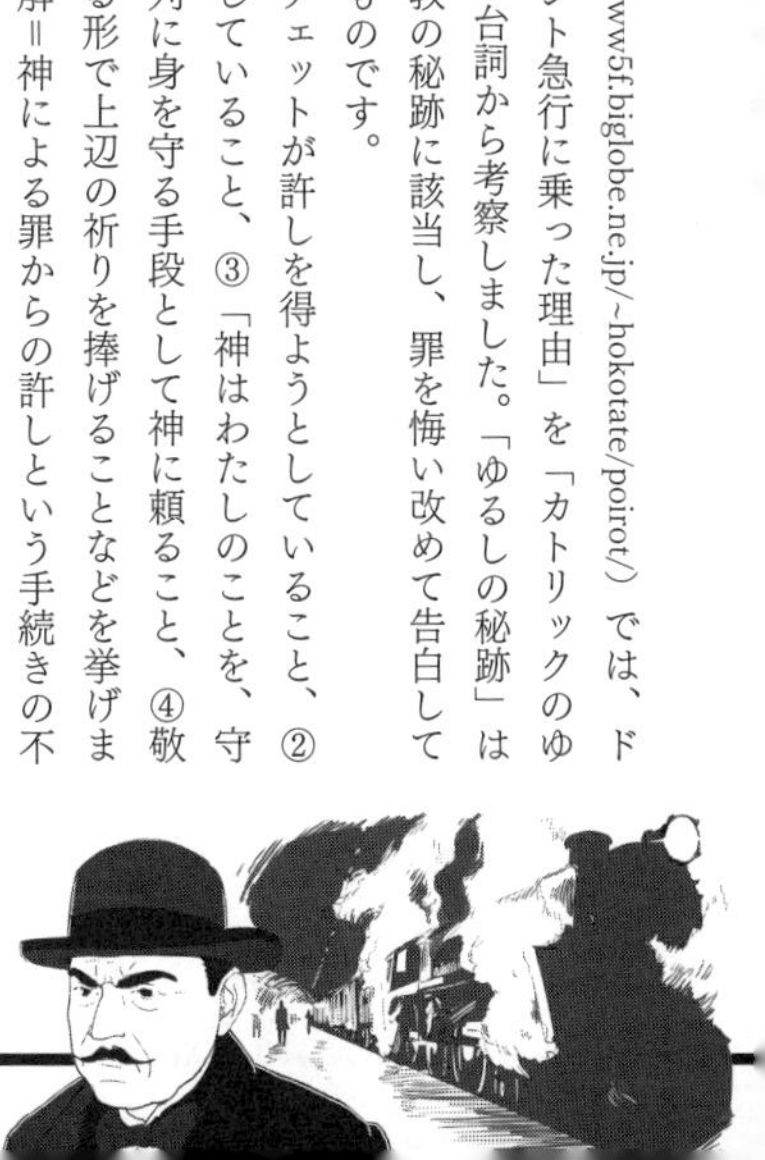

第66話 象は忘れない

ELEPHANTS CAN REMEMBER

該当原作作品

『象は忘れない』

主要登場人物

デズモンド・バートンコックス
音楽院生。ピアニスト。

シリア・レーヴンズクロフト
デズモンドの恋人。

デビッド・ウィロビー
精神科医。

マリー・マクダーモット
ディヴィッドのアシスタント。

ゼリー・ルーセル
シーリアの父の秘書。元家庭教師。

ガイド

⦿**見どころ**——過去の殺人事件の謎を探る「回想の殺人」と呼ばれるもので、当時は幼くて事件を理解できなかった子供が、成人後に真相を追いかけるというモチーフは第50話「五匹の子豚」と重なります。「回想の殺人」の面白さは誰もが正確に過去を覚えていないことや、話を聞きに行った相手の中に真犯人がいるかもしれない点です。

原作では「五匹の子豚」と同じく完全に「過去で完結した事件」でしたが、ドラマ版では過去の真相解明に加えて、ウィロビー博士の父が殺されるという「現在の殺人」を起こして、過去の因縁を繙《ひもと》く展開へと変化しました。ポワロは「現在の殺人」にフォーカスし、「過去の殺人」は車が運転できるマダム・オリヴァが担当しました。

今回もポワロは、若い恋人たちの未来のために尽力しました。

⦿**記憶と語り手**——過去の殺人を巡る記憶の正確性を反映したのが、タイトルの「象は忘れない」です。英語の格言「An elephant never forgets」に由来し、「象は記憶力が良く、されたことを決して忘れない」ことを指します。原作でオリヴァは、インド人の仕立て屋が象の鼻に縫い針を刺し、その何年後かに象が通りかかった時に彼を憶えていた象が口に含ん

あらすじ

「推理小説大賞」を受賞したオリヴァは、その記念式典でミセス・バートンコックスから息子デズモンドの恋人シリア・レーヴンズクロフトの両親が心中した事件の真相——どちらが先に殺したか——を知りたいと相談を受ける。

シリアはオリヴァが名付け親となった女性で、父アリステア・レーヴンズクロフトと妻マーガレットは13年前に崖の上へ散歩に出かけて戻らず、頭を拳銃で撃ち抜いた状態で発見された。

ポワロはオリヴァからどうすべきか相談を受けたが、友人の精神科医デビッド・ウィロビー博士から父が殺されたと緊急の連絡を受け、博士の所へ行く。閉鎖した自身の病院の治療施設内で、今は非人道的として廃止された治療法を用いデビッドの父は殺されていた。現場を仕切るビール警部は旧知の仲で、ポワロは事件解決へ協力する。

一方、シリアと面会したオリヴァは、彼女からも真相解明を頼まれた。

だ水をその仕立て屋に頭からぶっかけて復讐したと話しました。そこから、事件のことを何年が経過しても憶えている人＝「象」を探そうとの話になりました。

過去の語り手となったのは、同じ時間を過ごした家事使用人であるハウスキーパーのベッツィー・ウィッカーや、通いの掃除婦として出入りしたバックル、そして元家庭教師のゼリー・ルーセルでした。ゼリーはオペアとしてフランスからきて、シーリアの家庭教師となり、シーリアが手を離れた後はその父の秘書をしました。

同じく「記憶の語り手」となったのは、ナニーのミセス・マッチャムです。様々な家で働いた経験豊富なナニーだった彼女から、オリヴァは多くの情報を得ました。原作によれば彼女はオリヴァが幼い頃のナニーで、彼女が家を構えているのは、かつての子供たちの援助があったからです。

多くのナニーは子供が一定の年齢になって手を離れると解雇され、転職しました。一方、第60話「第三の女」と第61話「死との約束」に出たナニーは引退後も裕福な主人の世話を受けましたが、どちらも事件の被害者になったのはなんとも言えません。

⦿**医師の生活水準**——ポワロの友人に弁護士や医師などが多いのは、関わりだけではなく、ポワロと同じ時間を過ごせる生活レベルだからでしょう。英国でこれらの専門職は長く社会的地位が高いものとされており、貴族や地主などで相続の恩恵を受けられない次男や三男などが就職しても恥ずかしくない「ジェントルマン」といえる職業でした。

第67話 ビッグ・フォー

THE BIG FOUR

該当原作作品

『ビッグ4』

主要登場人物

ローレンス・タイソー
ジャーナリスト。

リー・チャン・イェン
平和党指導者。中国人。

エイブ・ライランド
平和党幹部。アメリカの大富豪。

レジーヌ・オリヴィエ
平和党幹部。フランスの科学者。

クェンティン
英国外交団ペインターの主治医。

ガイド

◉**見どころ**――ポワロの死から始まる衝撃的な展開です。1930年代を舞台とするドラマではこれまで、第二次世界大戦直前の不安定な国際情勢を描き続けました。「ビッグ・フォー」は、その状況下で平和を求める「平和党」が裏で世界征服を目論む組織として描かれる壮大な物語で、これまでのドラマにはない規模となっています。

原作の『ビッグ4』は1927年の出版でした。この前年に夫の不倫告白があって不安定だったクリスティーは、『アクロイド殺し』のヒットによって、出版社からさらなる発表を求められました。そこで過去に発表した長編の連載を加筆修正した『ビッグ4』を刊行します。場面展開が多く、アクションもあり、事件と登場人物が入り乱れた作品になっていました。また、国際犯罪組織「ビッグ4」に立ち向かうのはポワロとヘイスティングスでした。

ドラマではこれまで放映された回の方向に物語は変更され、ジャップとジャーナリストとともに「ビッグ・フォー」を追う形へ作り直されました。

◉**新聞メディア**――ドラマで強化されたのは、当時の新聞メディア報道です。英国の新聞は19

あらすじ

ポワロ、死す。

その葬儀のために、ジャップ、ジョージ、ミス・レモンが集い、南米にいたヘイスティングスも駆けつける。ポワロの死を招いたのは、日々新聞紙上を騒がせ、様々な世界中の事件を裏で操るとされる謎の国際犯罪組織「ビッグ・フォー」だった。

その死の4週間前、ポワロは昇進したジャップ警視監と平和党のパーティーの場で再会する。平和党は世界平和を求めるリー・チャン・イェンの理念の下に組織された党で、アメリカの大富豪エイブ・ライランドが幹部として支援していた。

エイブはソ連との緊張緩和を目的に、ロシア人のチェスの名人アイヴァン・サヴァロノフを招いて会場で対戦を行うが、試合中にアイヴァンが急死する。ポワロはその死がチェス盤の仕掛けで引き起こされたと突き止めるが、直後にエイブが失踪して、メディアは大きく騒ぎ立てる。同時期、ポワロはジャーナリストのローレンス・タイソーから事件の背後に「ビッグ・フォー」があると示唆され、事件を追いかける。

世紀半ばに税金が廃止されたことで発展し、19世紀末に創刊した日刊『デイリー・メール』は、創業者の名を冠して「ノースクリフ革命」と呼ばれるほど、大部数の販売をもたらしました。低価格で、写真を活用した扇情的な内容と大量販売、そして広告収入で事業を伸ばしました。大衆紙の歴史の始まりとも言われ、その内容は多様な読者の興味や関心に応えるゴシップやセンセーショナルな報道を軸にしました。

作中の新聞『デイリー・コメット』は「ポワロがチェスの名人の死を巡り、平和党を調査」と報じ、平和党のマダム・オリヴィエの抗議を招きました。ポワロと協力関係にあり、「ビッグ・フォー」の存在に迫るジャーナリストのローレンスはこの事件を巡る独占記事を書き、「ビッグ・フォー」をより広範囲に伝え、ポワロの死はその組織によるものではないかと報じました。

ドラマ版のテーマを「報道」を巡る事件として見ると、膨大な情報が錯綜して嘘が事実として伝わっていく現代にそのまま通じる作品に仕上がっています。そしてドラマのポワロもまた、巧みに「嘘とメディア」を活用した人物でした。

⦿**再会と別離**——ヘイスティングス、ミス・レモン、ジャップの3名が第49話「白昼の悪魔」以来12年ぶりに揃い、そこにジョージも加わりました。この回がミス・レモンとジャップの最後の出演となります。

第68話

死者のあやまち

DEAD MAN'S FOLLY

該当原作作品

『死者のあやまち』

主要登場人物

ジョージ・スタッブス
富豪。屋敷ナス・ハウスの主。サー。

ハティ・スタッブス
ジョージの妻。

エイミー・フォリアット
ナス・ハウスの元所有者。

エティエンヌ・ド・スーザ
ハティのまたいとこ。

マイケル・ウェイマン
建築家。

ガイド

⦿**見どころ**——『名探偵ポワロ』の最後の撮影回です。最終話「カーテン」でドラマ撮影を終えたくないという、主演デビッド・スーシェの希望でした。撮影地のひとつである屋敷グリーンウェイ・ハウスはクリスティーの別荘で、かつクリスティーは『死者のあやまち』の舞台の屋敷のモデルを、この屋敷としました。最も原作に近いポワロと言われたこのドラマの最後の撮影地として、またクリスティーの分身的なオリヴァが登場する最後の回としても、ふさわしいロケ地でした。

物語の前半はガーデン・パーティーに向けた準備とその祭りの楽しさや明るさがあふれています。メリーゴーランド、吹奏楽団、子供達の仮装行列、占い屋、縁日の屋台、たくさんのお菓子やお茶のサービス、そしてオリヴァ作の「推理ゲーム」など、盛りだくさんのイベントで、子供も大人も始終動き回っています。

今回も第64話「ハロウィーン・パーティー」と同じく少女が犠牲となりましたが、共通しているのは「口封じ」でした。この少女の死と妻の失踪が過去の因縁と結びつき、事件は意外な展開を見せます。

あらすじ

ポワロは、オリヴァからの危機を伝える電報に呼び出され、慌てて彼女がいるデヴォン州にある屋敷ナス・ハウスへ向かう。オリヴァの相談は、屋敷のガーデン・パーティーで行う「殺人事件の推理ゲーム」で、誰かが本当に死ぬ予感に襲われているということだった。ポワロはマダムの言葉を受け入れて屋敷に滞在し、ナス・ハウスの主サー・ジョージ・スタッブスや妻ハティ、ナス・ハウスの元の持ち主エイミー・フォリアットや、死体を演じるマーリーン・タッカーなどと出会う。

パーティー当日の朝、ジョージはポワロに、妻ハティと建築家マイケルの仲を疑っていると告げ、監視を頼んでくる。そしてパーティーが始まって盛り上がる中、ハティのまたいとこエティエンヌ・ド・スーザがヨットでハティに会いに来る。

ところが、ハティは姿を消し、さらには推理ゲームで死体役を演じるマーリーンが、本当に絞殺された姿で発見された。

⊙タイトル―原題「DEAD MAN'S FOLLY」の「フォリー」は「あやまち」「愚行」などを意味し、その言葉に由来して「実用的な意味がない建築物」を指す言葉としても使われました。原作でも、この二つの側面が意味を持ちました。クリスティー文庫の日本語訳で建物のフォリーには「阿房宮」（中国・秦の始皇帝が建てた大宮殿で、国を傾けた愚かな行動から「阿呆」の語源とも言われる）の文字が当てられています。

この「阿房宮」の名を冠した『ポアロとグリーンショアの阿房宮』は、『死者のあやまち』の前身となる中編小説でしたが、クリスティーはこの作品を書いた当時、出版社の事情で刊行できませんでした。

⊙屋敷を巡る物語―第二次世界大戦後に発表された『死者のあやまち』では戦時中、グリーンウェイ・ハウスが海軍省の接収を受けてアメリカの艦隊の士官たちの住まいとなったことを反映し、原作のナス・ハウスでも軍に接収された過去を持ち、同様に接収された経緯を持つ隣人の屋敷はユース・ホステルに様変わりし、外国人旅行者が利用しました。ドラマ内でハイカーたちが屋敷へ向かう道を歩いていたり、敷地内を横切っていたりするのは、それが理由です。

そして、もしも屋敷を持つ歴史ある一族に生まれていなかったら、あるいは屋敷が売却されてユース・ホステルとして使われていたならば、この事件は起こらなかったでしょう。屋敷で起こった物語でありつつ、屋敷が引き起こした事件であったとも言えます。

第69話 ヘラクレスの難業

THE LABOURS OF HERCULES

該当原作作品

『ヘラクレスの冒険』

主要登場人物

ヴェラ・ロサコフ伯爵夫人

宝石泥棒。ポワロの因縁の相手。

アリス・カニンガム

ロサコフ伯爵夫人の娘。

ハロルド・ウェアリング

英国の外務次官。

カトリーナ・サムシェンカ

世界的バレリーナ。

エルシー・クレイトン

ホテルの滞在客。夫の暴力を受ける。

ガイド

⊙見どころ—英国の華やかな屋敷での強盗・殺人事件から始まり、スイスの山にある高級ホテルへと舞台が変わります。唯一の交通手段ケーブルカーは故障してホテルは「周囲から隔絶された環境」となり、その状況下で起こる数々の事件を、ポワロは見事に解決していきます。

原作は「エルキュール・ポワロ」の「エルキュール」の由来、ギリシャ神話の英雄「ヘラクレス」が乗り越えた「十二の難業」にちなんだ全12編の短編からなります。引退を決意したポワロは、その前に「十二の難業」に挑むことを決めるのです。

ドラマの元になったのは短編集の第三の事件「アルカディアの鹿」（メイドとの恋）、第四の事件「エルマントスのイノシシ」（マラスコーの登場、山荘での事件）、第六の事件「スチュムパロスの鳥」（英国人男性が夫の暴力を受ける女性を救い出そうとしてその夫を殺してしまう事件）、第九の事件「ヒッポリュテの帯」（ルーベンスのヘラクレスを題材とした絵画の盗難・偽装）、そして第十二の事件「ケルベロスの捕獲」（ロサコフ伯爵夫人との再会）で、これらが一つに収まるように再構成されました。

あらすじ

ポワロは百名以上のゲストが参加する大規模なパーティーの会場となったル・メスリエの屋敷へ姿を見せる。目的は、美術品を盗難し殺人も犯す凶悪犯マラスコーをおびき出して捕らえようとする警察へ協力することだった。しかし、マラスコーは警備を出し抜き、絵画やネックレスなど美術品を盗み出す。警備に当たった使用人に扮した警官たちや、ポワロが必ず守ると会場で約束した令嬢ルシンダ・ル・メスリエの命を奪って。

事件を防げず、命を守れなかった喪失感からポワロは三ヶ月ほど不調に陥り、仕事ができなくなる。気分転換にドライブへ出かけたところ、車の運転手テッド・ウィリアムズがひどく悩むのを見て、話を聞く。テッドは、世界的バレリーナのカトリーナ・サムシェンカに仕えるメイドで恋人のニータが、突然姿を消したことに苦しんでいた。ポワロはテッドに恋人を見つけると約束し、サムシェンカがいるというアルプスのホテルへ向かう。

⦿**最高の屋敷の宴**――上流階級の人々が集った屋敷でのパーティーで、格式を示すように車寄せでは古風なかつらを被ったフットマンが出迎えました。19世紀に見られた舞台衣装に似たこの様式の制服は盛儀用で、ポワロの作品で初めて再現されました。フットマンの歓迎を受けてから玄関ホールに入ると、招待状を執事へ手渡します。執事は屋敷に到着したゲストの名前を呼びあげる役目を担いました。会場警備のために警官たちがフットマンやメイドに扮しましたが、マラスコーは人目に触れずに人を殺し、美術品を盗み出しました。ポワロが完敗した事件となりました。

⦿**スイスの保養地**――英国では19世紀半ば以降に中流階級で登山が流行し、モンブランが人気となりました。サンモリッツでもホテルの開業が進み、19世紀末にはウィンタースポーツも広がりました。スイスのリゾート地にはスパがあり、気候が良く運動もできるため、療養にも使われました。ホテル行きのケーブルカーがあると山を自分で登らずに済むので、上流階級が大勢の使用人と荷物を伴って宿泊するようになりました。

⦿**恋人たち**――若い運転手のテッドを気遣い、ポワロは彼のために消えた恋人を探しました。それは令嬢を守れなかった後悔の念にもよるでしょう。また、ポワロを振り回してきたロサコフ伯爵夫人と再会を果たしますが、原作と異なり、ふたりの道は重ならず、ポワロは自身の矜持を守りながら進むことを選びました。

そして、ポワロはテッドとの約束を守りました。

第70話 カーテン～ポワロ最後の事件～

CURTAIN : POIROT'S LAST CASE

該当原作作品

『カーテン』

主要登場人物

ジュディス・ヘイスティングス
滞在客。ヘイスティングスの娘。

ジョン・フランクリン
滞在客。医学博士。

バーバラ・フランクリン
ジョンの妻。

スティーブン・ノートン
滞在客。

エリザベス・コール
滞在客。

ガイド

⦿**見どころ**──ポワロ最後の事件の舞台は、クリスティーのデビュー作『スタイルズ荘の怪事件』と同じスタイルズ荘でした。探偵と探偵助手のコンビが初めて登場した作品と同じ舞台にポワロは滞在し、最愛の友ヘイスティングスを出迎え、「名探偵」としてのキャリアを終えます。クリスティーは第二次世界大戦中に本作品を書いて金庫に入れており、『カーテン』は彼女が亡くなる前年の1975年に刊行されました。

スタイルズ荘は古びて、ポワロもヘイスティングスも老いていて、かつてふたりが活躍した時から流れた時間を思わせます。最初の「コックを捜せ」から、「カーテン」の完結まで、実に四半世紀を要しました。

⦿**当事者となる探偵と探偵助手**──ポワロが対峙するのは「真犯人」です。いつ誰がその狙いになるか分からない犯人を探すため、ヘイスティングスは今まで通り探偵助手となるはずでした。しかし、今回は屋敷にいる時点で、ヘイスティングスもまた「真犯人」の犠牲者の候補となったのです。これは、今までにない構造です。

ヘイスティングスは本質的に善良で高潔で騙されやすく、「真犯人」に狙われました。ポ

あらすじ

第二次世界大戦後の1949年、妻を亡くしたヘイスティングスはスタイルズ荘を再訪する。既に屋敷の持ち主は変わり、ラトレル夫妻がゲストハウスを経営していた。ヘイスティングスの目的は、ここに滞在するポワロに会うことだった。老衰して車椅子に乗るポワロは、ヘイスティングスと屋敷に来る彼の娘ジュディスとの再会の場を設定しただけではなく、屋敷にいる標的不明、正体不明の殺人者を追いかけていた。ヘイスティングスは動き回れない名探偵の助手となり、居合わせた人々を観察していく。

　そして、少しずつ事件が起こっていく。最初はゲストハウスの経営者トービーが、妻デイジーをウサギと間違え誤射して怪我をさせる事件が起こる。トービーは実質的に経営を行う妻に普段から口うるさく言われており、殺意が疑われた。

　次は、フランクリン博士の妻バーバラの毒殺だった。博士は病弱な妻の反対でアフリカへの研究に行けず、使われた毒は、博士の研究室のものだった。

ワロは親友を守らなければなりませんでした。

⊙その結末――最終話「カーテン」は「オリエント急行の殺人」とセットで語られる構造を持っています。「オリエント急行の殺人」では「法で裁かれなかった犯罪者への裁き」に直面し、ポワロは「私的な処刑」に反対し、苦渋の決断を迫られました。「カーテン」で、ポワロは「オリエント急行の殺人」の実施者たちと同じ立場に立たされました。法の目を逃れてきた「真犯人」を野放しにすればもっと殺人が広がり、その犠牲が親友にも及ぶ。それを防ぐため、ポワロが選べる手段は限られました。

　ポワロがこの物語で選んだ結末と苦悩を描き出すため、ドラマは全70話に及ぶ時間をかけて、殺人を許さないポワロの探偵としての姿を、敬虔なカトリックとしての生き方を、そして若者たちの未来を見守る優しさを、丹念に積み重ねました。

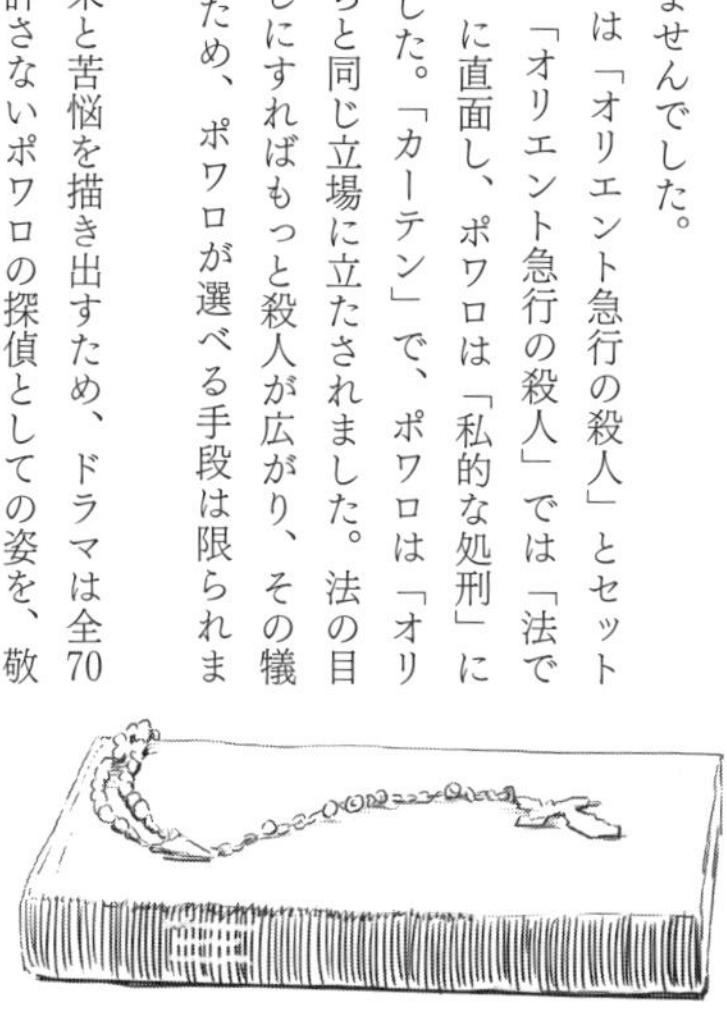

　ヘイスティングスが犯人に狙われるとポワロならば分かっていたはずです。それでも、ポワロは友を呼びました。丹念に準備を整えた上で、法で裁かれざる罪を裁くために私立探偵としての枠を超え、自ら罪を裁き罰するという決断をするには、守るべき友を必要としたようにも見えます。

　残されたヘイスティングスは事件の真相を、ポワロが弁護士へ託した手紙から知ることになります。「探偵の死」をもって、「カーテン」は下ろされました。

あとがき

私が中学生だった1990年、NHKでドラマ『名探偵ポワロ』の放送が始まりました。画面に映し出された英国の町並みや建物や田園風景のうち、特に屋敷やメイドや執事などに私は強い関心を持ちました。また、ドラマの内容に加えて、ポワロを演じた主演デビッド・スーシェのチャーミングな表情、探偵助手ヘイスティングス、秘書ミス・レモン、そしてジャップ主任警部の「ポワロ・ファミリー」のファンになりました。以降、毎回録画して、新作が公開されるたびにリアルタイムで視聴し続けました。そして気がつけば、ひとりの主演俳優と日本では声優が、約四半世紀・全70話を演じきる大作・長寿ドラマとなっていました。

ドラマを見始めてから10年後の2000年、私は舞台となった英国の屋敷での暮らしの研究を始めていました。あれだけ広い屋敷にはどんな部屋があったのか、主人たちは何を食べていたのか、どう過ごしていたのか、そして屋敷の掃除や料理は誰がしていたのかを知りたかったからです。
少しずつ成果を同人誌にまとめて、コミックマーケットやコミティアといった同人誌即売会で頒布を続け、２０１０年に講談社から『英国メイドの世界』として商業出版をする機会を得ました。それから10年が経過した２０２０年、今度は『名探偵ポワロ』の本を出すことになりました。

元々、『名探偵ポワロ』をテーマに作りたい本がありました。ドラマでどれだけ屋敷が登場し、家事使用人が登場しているかを知りたかったのです。２０１７年から２０１８年にかけて、ドラマに登場する全話の家事使用人ガイド（カフェやホテルのスタッフも含む）を同人誌で作りました（『名探偵ポワロ』が出会った「働く人たち」ガイド上下巻）。
本書を彩る表紙・イラストは、その時から作品世界を伝える素敵な絵をご提供くださった umegrafix さんによるものです。

それまでのドラマは「ポワロ大好き」「ヘイスティングス大好き」「屋敷大好き」という私にとって、見ているだけで幸せな「浴びる」ものでした。それが同人誌をきっかけにドラマの内容を読み取り、原作と比較し、どんな意図や情報が込められているかを考え、言語化するようになることで、新しい数多くの魅力を知ることができました。

屋敷や家事使用人の研究を通じて英国の生活を学んでいたことがあり、読み取れる情報は過去と比較にならないほど増えていました。当時の事件を描くことは、屋敷や家事使用人を描くことにも繋がっていました。

「エンドハウスの怪事件」は屋敷を守るための殺人でした。「ナイルに死す」にも「ホロー荘の殺人」にも屋敷を持つがゆえに結婚相手を絞り込む結果になる人々が描かれていました。「葬儀を終えて」では自分が経営したお店を取り戻すために殺人が行われました。

本書はその同人誌をベースに、私が好きな領域に加えて初見でわかりにくい事柄や時代背景の解説を行いました。あわせて全70話の事件内容や、ポワロが引き受けた依頼内容やポワロの特徴である推理劇や、犯罪に対する価値観を分析しました。

ドラマは原作に準拠したものでありつつ、ドラマ版固有の解釈が詰め込まれており、そこには原作に込められたクリスティーの意図を尊重し、「名探偵ポワロ」へ近づこうとした俳優と製作者たちの強い意志が反映されています。

特にそれが際立ったのが、「オリエント急行の殺人」と「カーテン」です。

「オリエント急行の殺人」自体はドラマ性が非常に強く、これまでも何度も単独の映画化がなされてきた作品です。しかし、ドラマでは全70話の構成の中での一話でしかなく、かつそれまでデビッド・スーシェが演じてきたポワロとの整合性も求められました。また、完成度が高い原作に「カセッティの告解」を暗示するオリジナルの要素を足すことで、よりポワロの像が際立ちました。

同様に「法を逃れる犯罪者」と対峙する「カーテン」へ向けての布石としても、この、「オリエント急行の殺人」は作り込まれています。このような「話数を越えた伏線」というのも、連続ドラマシリーズでなければ作り得ないものですし、そこまで深く作品を考察し続けたスーシェやスタッフあってのものでしょう。

もうひとつ、気づいたことが「演劇性へのこだわり」です。真犯人を追い詰めるポワロの推理劇を劇場で行う演出は非常にわかりやすく、「三幕の殺人」も演劇が重要な要素をしめるもので、その終わり方も含めて美しいものでした。

その「演劇性」を最大化したのは「ビッグ・フォー」です。この「ビッグ・フォー」は原作では実在する組織として描かれ、ポワロたちを変幻自在の変装で翻弄する「ナンバー・フォー」の有り様はユニークで、何かしら事件を解決するときにはいつもその場に「ナンバー・フォー」が立ち会って事件を作り出していました。

映像化が難しく思われた原作を、ドラマでは「ナンバー・フォー」の卓越した変装能力だけではなく、「演出・脚本の能力」を発揮させ、ジャーナリストを操り、ポワロを操り、様々な国際的な事件が実在しない秘密結社に操られているかごとく、新聞メディアを騒がせる展開としました。これは原作のエッセンスを盛り込んだだけではなく、「フェイクニュース」があふれる現代のありようを反映するものでした。

本書ではほとんど製作スタッフの名前に触れませんでしたが、この「ビッグ・フォー」の脚本を担ったのは、かの名探偵シャーロック・ホームズを現代に蘇らせた人気シリーズ『シャーロック』で活躍するマーク・ゲイティスとイアン・ハラードです（マークは「死との約束」、イアンは「ハロウィーン・パーティー」と「ビッグ・フォー」にも出演）。

彼らが作り出した「ビッグ・フォー」には、これまでのシリーズへの敬意もあふれています。特にこの回はジャップとミス・レモン、ヘイスティングス、そしてジョージという「ポワロ・ファミリー」全員が揃う最後の機会でした。「原作準拠」の舵を切る前のシリーズの方向性を大切にするように、その物語の最後は、ポワロ、ジャップ、ミス・レモンが集い、ヘイスティングスが加わってポワロと久闊を叙し、ジョージが事務所の応接間のドアを閉めて終わるものでした。閉められたドアの向こうではポワロの声が響き、この世界が永遠に続くかのような演出を見せました。

こうした新しい作品解釈に加えて、ドラマが最も魅力的だったことは、「新しいポワロ」像を確立したことでしょう。ヘイスティングス、ミス・レモン、ジャップ警部がレギュラー化したことで、彼らとポワロのコミュニケーション量が増え、新しいポワロの魅力が引き出されました。さらにその作品の雰囲気はある種の居心地の良さ、アットホームさもあって、当時14歳の私が見ても安心して楽しめました。

「はじめに」で取り上げたように、主演デビッド・スーシェの著書『Poirot and Me』を読むと、彼が非常に多くをこの作品に捧げ、ドラマを続けていくために犠牲を払っていたことに気づかされます（是非、この本の日本語版刊行をお願いします）。

私が本作品を大好きになった理由は、日本で吹き替えを行った声優の方たちの魅力も強くあります。ポワロを吹き替えた熊倉一雄氏のチャーミングな声と入り混じる印象的なフランス語と、ヘイスティングスの人の好さが伝わる富山敬氏、富山氏の後を継いだ安原義人氏、朴訥さと温かみがあるジャップ警部を演じた坂口芳貞氏、そして原作よりも人間味あふれる秘書として個性を発揮したミス・レモンの翠準子氏など、声優の方たちの声と演技が、日本でのドラマの普及に大きく貢献されたことと存じます。

本書は数多くの方たちが創られてきたドラマ『名探偵ポワロ』の魅力や原作からの独自性、映像になることで伝わる情報、そして作品が持つ多面性を伝えようとして作りました。食材を私なりに調理し、コース料理としての内容や順番を吟味しながら、ご提供した所存です。

この『名探偵ポワロ』の世界は非常に広大で、人の数だけ照らし方、楽しみ方があります。その楽しみ方のひとつとして、原作の読者の方にとっては新しい視点を、かつてドラマを見た方たちにはもう一度ドラマを楽しむ時間を、新しくドラマを見る方にも役立つものを、お届けできれば幸いです。

放送開始から30年の番組ですが、色褪せるには惜しい名作連続ドラマであり、本書がより多くの方々にドラマを楽しんでいただけるきっかけになることを願っております。

参考文献・資料

●ドラマ映像・参照元

DVD『名探偵ポワロ』(株式会社ハピネット) 完全版・全70話
Amazon Prime Video『名探偵ポワロ』字幕版・全70話

●アガサ・クリスティー著作(早川書房/クリスティー文庫/訳者を記載)

矢沢聖子『スタイルズ荘の怪事件』、2003年
田村隆一『ゴルフ場殺人事件』、2004年
羽田詩津子『アクロイド殺し』、2003年
中村妙子『ビッグ4』、2004年
青木久恵『青列車の秘密』、2004年
田村隆一『邪悪の家』、2004年
福島正実『エッジウェア卿の死』、2004年
中村能三『オリエント急行の殺人』、2003年
長野きよみ『三幕の殺人』、2003年
加島祥造『雲をつかむ死』、2004年

堀内静子『ABC殺人事件』、2003年
石田善彦『メソポタミヤの殺人』、2003年
加島祥造『ひらいたトランプ』、2003年
加島祥造『もの言えぬ証人』、2003年
加島祥造『ナイルに死す』、2003年
高橋豊『死との約束』、2003年
村上啓夫『ポアロのクリスマス』、2003年
恩地三保子『杉の柩』、2004年
加島祥造『愛国殺人』、2004年
鳴海四郎『白昼の悪魔』、2003年
桑原千恵子『五匹の子豚』、2003年
中村能三『ホロー荘の殺人』、2003年
恩地三保子『満潮に乗って』、2004年
田村隆一『マギンティ夫人は死んだ』、2003年
加島祥造『葬儀を終えて』、2003年
高橋豊『ヒッコリー・ロードの殺人』、2004年
田村隆一『死者のあやまち』、2003年
橋本福夫『鳩のなかの猫』、2004年
橋本福夫『複数の時計』、2003年
小尾芙佐『第三の女』、2004年
中村能三『ハロウィーン・パーティ』、2003年
中村能三『象は忘れない』、2003年

田口俊樹『カーテン』、2011年
真崎義博『ポアロ登場』、2004年
小倉多加志『死人の鏡』、2004年
中村妙子『黄色いアイリス』、2004年
田中一江『ヘラクレスの冒険』、2004年
宇佐川晶子『愛の探偵たち』、2004年
宇野輝雄『教会で死んだ男』、2003年
橋本福夫・他『クリスマス・プディングの冒険』、2004年
深町眞理子『さあ、あなたの暮らしぶりを話して』、2004年
乾信一郎『アガサ・クリスティー自伝（上）』、2004年
乾信一郎『アガサ・クリスティー自伝（下）』、2004年
羽田詩津子『ポアロとグリーンショアの阿房宮』、2015年

●クリスティー・ドラマ関連

David Suchet "Poirot and Me", Headline Digital, 2013
ピーター・ヘイニング、岩井田雅行・訳、緒方桂子・訳『テレビ版　名探偵ポワロ』、求龍堂、1998年
「名探偵ポワロ」データベース　http://www5f.biglobe.ne.jp/~hokotate/poirot/
↓日本で最も詳しくドラマ『名探偵ポワロ』を考察するサイト。
　英語版と日本語版の差異やロケ地紹介、ドラマ固有のシナリオ考察など、より深く楽しみたい方へオススメ。
IMDb：名探偵ポワロ　https://www.imdb.com/title/tt0981210/
Scott V Palmer "THE FILMS OF HERCULE POIROT", Scott Palmer, 2016
『アガサ・クリスティー　生誕100年記念ブック』、早川書房、1990年

東秀紀『アガサ・クリスティーの大英帝国　名作ミステリと「観光」の時代』、筑摩書房、２０１７年

●英国関連・その他

Adrian Tinniswood "THE LONG WEEKEND LIFE in the ENGLISH COUNTRY HOUSE BETWEEN THE WARS", Basic Books, 2016

Charles River Editors "Scotland Yard: The History of British Policing and the World's Most Elizabeth Ewing "Women in Uniform Through the Centuries", Batsford Ltd, 1975

Famous Police Force", Createspace Independent Pub, 2017

Colin Evans, John L. French "Crime Scene Investigation (Criminal Investigations)", Chelsea House Pub, 2009

Pamela Horn "PLEASURES & PASTIMES IN VICTORIAN BRITAIN", Sutton Pub Ltd, 1999

S.S. Van Dine, Twenty Rules for Writing Detective Stories

http://www.thrillingdetective.com/trivia/triv288.html

ケイト・サマースケイル、日暮雅通・訳『最初の刑事　ウィッチャー警部とロード・ヒル・ハウス殺人事件』、早川書房、２０１１年

J．A．G．グリフィス、T．C．ハートレー、浦田賢治・訳、元山健・訳『イギリス憲法』、三省堂、１９８７年

ジョン・ブリッグズ・他、吉村伸夫・訳『犯罪・刑罰・社会　英国社会は犯罪にどう対処してきたか』、松柏社、１９９８年

ダニエル・プール、片岡信・訳『19世紀のロンドンはどんな匂いがしたのだろう』、青土社、１９９７年

チャールズ カイトリー、渋谷勉・訳『イギリス祭事・民俗事典』、大修館書店、１９９２年

久我真樹『英国メイドがいた時代』、同人誌、２０１１年

久我真樹『英国メイドの世界』、講談社、２０１０年

久我真樹『名探偵ポワロ』が出会った「働く人たち」ガイド上巻、同人誌、２０１７年

久我真樹『名探偵ポワロ』が出会った「働く人たち」ガイド下巻、同人誌、２０１７年

小池滋『英国鉄道物語』、晶文社、１９７９年

小林恭子『英国メディア史』、中央公論新社、２０１１年
瀬田季茂『科学捜査の事件簿　証拠物件が語る犯罪の真相』、中央公論新社、２００１年
林田敏子『イギリス近代警察の誕生　ヴィクトリア朝ボビーの社会史』、昭和堂、２００２年
林田敏子『戦う女、戦えない女　第一次世界大戦期のジェンダーとセクシュアリティ』、人文書院、２０１３年
松村赳、富田虎男『英米史辞典』、研究社、２０００年
村上直之『近代ジャーナリズムの誕生［改訂版］――イギリス犯罪報道の社会史から』、現代人文社、２０１１年
村上リコ『図説 英国社交界ガイド』、河出書房新社、２０１７年

●『名探偵ポワロ』全事件リスト・人物登場一覧

話数	邦題	刊行年	英国放送年	長編	執事○ ヴァレット□	メイド○ ウェイトレス△	ヘイスティングス	ミス・レモン	ジャップ	ジョージ	オリヴァ
1	コックを捜せ	1951	1989			○	○	○	○		
2	ミューズ街の殺人	1937	1989			○	○	○	○		
3	ジョニー・ウェイバリー誘拐事件	1950	1989		○	○	○	○	○		
4	24羽の黒つぐみ	1950	1989			△	○	○	○		
5	4階の部屋	1950	1989		○劇	○	○	○	○		
6	砂に書かれた三角形	1937	1989								
7	海上の悲劇	1939	1989				○				
8	なぞの盗難事件	1937	1989		○	○	○	○	○		
9	クラブのキング	1951	1989		○	○	○	○	○		
10	夢	1960	1989		○		○	○	○		
11	エンドハウスの怪事件	1932	1990	○		△	○	○	○		
12	ベールをかけた女	1924	1990			△	○	○	○		
13	消えた廃坑	1924	1990				○	○	○		
14	コーンワルの毒殺事件	1951	1990			○	○	○	○		
15	ダベンハイム失そう事件	1924	1990			○	○	○	○		
16	二重の罪	1961	1990				○	○	○		

17	安いマンションの事件	1924	1990				○	○	○		
18	誘拐された総理大臣	1924	1990				○	○	○		
19	西洋の星の盗難事件	1924	1990		○		○	○	○		
20	スタイルズ荘の怪事件	1920	1990	○		○	○		○		
21	あなたの庭はどんな庭?	1939	1991			○	○	○	○		
22	100万ドル債券盗難事件	1924	1991			△	○	○			
23	プリマス行き急行列車	1951	1991			○	○	○	○		
24	スズメバチの巣	1961	1991			○	○	○	○		
25	マースドン荘の惨劇	1924	1991			○	○		○		
26	二重の手がかり	1961	1991		○	○	○	○	○		
27	スペイン櫃の秘密	1960	1991		□	○	○		○		
28	盗まれたロイヤル・ルビー	1960	1991		○	○					
29	戦勝舞踏会事件	1951	1991		○		○	○	○		
30	猟人荘の怪事件	1924	1991			○	○		○		
31	ABC殺人事件	1936	1992	○	○	○	○		○		
32	雲をつかむ死	1935	1992	○		○			○		
33	愛国殺人	1940	1992	○	○	○			○		
34	エジプト墳墓のなぞ	1924	1993			○	○	○			
35	負け犬	1951	1993		○	○	○	○			

話数	邦題	刊行年	英国放送年	長編	執事○ ヴァレット□	メイド○ ウェイトレス△	ヘイスティングス	ミス・レモン	ジャップ	ジョージ	オリヴァ
36	黄色いアイリス	1939	1993			○	○	○			
37	なぞの遺言書	1924	1993				○	○	○		
38	イタリア貴族殺害事件	1924	1993		□		○	○	○		
39	チョコレートの箱	1924	1993		○	○			○		
40	死人の鏡	1937	1993		○	○	○		○		
41	グランド・メトロポリタンの宝石盗難事件	1924	1993			○	○	○	○		
42	ポワロのクリスマス	1938	1995	○	○□	○			○		
43	ヒッコリー・ロードの殺人	1955	1995	○				○	○		
44	ゴルフ場殺人事件	1923	1996	○		○	○				
45	もの言えぬ証人	1937	1997	○		○	○				
46	アクロイド殺人事件	1926	2000	○	○	○			○		
47	エッジウェア卿の死	1933	2000	○	○	○	○	○	○		
48	メソポタミア殺人事件	1936	2002	○			○				
49	白昼の悪魔	1941	2002	○		○	○	○	○		
50	五匹の子豚	1942	2003	○		○					
51	杉の柩	1940	2003	○		○					
52	ナイルに死す	1937	2004	○		○					

53	ホロー荘の殺人	1946	2004	○	○	○					
54	青列車の秘密	1928	2006	○		○					
55	ひらいたトランプ	1936	2006	○	○	△					○
56	葬儀を終えて	1953	2006	○	○	○					
57	満潮に乗って	1948	2006	○	○	○				○	
58	マギンティ夫人は死んだ	1952	2008	○	○	△				○	○
59	鳩のなかの猫	1959	2008	○		○					
60	第三の女	1966	2008	○	○	○				○	○
61	死との約束	1938	2009	○							
62	複数の時計	1963	2011	○							
63	三幕の殺人	1934	2010	○	○	○				○	
64	ハロウィーン・パーティ	1969	2010	○		○				○	○
65	オリエント急行の殺人	1934	2010	○		○					
66	象は忘れない	1972	2013	○		△				○	○
67	ビッグ・フォー	1927	2013	○		△	○	○	○	○	
68	死者のあやまち	1956	2013	○	○	○					○
69	ヘラクレスの難業	1947	2013		○	○					
70	カーテン～ポワロ最後の事件～	1975	2013	○	□		○			○	

●『名探偵ポワロ』全事件リスト・事件概要一覧

話数	邦題	刊行年	英国放送年	長編	主要事件の種類	主要事件現場	推理披露方法	殺人被害	事件関与方法	犯行動機
1	コックを捜せ	1951	1989		横領、殺人、犯人偽装、詐欺	テラスハウス	犯人確保・説明	1	依頼・達成	横領
2	ミューズ街の殺人	1937	1989		他殺偽装	テラスハウス	犯人のみ追及	0	ジャップ経由	復讐代理
3	ジョニー・ウェイバリー誘拐事件	1950	1989		誘拐偽装	屋敷	犯人のみ追及	0	依頼・達成	金目当て
4	24羽の黒つぐみ	1950	1989		転落死：事故偽装	テラスハウス	犯人のみ追及	1	自発	遺産相続
5	4階の部屋	1950	1989		銃殺	フラット	犯人確保・説明	1	居合わせる	口封じ：重婚
6	砂に書かれた三角形	1937	1989		毒殺：ツノクサリ蛇	ホテル	犯人確保・説明	1	居合わせる	結婚
7	海上の悲劇	1939	1989		刺殺	客船	犯人のみ追及↓説明	1	依頼・達成	自由、金目当て
8	なぞの盗難事件	1937	1989		盗難偽装	屋敷	犯人確保・説明	0	依頼・達成	脅迫ネタの奪還
9	クラブのキング	1951	1989		過失致死（殴打）	屋敷	犯人のみ追及	1	依頼・達成	恐喝への怒り
10	夢	1960	1989		銃殺：自殺偽装	タウンハウス	犯人のみ追及	1	ジャップ経由	遺産相続
11	エンドハウスの怪事件	1932	1990	○	銃殺	屋敷	関係者招集	1	自発	遺産相続
12	ベールをかけた女	1924	1990		強盗、殺人	デタッチト	犯人のみ追及	1	依頼主が犯人	仲間割れ
13	消えた廃坑	1924	1990		強盗殺人：刺殺	不明	犯人のみ追及	1	依頼主が犯人	金目当て

14	コーンワルの毒殺事件	1951	1990		毒殺：砒素	デタッチト	犯人のみ追及	1	失敗：依頼主の死	遺産相続
15	ダベンハイム失そう事件	1924	1990		他殺偽装	屋敷	犯人のみ追及	0	ジャップ経由	横領
16	二重の罪	1961	1990		盗難偽装	ホテル	関係者招集	0	依頼主が犯人	詐欺
17	安いマンションの事件	1924	1990		詐欺：安く貸す	フラット／ナイトクラブ	特殊	0	自発	正体隠匿
18	誘拐された総理大臣	1924	1990		襲撃偽装・誘拐	路上／屋敷	犯人確保・説明	0	依頼・達成	政治目的
19	西洋の星の盗難事件	1924	1990		狂言盗難2件、恐喝	屋敷／ホテル	犯人確保・説明	0	依頼・達成	金目当て
20	スタイルズ荘の怪事件	1920	1990	○	毒殺：ストリキニーネ	屋敷	関係者招集	1	依頼・無報酬	遺産相続
21	あなたの庭はどんな庭?	1939	1991		毒殺：ストリキニーネ	デタッチト	犯人のみ追及	1	依頼主の死	遺産相続
22	100万ドル債券盗難事件	1924	1991		盗難事件	豪華客船	犯人のみ追及	0	依頼・達成	金目当て
23	プリマス行き急行列車	1951	1991		強盗殺人：刺殺	鉄道	関係者招集	1	依頼変質	金目当て
24	スズメバチの巣	1961	1991		他殺偽装	デタッチト	犯人のみ追及	0	自発	嫉妬
25	マースドン荘の惨劇	1924	1991		銃殺：内出血偽装	屋敷	犯人のみ追及	1	警察経由	遺産相続
26	二重の手がかり	1961	1991		盗難事件	屋敷	犯人のみ追及	0	ジャップ経由	金目当て
27	スペイン櫃の秘密	1960	1991		刺殺、自殺未遂	フラット	犯人のみ追及	1	居合わせる	嫉妬

話数	邦題	刊行年	英国放送年	長編	主要事件の種類	主要事件現場	推理披露方法	殺人被害	事件関与方法	犯行動機
28	盗まれたロイヤル・ルビー	1960	1991		盗難事件	屋敷	犯人確保・説明	0	依頼・達成	政治目的
29	戦勝舞踏会事件	1951	1991		刺殺、毒殺：麻薬過剰	会場／フラット	犯人のみ追及	2	居合わせる	口封じ：麻薬販売
30	猟人荘の怪事件	1924	1991		銃殺	屋敷	関係者招集	1	居合わせる	遺産相続
31	ABC殺人事件	1936	1992	○	撲殺、絞殺、撲殺、刺殺	商店／海岸／屋敷／映画館	関係者招集	4	自発	遺産相続
32	雲をつかむ死	1935	1992	○	毒殺：蛇毒、毒殺：青酸カリ	飛行機／鉄道	関係者招集	2	居合わせる	遺産相続
33	愛国殺人	1940	1992	○	銃殺：自殺偽装、毒殺：麻酔、撲殺、銃撃で冤罪	テラスハウス／フラット／ホテル／屋敷	関係者招集	3	居合わせる	口封じ：重婚
34	エジプト墳墓のなぞ	1924	1993		毒殺：病原菌、自殺、毒殺：病原菌、毒殺未遂	発掘現場／フラット	関係者招集	3	依頼・達成	遺産相続
35	負け犬	1951	1993		刺殺	屋敷	関係者招集	1	居合わせる	怨恨＋財産喪失
36	黄色いアイリス	1939	1993		毒殺：青酸カリ	レストラン	関係者招集	2	自発	口封じ、管理財産横領
37	なぞの遺言書	1924	1993		毒殺：インシュリン、転落死未遂	屋敷／地下鉄	関係者招集	1	依頼主の死	遺産相続

38	イタリア貴族殺害事件	1924	1993		撲殺	フラット	犯人確保・説明	1	居合わせる	金目当て
39	チョコレートの箱	1924	1993		転落死、毒殺：トリニトリン	タウンハウス	犯人のみ追及	2	依頼・達成	感情、宗教
40	死人の鏡	1937	1993		銃殺：自殺偽装、自殺教唆	屋敷	推理劇2回	1	依頼主の死	遺産相続
41	グランド・メトロポリタンの宝石盗難事件	1924	1993		盗難事件	ホテル	犯人のみ追及	0	居合わせる	金目当て
42	ポワロのクリスマス	1938	1995	○	刺殺、殴打（殺人未遂）	屋敷	推理劇2回	1	失敗：依頼主の死	復讐、口封じ
43	ヒッコリー・ロードの殺人	1955	1995	○	毒殺：モルヒネ、刺殺、撲殺、毒殺	屋敷／テラスハウス（学生寮）	関係者招集	4	依頼変質	口封じ
44	ゴルフ場殺人事件	1923	1996	○	刺殺、銃殺	屋敷	犯人確保・説明	2	依頼主の死	遺産相続
45	もの言えぬ証人	1937	1997	○	毒殺：リン、窒息死：ガス	屋敷	関係者招集	2	失敗：依頼主の死	遺産相続
46	アクロイド殺人事件	1926	2000	○	刺殺、轢死	屋敷／路上	推理劇2回	2	ジャップ経由	口封じ
47	エッジウェア卿の死	1933	2000	○	刺殺、毒殺：ヴェロナール、刺殺	タウンハウス／フラット	関係者招集	3	依頼主が犯人	結婚のため、口封じ、口封じ
48	メソポタミア殺人事件	1936	2002	○	撲殺、自殺、毒殺：塩酸	発掘現場／ホテル	関係者招集	3	居合わせる	嫉妬、後悔、口封じ

話数	邦題	刊行年	英国放送年	長編	主要事件の種類	主要事件現場	推理披露方法	殺人被害	事件関与方法	犯行動機
49	白昼の悪魔	1941	2002	○	絞殺、絞殺	森の中／ホテル	関係者招集	2	居合わせる	遺産相続、金目当て
50	五匹の子豚	1942	2003	○	毒殺：コニイン	屋敷	関係者招集	1	依頼・達成	嫉妬
51	杉の柩	1940	2003	○	毒殺：モルヒネ、毒殺、毒殺未遂	屋敷	特殊・個別追及	2	依頼・達成	遺産相続
52	ナイルに死す	1937	2004	○	銃殺、刺殺、銃殺	客船	関係者招集	3	居合わせる	遺産相続、口封じ
53	ホロー荘の殺人	1946	2004	○	銃殺、自殺	屋敷／テラスハウス	犯人のみ追及	1	居合わせる	嫉妬
54	青列車の秘密	1928	2006	○	撲殺、殺人未遂	鉄道／屋敷	関係者招集	1	居合わせる	強盗殺人、嫉妬
55	ひらいたトランプ	1936	2006	○	刺殺、毒殺：病原菌、転落死、銃殺、毒殺：磨き薬、溺死：正当防衛	タウンハウス／屋敷／デタッチト	関係者招集	6	居合わせる	口封じ、嫉妬
56	葬儀を終えて	1953	2006	○	撲殺、撲殺未遂	屋敷／デタッチト	関係者招集	1	依頼・達成	遺品目当て、口封じ
57	満潮に乗って	1948	2006	○	爆殺、過失致死、自殺未遂	タウンハウス／旅館／屋敷	関係者招集	8	依頼主が犯人	遺産相続、怒り
58	マギンティ夫人は死んだ	1952	2008	○	撲殺、絞殺	デタッチト	関係者招集	2	依頼・達成	口封じ
59	鳩のなかの猫	1959	2008	○	刺殺、撲殺未遂（別犯人）、溺死、銃殺・流れ弾	学園内	関係者招集	3	依頼変質	口封じ、嫉妬（別犯人）

60	第三の女	1966	2008	○	窒息（自殺偽装）、自殺教唆（未遂）	フラット／屋敷	関係者招集	1	依頼・達成	口封じ
61	死との約束	1938	2009	○	刺殺、誘拐未遂、傷害、溺死	発掘現場／ホテル	関係者招集	2	居合わせる	復讐
62	複数の時計	1963	2011	○	轢死、刺殺、絞殺、撲殺	テラスハウス／路上	関係者招集	4	依頼・達成	財産相続＋政治目的
63	三幕の殺人	1934	2010	○	毒殺：ニコチン、毒殺、毒殺	屋敷／病院	関係者招集	3	居合わせる	口封じ：重婚のため
64	ハロウィーン・パーティ	1969	2010	○	轢死、毒殺、刺殺、刺殺、溺死、溺死、毒殺未遂	屋敷／川沿いの道	関係者招集	6	依頼・達成	遺産相続、口封じ、口封じ、口封じ
65	オリエント急行の殺人	1934	2010	○	刺殺	鉄道	関係者招集	2	居合わせる	復讐
66	象は忘れない	1972	2013	○	転落死、銃殺、溺死	屋敷／テラスハウス	犯人確保・説明	3	依頼・達成	嫉妬、妻の復讐、母の復讐
67	ビッグ・フォー	1927	2013	○	感電死、撲殺、刺殺、焼殺	屋敷／デタッチト／路上／テラスハウス	犯人のみ追及	4	居合わせる	愛のための演出
68	死者のあやまち	1956	2013	○	窒息死、絞殺、溺死	屋敷	特殊	3	依頼変質	遺産相続、口封じ
69	ヘラクレスの難業	1947	2013		強盗殺人：刺殺3、絞殺、自殺	屋敷／ホテル	関係者招集	5	失敗：依頼主の死／自発	金目当て
70	カーテン～ポワロ最後の事件～	1975	2013	○	銃殺未遂、自殺（毒殺未遂）、銃殺	ゲストハウス	手紙	2	自発	怒り、結婚、殺人の拡大防止

星海社新書 164

『名探偵《めいたんてい》ポワロ』完全《かんぜん》ガイド

二〇二〇年 八 月二五日 第一刷発行
二〇二三年 七 月 四 日 第六刷発行

著者 久我《くが》真樹《まさき》

発行者 太田《おおた》克史《かつし》
編集担当 丸茂《まるも》智晴《ともはる》
発行所 株式会社星海社
〒一一二-〇〇一三
東京都文京区音羽一-一七-一四 音羽YKビル四階
電話 〇三-六九〇二-一七三〇
FAX 〇三-六九〇二-一七三一
https://www.seikaisha.co.jp
発売元 株式会社講談社
〒一一二-八〇〇一
東京都文京区音羽二-一二-二一
(販売)〇三-五三九五-五八一七
(業務)〇三-五三九五-三六一五
印刷所 凸版印刷株式会社
製本所 株式会社国宝社

アートディレクター 吉岡秀典《よしおかひでのり》(セプテンバーカウボーイ)
デザイナー 山田知子(チコルズ)
フォントディレクター 紺野《こんの》慎一《しんいち》
校閲 鷗来堂《おうらいどう》

ISBN978-4-06-520655-3
Printed in Japan

164
SEIKAISHA SHINSHO